谨以此书纪念钱学森同志诞辰106周年

谨以此书纪念钱学森同志诞辰106周年

寻 梦

中国航天系统科学与工程研究院　编著

中国财经出版传媒集团
中国财政经济出版社

图书在版编目（CIP）数据

寻梦/中国航天系统科学与工程研究院编著. —北京：中国财政经济出版社，2018. 1

ISBN 978 - 7 - 5095 - 7999 - 2

Ⅰ. ①寻…　Ⅱ. ①中…　Ⅲ. ①钱学森（1911 - 2009）- 传记　Ⅳ. ①K826. 16

中国版本图书馆 CIP 数据核字（2018）第 002965 号

责任编辑：郁东敏　贾延平　　　　责任校对：徐艳丽
封面设计：中通申奥

中国财政经济出版社出版

URL：http：//www. cfeph. cn

E - mail：cfeph @ cfeph. cn

社址：北京市海淀区阜成路甲 28 号　邮政编码：100142

营销中心电话：88190406　北京财经书店电话：64033436　84041336

北京时捷印刷有限公司印刷　各地新华书店经销

787 × 1092 毫米　16 开　19. 75 印张　207 000 字

2018 年 1 月第 1 版　2018 年 1 月北京第 1 次印刷

定价：98. 00 元

ISBN 978 - 7 - 5095 - 7999 - 2

（图书出现印装问题，本社负责调换）

本社质量投诉电话：010 - 88190744

打击盗版举报热线：010 - 88190414　QQ：447268889

前　言

“中国梦”关乎着中国未来的发展方向，凝聚着中国人民对中华民族伟大复兴的憧憬和期待；它是整个中华民族不断追求的梦想，是亿万人民世代相传的夙愿，每个中国人都是中国梦的参与者、创造者。“中国梦”记录着中华民族从饱受屈辱到赢得独立解放的非凡历史，也承载着为开创中国特色社会主义建设道路艰辛探索的伟大历程。实现中华民族伟大复兴的“中国梦”，是随着另一场梦的破碎产生的。“星垂平野阔，月涌大江流。”千百年来，中华文明以其独有的特色和辉煌走在了世界文明发展的前列，成为世界历史上的奇迹，也为世界文明进步做出了巨大贡献。然而，近代以来，随着资本主义的兴起和工业革命的进行，资本主义经济得到了进一步发展，而中国却落在了后面。固步自封、因循守旧、胶柱鼓瑟的封建统治者仍然沉浸在往日辉煌所造就的幻梦之中，等待着“万国来仪”。不料，等来的却是西方列强的船坚炮利，等来的却是亡国灭顶之灾。

1840 年爆发的中英第一次鸦片战争，不但打开了中国的国门，也粉碎了“天朝之梦”。从此，中国逐步沦为半殖民地半封建社会。一系列的侵略战争接踵而至，一系列的不平等条约被迫签订，中华民族陷入了前所未有的屈辱与苦难之中。

然而，天行健，君子以自强不息。那时的中华民族犹如一头酣然入睡的雄狮，浑然不知世界之变。而无数仁人志士屡踣屡起，深切呼唤沉睡中的中华睡狮，在逐渐清醒，并萌发和塑造中国梦的过程中，上下而求索，不懈奋斗。

“雄关漫道真如铁，而今迈步从头越。”真正把中国人民和中华民族引入实现“中国梦”人间大道的，是中国共产党。中国共产党自1921年诞生之日起，就把马克思主义普遍真理与中国实际结合、探索救国图强真理、开辟民族振兴作为历史使命，在华夏大地掀起了一场前所未有的彻底反帝反封建的民主革命。在这场严峻而残酷的伟大革命中，中国共产党从蹒跚学步的幼年迅速成长起来，经受住了一次又一次血与火的考验。从大革命失败的血雨腥风到井冈山的星火燎原，从第五次反“围剿”失败到万里长征后抗日烽火再起，从奋起反击国民党军的全面内战到五星红旗在天安门广场冉冉升起……“精卫衔微木，将以填沧海。刑天舞干戚，猛志固常在。”中国共产党为了实现“中国梦”牺牲了数百万优秀党员，中华民族牺牲了上千万英雄儿女，英烈们的鲜血染红了五星红旗。对于这段历史、对于为这段历史而献身的先烈，我们要永远铭记。

岁月如流，百岁之年，忽焉即至，须臾间风云变幻，但“本固则末茂，源浚则流清”。从1840年起，中华民族为实现中国梦，走过了一百余年，才迈出了赢得民族独立、人民解放的第一步。在这一百余年的前80年间，中国人民始终在探寻在摸索。大道之行也，天下为公。中国共产党的诞生和奋斗，给中国带来了希望和光明。

在拨开雾霾、孕育希望、寻求发展的历程中，在中国共产党的领导下，我国的政治、经济、社会、军事和文化建设等方面都取得了举世瞩目的伟大成就。但不能忘记，这些成就的取得离不开一代代中国人的砥砺前行、前赴后继，包括抛头颅、洒热血、不怕牺牲、无怨无悔的革命先辈，包括钢筋铁骨、赤胆忠心、勤劳朴实、不畏艰险的工人阶级，包括艰苦朴素、任劳任怨、积极向上、吃苦耐劳农民兄弟，也包括开拓进取、精益求精、以天下为己任的知识分子。他们怀着满腔的爱国热情，用自身的才华和毅力甚至是生命支撑着国家建设事业的发展并推动着社会的进步。

滚滚长江东逝水，浪花淘尽英雄。在中华民族五千年的辉煌历史长河之中，不乏英雄人物出现，他们和时代互相造就，推动着文明的车轮勇往直前。在新中国的建设史上，有这样一位可亲可爱的“人民科学家”，他耗尽一生精力在科技战线上的无私奉献，以身作则践行着中国强大之梦，披荆斩棘引领中国前沿科技潮流向前发展，从理论探索到工程研究，从科学试验到思想升华，无一不展示出一代伟人之功勋，从科技报国、思想先驱到为人楷模、育人导师，也无一不显示人类之伟大。

钱学森，他的故事伴随着我国国防科技事业的发展，激励着中国航天事业的开拓，也引导着我们每个人的成长。社会发展的进步甚至是人类前进的道路上也到处是他的足迹。他在中华民族的热土上辛勤耕耘，在浩瀚太空宇宙上遐思遨游，在历史与未来中往来穿梭，在系统思想中长驻永存。钱学森，在中国浩如烟海灿若繁星的历代风流人中，灿烂夺目。

面对国家殷切的期盼和需求，钱学森作出了人生五次重大抉择，开创的中国两弹一星和航天事业伟大成就成为中华民族复兴历程中的一座丰碑，是百年来中华民族从衰弱走向富强的标志，他一生所追求的系统工程与总体部思想更是推进了人类的科学技术的迅猛发展。在钱学森的思想与实践引导下，具有中国系统科学鲜明特色的系统工程“中国学派”得以开创，相较国外同行更加别具一格、匠心独运。这一切都离不开钱学森坚定的马克思主义革命信仰、扎实的理论功底、丰富的科学技术知识、长期的重大工程实践经验以及丰富多彩的文学艺术思考。时至今日，世界多极化和经济全球化趋势不断深化，信息社会飞速发展，钱学森虽然已经故去，但其哲学思想却依旧流传，至今无人能超越！

钱学森始终将个人理想与祖国命运相结合，在科学上的广泛追求与坚定信念使其在一生的科学实践中不断取得辉煌的科学成就，硕果累累，成就斐然。他跨学科地从铁路工程转到航空工程专业；跨地域地从中国远渡重洋到美国留学；跨专业地从航空工程转学航空理论；跨领域地进入火箭、导弹等尖端新领域，在不断融合、不断转换的过程中，钱学森也逐步完善了自己的思想体系，为其后形成其独特的科学思想奠定了基础。

留美20年间，钱学森为世界反法西斯战争做出了无可替代的贡献。他提出了若干重要概念、超前设想和科学预见，特别是在火箭与航空领域取得了诸多成就。特别是以《工程控制论》的出版为标志，“用不可靠的元器件可以组成一个可靠运行的系统”，开创了一门崭新的技术科学，是对自动化学科乃至世界系统科学发展的重大贡献。

钱学森回国后不久就面临中国是先发展航空还是航天的选

择，他力荐先发展航天。在航天事业的奋斗过程中，钱学森肩负着特殊的使命。他既是规划者又是实施者，既是领导又是老师。他带领航天人将不可能变成可能、将不现实变成现实、将不能够变成能够，做出了突出贡献、傲人成就，塑造了人生另一座丰碑。

原航天710部所的于景元研究员说："钱学森在开创我国航天事业的同时，也开创了一套既有中国特色又有普遍科学意义的系统工程管理方法与技术。"正是中国航天事业为钱学森系统工程思想提供了实践的土壤。

钱学森把人民解放军"大规模兵团作战"的战略战术，沿用到国防工程建设上，又将中国共产党所独有的民主集中制运用于研制的全过程，团结所有可以凝聚起来的力量，最终在"两弹一星"的事业上取得了成功。钱学森意识到，国防尖端技术的研发、革新和创造，是一个系统工程，要指挥如此大规模、高规格、精设计的社会劳动，一个总工程师或总设计师加上几个副总设计师，很难统筹兼顾兼容并蓄的，所以必须成立一个类似总参谋部的部门，配套多学科、分专业、有经验、重研制的高技术科技队伍，为领导提供技术参谋，这个部门就是现在航天系统总体设计部的雏形。

"大协作"的统一指挥、择善而从、行政管理和作战技术管理相辅相成的经验，为航天组织管理方法的创立提供了借鉴。在加强技术指挥的同时，还加强了行政指挥的作用，实现了统一领导、两套指挥保障系统（技术与行政）相结合的互动灵活管理模式。国防科学技术研究与实践中的大协作模式发挥了不可替代的关键性作用，也为后来的中国系统工程发展提供了思想、理论、方法、技术、工程等方面的支撑。这笔财富后来也为中国国防事业的起步、发展奠定了方法论基础。

1962 年 2 月，经聂荣臻元帅批准，国防部第五研究院科学技术委员会（简称科技委）成立，钱学森任主任委员。科技委的建立，使党政领导如虎添翼，科学决策、民主决策有了根本的保证，而科技委这一组织形式也一直沿用至今。启事在教诲，成事在榜样。如今不仅国防科技工业系统，部队的科研试验单位，连政府部门和公司企业也逐渐建立了这个机构。

20 世纪 70 年代后期，钱学森再次将目光汇聚学术理论研究。一是在对早期航天事业实践深入总结和提炼的基础上，与许国志、王寿云发表了《组织管理的技术——系统工程》一文，第一次较为明确地阐述了对中国系统工程的早期认识，系统工程开始在中国快速发展。二是为进一步发展系统学，在钱学森的亲自倡议和参与下，1986 年起原航天部 710 所设立了“系统学讨论班”（已于 2013 年在中国航天系统科学与工程研究院恢复），开创性地提出了“从定性到定量综合集成方法”及其实现形式“从定性到定量综合集成研讨厅体系”。这是钱学森系统思维和系统思想在方法论上的具体体现。讨论班被誉为“中国系统工程的摇篮”，成为中国系统科学界的一面大旗。

目　录

第一部分　寻梦之路

第二部分　寻梦之道

第三部分　寻梦精神

第一部分

寻梦之路

第一章　投身铁道工程，践行实业救国

钱学森的一生，是不断选择的结果，是洞悉整个国家局势不断思考的结果，在他的心中永远是祖国第一，民族为大。从学习铁道工程改学航空工程、改学航空理论，转向大型科研工程建设和再次回到学术理论研究当中，本书将从这五次选择系统性地阐述钱学森寻梦的一生。

钱学森童年时中国正值半殖民地半封建时期，那时国弱民贫，国家受到西方列强的压迫和掌控。民国初期，孙中山提出了《建国方略》，倡导“铁路救国”。在实业救国运动的影响下，钱学森高中毕业后毅然做出了人生第一次选择：学习铁道工程，振兴华夏强国。为此，钱学森报考了交通大学机械工程学院铁道机械工程专业，希望通过发展铁路事业为国家建设做出贡献。

一、如薪传火，精神根脉世代相承

钱学森从小就立有报国之志，赤心为国，把自己的命运与国家始终联系在一起，每一次人生选择都溢满报国情怀。可以说，钱学森的成功离不开他的报国之心。

回望钱学森的成长经历，可以清晰地看到，千年望族的文化精髓在他的血液中流淌，新式教育的创新精神在他的思维中激荡。两者相互碰撞，相得益彰，成为他成长的摇篮，并结出了丰硕的果实，使钱学森在早年就能够通古今之变化、发时代之先声、开思想之先河。

“家是最小国，国是千万家。”在中华民族的大家庭中，有一个赓续千年、枝叶繁茂、大师辈出、光耀千秋的名门望族——吴越钱氏家族。聚是一团火，散是满天星。自唐末五代以来，钱氏家族成员逾千人载入史册，近代更是人才辈出，一人胜似一人，文坛硕儒、科技巨擘、国学大师等层出不穷，群星灿烂。一代宗师钱学森，就出自这个“千年名门望族、两浙第一世家”。

钱学森与父亲钱均夫的合影

吴越钱氏家族，如从五代吴越王钱镠算起，至今已历经1 100余年。从钱镠开创吴越国始，至钱弘俶纳土归宋结束，钱氏三代五王，执掌吴越国，政权达86年。唐末乱世，中原各地混战、烽烟四起，而以杭州为中心的东南一隅却“风景这边独好”，男耕女织、安居乐业。钱镠起于草莽，深知“民惟邦本，本固邦宁”的道理，所以没有像其他割据者那样热衷于扩张领土，而是坚守“保境安民”的基本国策，“世方喋血以事干戈，我且闭关而修蚕织”，一心一意发展经济。他注重兴修水利，劝民农桑，开拓贸易，境内也五谷丰登、百业俱兴，吴越经济和民生得到长足发展，成为五代时期仅有的未受兵祸影响的安定之邦，是当时中国最富庶的地方。北宋时杭州知府苏轼为此赞叹道：“吴越地方千里，带甲十万，铸山煮海，象犀珠玉之富，甲于天下。”宋代美丽富饶的“苏杭天堂”，正是由此奠定了物质基础。所谓“欲治其国者，先齐其家”。钱镠在治理东南区域的过程中，领悟到“创业容易守业难”的真谛，形成了一套修齐治平的哲学，制定了充满智慧的家规家训。钱氏家规家训，包括《武肃王八训》《武肃王遗训》《钱氏家训》等。这些家规家训，通篇闪耀着十分难得的“民本”思想。钱镠反复告诫子孙：要“恤兵爱民”“免动干戈，即所以爱民”“一丝一粒，皆民人汗积辛勤，才得岁岁丰盈”。直到今天，我们仍可以从保俶塔、钱王祠等杭州的风景名胜中，看出吴越子民对钱王的感激和怀念。这些家规家训，也处处彰显着对家风建设、家族教育的远见卓识与超拔智慧。特别是《钱氏家训》，从“简人”“家庭”“社会”“国家”四个方面，对钱氏子孙立身处世、婚恋嫁娶、持家治业的思想行为，作了全面的规范和教导。尤其是对教育的高度重视，如“兴学育才则国盛”“子孙虽愚，诗书须读”“爱子莫如教子，教子读书是第一义”，是解读钱氏家族千年兴盛的文化密码。传承千年的家风家训，深刻影响着数代钱氏后人，成为钱氏家族乃至中华民族自强不息的精神财富和精神标识。

钱学森在成长中，无疑受到了传统家风的深刻影响，传承了钱氏千年望族的文化基因，理想精神、精英意识、家国情怀在他身上得到了淋漓尽致的体现。钱学森赴美留学之前，他的父亲钱均夫留给他的字条上写着：“人，生当有品：如哲、如仁、如义、如智、如忠、如悌、如教”；“吾儿此次西行，非其夙志，当青春然而归，灿烂然而返”。润物无声的家风潜移默化地影响着钱学森，使其终生爱憎分明、光明磊落、百折不回。尤为突出的是，对《钱氏家训》“利在一身勿谋也，利在天下者必谋之”的价值观、“心术不可得罪于天地，言行皆当无愧于圣贤”的人生观，钱学森也是一以贯之、始终不渝。

新中国成立后百废待举，钱学森毅然放弃了美国的优厚生活，发出自己的心声：“我是中国人，我到美国是学习科学技术的，我的祖国需要我。因此，总有一天我要回到中国去。”面对党和国家交给的时代挑战和重任，他深知风潮汹涌却奋勇当先扬帆远航，深知任重道远却乘风破浪再接再厉。他说：“我作为炎黄子孙的一员，只能追随先烈的足迹，在千万般艰险中，探索追求，不顾及其他。”在为祖国强大和民族进步立下不朽功勋后，他不矜不伐：“我仅仅是沧海一粟，真正伟大的是党、人民和我们的国家。”

钱学森有着“计利当计天下利”的胸怀，有着“修身齐家治国平天下”的抱负，在他身上，处处体现着优良家风、传统文化的智慧、神韵、气度。钱学森发给“吴越钱王与长三角繁荣主题报告会”的贺电中非常谦逊地说：“我们的先祖，他的政绩只是‘致富一隅’，而我们后人的事业，是使整个中国繁荣富强。老祖宗地下有知，是会高兴的。”

二、新学六载，革旧从新思如泉涌

在北京师范大学校附属中学校（今天的北京师范大学附属中学，简称北京师大附中）就读的六年，是钱学森极为珍视的“人生的第一个高潮”。

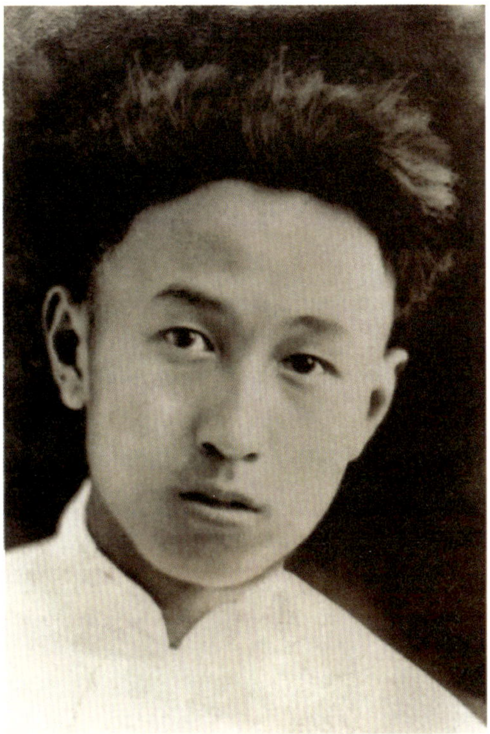

1923～1929 年在北京师范大学校附属中学校读书时的钱学森

钱学森："旧中国国家多难，人民处于水深火热的灾难中，但我这一段所受的教育却是一个小小局部现象，情况比较好，特别是中学。（20 世纪）20 年代的北京师大附属中学有个特别优良的学习环境，我就是在那里度过了六年，这是我一辈子忘不了的六年。这个学校的教学内容很深刻并且现代化。"

北京师范大学附属中学采用的是当时在世界范围都较为先进的教育办学理念。钱学森评价当时的校长林砺儒："把师大附中办成了一流的学校，真是了不起。"林砺儒在国内率先推行中学"三三学"，实现我国基础教育学制与世界接轨，钱学森正是这次学制改革的第一批受益者之一。林砺儒提出，以环境为中心的课程改造。那时，北京师范大学附属中学的教材都由学校教师自定、自编、自选，新的课程体系达到了国际水平，还开设了许多大学基础课，如代数、解析几何、微积分、非欧几里得几何、物理学等。钱学森说："我附中毕业后，到交通大学学习，第一年觉得大学功课没有什么，因为我在中学都学过了。交通大学四年实际上就学了两年。我考上公费留学美国，是靠附中打下的基础。"

与世界接轨的六年新式教育，为钱学森打开了眼界、磨砺了思维、夯实了基础，对他产生了决定性的影响。钱学森曾亲笔写下一份珍贵手稿，回忆了他的一生中给予他深刻影响的 17 个人。除了被誉为教育家的父亲钱均夫是他的人生第一位老师外，这 17 个人中，中学老师占了 7 位，足见 6 年的中学教育对钱学森的成长弥足珍贵，意义深远。其中，近代著名修辞学家董鲁安是语文（当时叫国语）老师，也是中学期间对钱学森影响最大最深的老师。钱学森说，"董老师实际上把这个课变成了思想政治教育课”，使他懂得了许多深刻的人生道理。董鲁安后来参加了地下党的工作，在新中国成立以后成为河北省委的负责人之一。大画家高希舜是钱学森的绘画老师。钱均夫曾带钱学森登门拜访高希舜，请其教授绘画。直到老年，绘画一直是钱学森的重要爱好。教矿物学的老师李士博则将矿物十级硬度编成了“滑、膏、方，萤、磷、长，石英、黄玉、刚、金刚”十三字口诀。在北京师范大学附中举行八十周年校庆时，已入古稀之年的钱学森对这十三字口诀依然滚瓜烂熟倒背如流，引发了全场惊叹。化学老师是王鹤清。钱学森回忆，当时的学习实验做得很多，但师大附中经费不足，即便如此，化学实验室对学生也是随时开放，学生把学习当成一种享受，求知欲非常强。教几何的傅仲孙老师，用古汉语自编了几何讲义。他的一番对公理的高论，即“只要承认公理，定理是根据逻辑推断的必然结果，没有第二种定理。在中国是如此，全世界也是如此，就是拿到火星上去它也得是如此”，余音嘹亮，让钱学森铭记于心，难以忘怀。晚年时，钱学森曾动情地说：“几十年前在师大附中所受的教育，我们这些人是终身感谢的，现在还在影响着我们。”

中学期间，以培育创新思维、发掘智力潜能为导向的学习环境，使钱学森具备了高人一筹的思维方式、思想方法，成为他一生中打开“创新之门”的第一把钥匙。当时北京师范大学附属中学的学生，大都在学习中享受成长，体验解决一个又一个学习难题时的快乐。大家的普遍认识是，学到知识才是最重要的，考试得高分则在其次。每个测试中，如果思维新颖、解题有创见，就会得到肯定和鼓励。例如，傅仲孙老师在给学生的测验评分时独出心裁，如果出 5 道题，学生都答正确了，但解法平淡，只给 80 分；如答对 4 道，但解法有创新，就给 100 分，还另外给予奖励。

寓教于乐。北京师范大学附中的课业虽然不轻，但钱学森回忆说："这样多的课程，一点没有受不了的感觉。同学们也没有。下午下了课，还非要玩一阵不可，到球场上踢一阵球，天不黑是不回家的。那时，我们思想上没有压力，我们没有受苦。没有人为考试而'开夜车'，更没有人死背书。学生看了很多书，但从不死读书，而是真正理解书。考试一般都能得七十多分，拔尖的同学得八十多分。"

据钱学森回忆，中学时同学们基本临考是不做准备的，从不因为明天要考什么而突击背诵课本记忆公式，如果通过死记硬背、照本宣科而获得高分，同学们反而会觉得太急功近利而瞧不起。正是这样的学习氛围，才没有让钱学森陷入"死读书"的桎梏，并把探索未知、创新创造作为其一生始终不渝地遵循。

三、内忧外患，铁道之志勃发昂扬

1895 年，清政府在中日甲午战争中败北。当时，英国铁路已横贯全国，长达 2.6 万多公里，美国也已经达到一年内能够建造铁路一万多公里的水平。铁路，象征着速度，象征着国力，象征着工业化的程度。

中国的革新派们，直隶总督兼北洋大臣李鸿章、湖广总督兼两江总督张之洞、首任台湾巡抚刘明传、海军衙门帮办曾纪泽，先后上书："急造铁路！"1905～1909年，为发展商业，清政府决定修筑京张铁路。詹天佑被派主持修路，先任总工程师兼会办，后升任总办兼总工程师。该路自北京至张家口，穿越军都山脉，地形险峻，工程异常艰巨，长约200公里，为通往西北之要道。为争夺修路权，英、俄两国相持不下，清政府决定自力修筑，但缺乏信心。外国人纷纷议论，认为中国无力完成此路修筑工程。詹天佑则说："中国地大物博，而于一路之工，必须借重外人，引以为耻！"他面对外国人的讥讽，以大无畏气概，率领全体筑路人员，知难而进，齐心为国争光。詹天佑为中国铁路建设做出了卓越贡献，轰动国内外。然而，中国国土幅员辽阔，大批铁路亟待兴建。

1912年，孙中山退去临时大总统之后"舍政事，专心致志于铁路之建筑，于十年之内筑20万里之线"。他认为："凡立国铁路愈多，其国必强而富。"孙中山一心去实现他的实业救（兴）国之梦。他认为，中国要富强，首先要"人尽其才，地尽其利，货畅其流"，而欲"货畅其流"，修铁路乃第一要务。此时的钱学森刚满周岁。

1917年8月25日，孙中山为恢复国会和临时约法，在广州组建了临时政府，于1919年倾其毕生所学力著《建国方略》，系统地抒发自己的建国宏愿和构想。《建国方略》由《民权初步》《孙文学说》和《实业计划》三篇构成。在《实业计划》的六大计划中有五大计划都涉及对我国铁路建设的描述，勾画出了中国未来铁路发展的宏伟蓝图。此时的钱学森刚满8岁，在当时中国最好的小学之一"北京女子高等师范学校附属小学校（今日的北京第二实验小学）"读初小三年级。

之后的中国，经受着军阀混战和列强欺辱的痛苦。1926 年至 1928 年间国共合作发动北伐战争。1926 年 7 月 9 日，国民政府成立国民革命军从广东起兵，在接连攻克长沙、武汉、南京、上海等地以后，国民政府内部因对中国共产党的不同态度而一度分裂，汪精卫和蒋介石决裂，北伐陷于停顿。宁汉合流后，国民革命军继续北伐，并在西北冯玉祥和山西阎锡山加入下，于 1928 年攻克北京，致使北洋奉系的张作霖撤往东北并被日军刺杀于皇姑屯，其子张学良宣布东北易帜。至此北伐完成，中国实现了形式上的统一。

同时，日本为维护其在东北的殖民利益，派遣了 4 万多人的开拓团进驻关东州及南满铁路附属地，并设立关东总督府。1918 年，日军开抵哈尔滨，攫取哈尔滨至长春的铁路管理权。1919 年，关东总督府撤销，改设关东厅，成立关东军，司令部设在旅顺。1925 年 5 月，日本人开枪打死上海日资棉纱厂工人代表顾正红，打伤其他工人十余名；后又同英国制造了震惊中外的“五卅惨案”，当场打死中国工人和学生 71 人，打伤数十人。1926 年 3 月，日舰炮击大沽炮台，中国驻军死伤十余人，后日本调军舰于大沽对中国进行威胁。3 月 18 日，北京群众举行集会抗议，遭到镇压，47 人被打死，200 余人被打伤，酿成“三一八惨案”。1928 年 5 月，日军制造“济南惨案”，打死中国军民 1 000 多人，并占领济南。此时的钱学森就读于北京师范大学附属中学。

面对内忧外患，面对中国在现代化道路上遭遇的崎岖和坎坷，钱学森决心为国家富强而奋斗。受孙中山《建国方略》影响，钱学森立志“实业救国”，即“习西夷之长，救中国之短”。他决心效仿詹天佑，献身“铁道救国”。

1934 年 7 月，钱学森从交通大学机械工程学院铁道工程专业毕业

1929 年，钱学森高中毕业。孙中山先生在《建国方略》里为中国铁路建设所勾画的宏伟蓝图深深地印在他的脑海里，久挥不去。而“中国铁路之父”“中国近代工程之父”的铁路工程师詹天佑求学规矩勤勉、做事严谨认真、做人不卑不亢、创业兢兢业业事迹也广泛流传。因而，钱学森决定像詹天佑那样，投身国家的铁路建设，于是他报考了交通大学机械工程学院，学习铁道机械工程专业。

第二章　聚焦航空工程，醉心航空救国

1934 年，钱学森以优异的成绩毕业，这足以让他成为铁道工程师。然而，在钱学森入学两年后，“九・一八事变”爆发，次年日军对上海发动了空袭。中国军民惨遭杀戮，而中国却没有强大的制空力量与其抗衡，这使钱学森十分悲愤，深感在他国凌辱下铁路不能从根本上解决中国受外敌侵压的问题，中国要想腰杆硬，就必须要有强大的航空武装。于是在随后“航空救国”热潮中，钱学森成为积极的响应者，决心为祖国的航空事业做出自己的贡献，他做出了人生中的第二次选择：改学航空工程。

一、水深火热之中的航空抉择

1931 年的“九・一八”事变和 1932 年的“一・二八”事变，使钱学森意识到中国的空军力量非常薄弱，于是，他将目光从铁道机械工程渐渐转到发展航空事业上来。1934 年 7 月毕业以后，钱学森参加了清华留美航空工程专业的考试，并顺利通过。当时流行航空救国的说法，造出好飞机是许多莘莘学子的目标和夙愿，钱学森也是如此，也从此踏上了他的航空事业起航之路（苏建军，2011）。

木有所养，则根本固而枝叶茂，栋梁之材成。社会的需求是个人成才的根本动因。一个社会在特定的历史条件下对人才的特定需求也会对人才的成长产生巨大的催生作用，而在众多社会需求中，国家利益对于个人来说高于一切。国家是最高的本源，国家主权至高无上，国家利益自然就源于国家主权，是国家的最高目标，是国家行为的出发点和归宿。于是，国家利益成为决定国家对外政策与行动的基本动因，成为影响国际关系的核心因素，也是国家间关系最基本的驱动因素。在民族国家繁荣昌盛的历史时期，每个国家都极力强调其国家利益的重要性、独特性和不可替代性。每一个青年只有把自己的理想同祖国和人民的需要结合起来，才能更好地激发人才的创造动力，从而实现自己的人生理想。钱学森的求学成才之路无疑是士之楷模、国之桢干。

二、风云突变国难当头前的航空抉择

1932 年冬天，中国的局势变得更为动荡。1932 年 1 月 28 日，日本军队借口“僧侣被殴”事件入驻闸北区，并对闸北进行了疯狂的轰炸。一时间，上海从繁华兴盛的国际都市沦落为横尸遍野、四处都是残垣断壁的战场，工厂被迫停工、学校宣布停课、几十万难民拖家带口外出避难……而中国军队在与日军的交战中却节节败退，空军力量更显薄弱，不仅势单力薄、不堪一击，而且一触即溃、危如累卵。虽然驻守上海的 19 路军奋起抵抗，持续达 1 个多月，由于国民党的不抵抗政策而最终导致淞沪抗战的惨败。

"一·二八"淞沪抗战失败的惨痛教训让正值翩翩年少的钱学森不得不重新审视自己热爱的祖国所面临的危机。轰炸雷鸣般在耳边响起，这几乎是他所经历过的最富戏剧性也最惊心动魄的事件。淞沪抗战给钱学森带来的冲击和震惊十分巨大，他痛感中国航空工业的落后及航空技术对国家安全的重要性。他认识到，中国必须拥有强大的航空工业，才能自立于世界民族之林。他开始明白，现代国防事关祖国生死存亡。为此，他决意以"航空救国"贡献自己的力量，毅然将人生志向从"交通救国"转向"航空救国"。

钱学森当时已是一名优秀的铁路工程师，如期顺利从上海交通大学毕业后，他完全可以过上人寿年丰、丰衣足食的优越生活。"山河破碎风飘絮，身世浮沉雨打萍。"钱学森认为，人生有太多的事情值得去思索，不仅是自己的前途，还有整个国家的命运。抬望眼，他认为，航空就是祖国强盛壮大的希望和未来；他认为，祖国最需要的是国防科技的力量支撑，这是最具现实和实际意义的。作为新一代的知识青年，学习和掌握世界上最先进的科学技术义不容辞也责无旁贷。从那一刻起，他钻到图书馆里博览群书，一采众长，并特别专注于飞机、航空理论知识及航空技术的发展。

1933 年，交通大学的威斯曼教授开设了航空工程课，立志"航空救国"的钱学森报名参加了这门新课程的学习，并辅之以其他航空方面的课程。钱学森铁路与航空兼修，不仅圆满地完成了火车头的毕业设计，在航空课上也取得了两学期平均分 90 分的优异成绩，是 14 名选修此课学习中成绩最好的。除此之外，他还撰写、发表了多篇有关航空方面的论文。

在航空领域小试牛刀初有心得的钱学森更加坚信，只有大力发展航空工业，捍卫中国领空主权，才能让亲爱的祖国挺起脊梁。此时，朝气蓬勃的钱学森也了解到，有一个专门为中国顶尖学子提供国外深造的奖学金项目机会，只是他并未意识到此时这个求学计划将会改变未来世界的国际格局。

三、为祖国强大远赴重洋留学深造

1900 年是中国农历庚子年。西方列强对中国发起侵略战争，国内民间底层人们自发组织了起义运动，打起“扶清灭洋”的口号，并袭击了山东一带的外国传教士，以发泄心中的愤怒，他们自称“义和团”。那年，山东洪水暴发，大批灾民无家可归、流离失所，“义和团”所到之处都会有避难的灾民加入，他们积极习武，身穿黄、红、黑三色制服。很快，“义和团”主力进入北京，并对部分国家使馆进行了包围攻击。8 月 4 日，美国、英国、日本、俄国、法国等八国组成一支 2 万多人的联军，借口剿灭“义和团”，从天津攻进北京。短短 10 天，清军溃败而逃，北京城破，八国联军进入北京。慈禧太后听闻“破城”消息大惊失色，带着光绪皇帝仓皇出逃。

1901 年，农历辛丑年 9 月 7 日，清政府与列强国签订了丧权辱国的《辛丑条约》，被要求赔偿各国侵华军队 4.5 亿两白银，分 39 年还清。而当时中国的人口才仅仅有 4.5 亿，相当于每个中国人无论老幼皆要交出一两纹银赔给列强，甚至连本带利高达 10 亿两纹银，折合 9.82 亿美元，史称“庚子赔款”。

此次赔款中，美国连本带利一共分得了 4 600 万美元。但是后来中国驻美公使发现，美国最终获得的赔偿数额远远超出了这个限额。与美国多次协商下，美国答应归还中国多余的赔款，但要以办学的方式，即通过设立一个可以让中国学子去美国留学的奖学金来实现。美国认为，通过让中国学生接受美国式的教育，能使留学者从精神层面认同并支持美国，也能间接控制中国人的精神和思想，为进一步统治中国奠定基础。

经过 4 年艰难的商讨后，1909 年“庚款留美”项目正式设立，由中国清华大学负责选拔国内优秀大学生去美国接受最先进的科学教育。这些学生在美国期间由留学生在纽约的协会来管理。

“庚款留美”项目培养了大量人才，而且这些人才也无一例外地成为中国未来的中流砥柱。第一批奖学金获得者，有后来的中国近代生物学的奠基人秉志、浙江大学的校长竺可桢，以及新文化运动最著名的领导人、中国思想的先驱者胡适先生。

1931 年“九·一八”事变和 1932 年“一·二八”事变爆发以后，钱学森在交通大学学习航空课程的同时，也关注了当时国际和国内的航空工业发展情况。当时，日本航空工业空前发达，三菱重工、日立公司等飞机制造公司如雨后春笋般崛起，带动着日本国内整个飞机制造业的强盛。“一·二八”事变爆发时，日本飞机足足有 2 000 架之多，而且战斗力强悍；反观中国只有 200 多架，能够保证正常起飞的甚至不足 100 架。中国国内一家飞机设计制造厂也没有，就连飞机维修厂也屈指可数。

1934年8月，钱学森到清华大学设在南京中央大学的考场参加“庚款留美”项目公费生的考试。对他来说，大学毕业以后通过公费留美去学习航空工程和相关的先进技术以实现航空救国的理想，是他下一步深造和工作方向的首选。因此，钱学森毅然报考了航空专业。

考试从上午8时一直持续到下午5时，午餐休息时间很短。航空专业考试分两大部分：科学部分占考卷内容的80%，包括数学、力学、热工学、航空工程、机械原理及机械设计；人文部分占20%，包括世界史、国语、口语和写作，英语和第二外语，德语和法语，以及对国民政府的认识等。全力以赴考完科学部分的五门内容后，钱学森也是筋疲力尽。总体来讲，科学部分的考题确实有难度，而人文部分则相对考得还算顺利。

功夫不负有心人，在报考航空工程的四名学生中钱学森位列第一。相对整个考生范围来讲，钱学森的成绩并非拔尖，清华大学毕业的赵九章、王竹溪等人要比他更胜一筹，但是在航空方面独具天分的钱学森，在“航空工程”考试中获得了87分的高分。当时清华大学负责选派留学生的是叶企孙教授，他是一位知名的物理学家，时任校务委员会主任委员、理学院院长、特种研究所主席。他指导和选派过多名留学生，眼光独到，慧眼识珠。他了解到钱学森从大学三年级开始就陆续发表一些有关飞机、飞艇方面的文章，如美国大飞船失事和美国建筑飞船的研究等，就破格录取了他。但当时钱学森并不知情。能够进入这个奖学金项目的学生屈指可数、凤毛麟角，只有最优秀顶尖的20名学生才可以获此殊荣，但却是来自全国各地的优秀学子的竞争与角逐。在通告发布前，人们纷纷聚集在通告牌前，或忧虑或期待，驻足而观，竟把道路都堵了个水泄不通。待到榜单终于公布时，“清华大学考选留美公费生揭晓通告”一行大字分外醒目。此次选拔涉及社会科学和自然科学两大领域，兼容文理工三科，每专业只取一人，可以想象竞争之残酷、考试之艰难、逐鹿之激烈。

“剑外忽传收蓟北，初闻涕泪满衣裳。”钱学森此时正在杭州的家中，喜讯传来自是喜不自胜，但“白日放歌须纵酒，青春作伴好还乡”，顺利考取公费留美航空专业的欣喜过后，他的心情却更加沉重了，因为他深知，选择了航空专业就相当于走上了一条坎坷艰险、布满荆棘的救国图存之路。然而，少年壮志当拿云，安能行叹复坐愁？

航空专业的学习初期，钱学森和同学一行来到了北京青龙桥火车站。这里横铺着中国人自己设计的第一条铁路，它像一条长龙蜿蜒伸展于八达岭的崇山峻岭间。钱学森向修建这条铁路的前辈——留美工程师詹天佑的雕像深深地鞠了一躬，也算是向他苦读了四年的铁道专业作了最后的告别。新的专业，新的起点，新的航程。

报考航空专业是钱学森一生中最重要的一次选择，如果不是报考这个专业，他将与赴美留学机会失之交臂，而这个选择对他来讲也是决定命运的。此后所发生的一切冥冥之中都与此有关。

1934～1935 年，钱学森按照清华大学的规定，先后到杭州、南昌、南京、上海等地的飞机制造厂和修理厂实习。钱学森被安排到杭州飞机制造厂、南昌第二航空修理厂和南京第一航空修理厂工作实习，后转到上海海军制造飞机处实习，最后到清华大学机械工程系刚刚设立的航空工程组接受导师辅导。

这期间钱学森学习到了很多全新的航空知识，他从工作中认知、从实践中总结，打下坚实的专业基础，充分保障了他日后美国留学任务的圆满完成。

钱学森第一个实习地是位于杭州市中心11公里远的东北郊——笕桥，清朝末年清军八旗彪马队和炮营厂就建于此。1931年年底，国民政府将清军炮营厂改为军用机场，并建中央航空学校。这座曾与陆军黄埔军校齐名的军校在抗日战争中发挥了重要的作用。

钱学森到来时，中央航空学校由美军的一个飞行员特遣小组管理。这里的设备都很新，有可容纳130人的学生宿舍、单架搭建大飞机库、引擎修理厂和飞机修理厂，校内还有30架由美国运来的霍克双翼战机。钱学森在笕桥见到了他人生中重要的一位导师王助。王助，字羽朋，毕业于美国麻省理工学院航空工程系，1917年成为美国波音公司聘任的第一任总工程师，1934年6月在笕桥出任中央杭州飞机制造公司中方监理，是我国早年的航空工程师。他关于无比重视工程技术实践和制造工艺的教诲给予钱学森深刻的印象。

1934年12月9日钱学森在给清华大学的信中写道：

“学森及到厂开始工作，初始的一星期在厂中各部见习以了解整体概况，明了飞机各部机件制造程序及其分配工作办法，有致力于核装配部、研究每一机件公用。一星期随时学习对飞机制造方法已知其大概。第二星期即开始在各部分别详细学习。”自土木部开始学习一星期，王羽朋先生闲暇时授学森与实际飞机设计方法相关的知识及如何阅读工程杂志及实验报告。

1935 年 5 月，钱学森从笕桥奔赴南昌拜见了导师钱昌作，并到第二航空修理厂参观实习，继而去南京第一航空修理厂，6 月又到了上海海军制造飞机处实习。

实习期间的钱学森对所有新鲜事物都充满了好奇。很快，8 个月的实习结束了。钱学森感到作为一个炎黄子孙是值得骄傲和自豪的，他决心到国外学习飞机制造业，掌握先进科学技术，回国发展民族航空事业，报效祖国。

第三章　师从顶级导师，改学航空理论

钱学森为了更好地学习西方先进的航空理论和技术，在从交通大学毕业后报考了清华大学“庚款留美”的公费生，并以当年航空专业第一名的成绩被录取。凭借自己的聪慧和刻苦好学，钱学森在麻省理工学院很快就掌握了航空工程专业专业知识，但由于当时美国当局对外国留学生的限制，禁止其到美国航空产业基地实践研究，他不得不再一次作出选择：改学航空理论，从此师从加州理工学院导师冯·卡门（Theodore von Kármán）。冯·卡门是美国工程力学大师、航天技术理论的开拓者，是世界空气动力学的权威，想要投入他的门下非常不易。钱学森与冯·卡门第一次见面时，互相留下了非常深刻的印象。冯·卡门后来回忆道：“眼前的这个年轻人异常准确地回答了我所有的问题，他思维敏捷和富于智慧，顿时给我以深刻印象，他的这种天资是我不常遇到的。”于是建议他转到加州理工学院继续深造。

一、加入火箭俱乐部，探索宇宙新空间

钱学森在加州理工的时间里提出了火箭与航空领域中若干

重要概念、超前设想和科学预见，为反法西斯战争做出了重要贡献。1936 年，冯·卡门名下的几位得意弟子基于对火箭的共同兴趣，自发成立了一个带有科学探索性质的兴趣小组——“火箭俱乐部”，钱学森是核心成员。

“火箭俱乐部”

钱学森早年怀抱“学习知识，贡献社会，报效国家”的宏大理想，青年时期以航空救国为使命远赴美国深造，取得了辉煌的学术成就。在美期间，钱学森师从世界著名空气动力学家冯·卡门教授学习尖端科学技术，跃升为世界最顶尖的空气动力学家、航空工程与火箭技术专家之一。他的导师冯·卡门说：“钱学森的研究成果为航空工业和火箭技术提供了强大的发展原动力。”

20 世纪 30 年代，飞机设计大多依靠设计师的经验，各国科学家开始致力于航空理论的研究，以期指导航空工业的发展。钱学森跟随冯·卡门学习航空理论恰逢其时。1938 年，钱学森与冯·卡门在美国《航空科学学报》发表“可压缩流体边界流层”一文，从理论上预见了实现高速飞行面临的“热障问题”，奠定了飞机实现高速飞行的基础。同年 10 月，他在《航空科学杂志》上发表了“倾斜旋转体上方的超音速流”，讨论了以超音速飞行的尖头抛射体的抬升过程，并发现在以固定速度飞行时这种升力与攻角成正比。1939 年，他又在该杂志上发表了一篇题为“二维空间下压缩液体的亚音速流动”的文章。在这篇文章中，提出了著名的“卡门—钱近似”公式，该公式不仅能比较简便、精确地估算出翼型上的压力分布情况，同时还可估算出该翼型的临界马赫数值。当时飞机的构造变得越来越复杂、速度越来越快时，飞机会出现“压缩效应”，飞行员会感受到猛烈震动，这种现象有时会令飞机突然失去升力，面临急坠危险。部分轰炸机有时会出现极为严重的震颤现象，甚至造成尾翼断裂。在该公式问世前，飞机工程师大多应用“普朗特—格劳特公式”，但它只能计算出相当于音速一半时气流的扰动近似值，结果并不理想。飞机的成功设计更多的是源于设计师的经验。因此，设计师需要借助更加科学的理论来指导飞机设计，而“卡门—钱近似”公式可以帮助他们校正因为简化而导致的误差，成为反法西斯战争期间及之后很长一段时间内工程师设计高速飞行器不可或缺的依据。当时航空工业正处在从老式螺旋桨飞机向超音速喷气式飞机发展的时期，飞行速度和高度是空军实力对比强弱和空战胜负的关键。德国那时建立了法西斯独裁政权，非常重视空军发展，而其他国家航空工业并不发达，无论是理论还是工程技术都与德国和日本相差甚

1939 年 6 月 9 日，钱学森在美国加州理工学院获航空、数学博士学位

远。而反法西斯战争全面展开后，美国航空工业迅速发展，战斗机性能反超日本，这都与钱学森在空气动力学与喷气推进技术等领域的成就密不可分。此时中国正陷入艰苦卓绝的抗日战争，钱学森虽远隔重洋，但他以独特的方式与同胞并肩抗战。1940 年，他向成都航空研究局寄送了一份论文，其中包含“卡门—钱近似”公式，期望它能提升中国空中力量，以此抗击日

本侵略者。

1940～1941 年，钱学森撰写了多篇关于球体外壳、薄圆柱体外壳和圆柱结构屈曲问题的论文。彼时，空军力量对战争作用明显，交战各国都在设法提高飞机性能，欲采用轻薄的金属制造飞机的壳体，但金属壳体若过于轻薄就有可能皱瘪，发生“屈曲”而失稳。这就要求工程师精确了解不同材料的特点及预测最可能发生屈曲问题的结构位置，以设计出高性能的飞机结构。虽然航空设计中有了经典线性理论，但此方法得出的结果通常误差较大（有的误差达到 4 倍），可应用性较差。在对薄壳理论的相关研究成果进行系统分析的基础上，钱学森敏锐地察觉到非平板式的金属壳体在受到外界的干扰时会被激发而发生位能的高低跃变。钱学森指出，仅仅关注经典线性理论所给出的“上”屈曲载荷的准确数值还不够，还要找出使壳体发生有限变形时“下”屈曲载荷的准确数值。经过大量实验分析，后者的计算结果更加接近于试验值，可作为飞机设计的重要依据。这一理论立即得到了学术界和工程界的广泛认可。

二、为反法西斯战争胜利提供大量关键技术

由于德国研制了 V－2 火箭，1942 年，美国当局立即决定委托冯·卡门加紧研究远程火箭。冯·卡门向陆军军械署提交的研制计划中，推荐钱学森负责理论组。钱学森找来了老同学林家翘、钱伟长等，从弹道分析、燃烧室热传导与燃烧理论入手，研究远程火箭的有关理论问题。钱学森还向冯·卡门建议运用新的军事思想和方法从事火箭技术研究。钱学森积极地、

创造性地配合老师的工作，为美国火箭事业的建立与发展做出了不可磨灭的重大贡献。经过艰苦的探索，钱学森同他的导师冯·卡门一起成功建设了除德国以外第一个持续运转的超音速风洞实验室，同时承担数学计算和实验室使用与管理。这对后续音速飞行体的试验和设计工作提供了强有力的帮助。

1943 年，出于反法西斯战争需要，美国军方决定研制实战导弹，慎重委托钱学森负责火箭发动机推动导弹这一重大课题的研究。同年 11 月，钱学森便与马林纳一起提出了三种火箭（导弹）的设计方案，经冯·卡门指点，将报告连同冯·卡门的备忘录一起递交给军方，受到军事当局的高度重视。这份报告为美国二十世纪四五十年代成功研制地对地导弹和探空火箭奠定了基础。

在反法西斯战争中，空军在战争中的作用日益明显。德国功能先进的飞机已让反法西斯国家军队屡遭败绩，欧洲局势不容乐观；中国人民正与拥有强大空军、配备先进武器的日本法西斯殊死搏斗，一场维护正义的战争全面展开。此时祖国急需优秀的军事人才和先进的武器装备，钱学森意识到他虽然不能上阵杀敌，但他可以充分利用自己的学术特长，抢占科技高地，提高盟国空中力量，用最有效、最擅长的方式加入全人类反法西斯的浪潮中。

1938 年，美国陆军航空兵司令阿诺德将军预见到美国加入战争不可避免，要求加州理工学院研制火箭助推起飞装置，使军用飞机特别是重型轰炸机能从航空母舰及太平洋小岛的短跑道上起飞。当时传言法西斯德国正在研制火箭，美军感到特别紧迫，冯·卡门回到学校立即找马利纳、钱学森等人商议，决定接受这个名为“JATO”的任务。须知在当时，研究火箭被认为是旁门左道、不切实际，其中就包括麻省理工学院。加州理工学院却积极承担了这一项目，这一切都得益于它们的火箭兴趣小组。这个小组的成员大多是冯·卡门的学生，钱学森就是五个核心成员之一。

1937年，他应小组创始人马利纳的邀请，加入火箭兴趣小组，成为小组的常驻数学家，帮助解决理论与计算的问题。5月29日，钱学森完成《喷嘴发散角度对火箭推力的影响；火箭发动机的理想周期；理想效率与理想推力；考虑分子解离效应的燃烧室温度计算》的报告。这份报告具体描绘了一个燃烧室和废气喷嘴大小都固定的理想火箭的理论模型，其中强调火箭尾端喷出的火焰周径要小，才能在太空中集中推力，不致失控。

1938年12月，钱学森和马利纳合作发表《探空火箭的飞行分析》一文，提出一个可以重新装载的使用固态燃料黑色火药的火箭引擎设想，它可以通过一系列的爆炸为火箭提供推进力，而不是像液体燃料那样持续燃烧。理论上，这种引擎可以将火箭送到比当时探空气球所能达到的更高的太空。珍珠港事件后，钱学森很快通过了美国宪兵司令部的安全考核，拿到了保密许可证，被批准可参加军队、国防部、科学研究发展局等机构的一切军事机密工作，再次加入火箭小组，大大加快了研制进度。

1942年4月15日，冯·卡门、钱学森、马利纳等火箭小组成员在摩哈维沙漠成功进行了道格拉斯A－20轰炸机火箭动力装置试飞试验。这种火箭助推起飞装置可以让飞机的跑道大大缩短，飞机起飞的速度也将大大提高。因而，航空母舰上便可容纳更多战机，极大地增强了空中力量。它很快在太平洋战争中被美国陆军航空队大量装备在航空母舰的轰炸机上，为打击日本法西斯空军的嚣张气焰创造了有利条件。钱学森在这一系列研究、设计过程中，发挥了极为重要的作用。作为研究计划负责人的冯·卡门深知这点，他曾评价道——钱对加州理工学院喷气助力起飞计划的实现做出过重大贡献。

钱学森不遗余力，曾一度深入洛杉矶地区的航空企业，发现并解决飞机设计与生产过程中遇到的应用力学问题。当时的洛杉矶是航空工业最发达、发展最迅猛的地区之一，美国政府在该地区航空公司定购飞机约 10 万架，几乎占全国的一半，与英国、德国、苏联等国的飞机数量相当。这些飞机制造公司在反法西斯战争期间研发生产的先进战机，在珊瑚海海战和中途岛海战中重创日本舰队，打破了日本航空母舰的绝对优势。

战争如火如荼，为做好长期的反战准备，1942 年美国开始了军事人才储备工作，政府精心选拔出来了一批空军和海军青年军官至加州理工学院攻读航空学硕士。这些军官都具有出色的领导才能，钱学森负责教授工程数学和喷气推进理论两门核心课程，为反法西斯战争的军事技术人才储备做出了重要的贡献。他编写讲授的《喷气推进》成为该领域的权威著作，此后的十几年间都被奉为不可或缺的参考书。

1945 年 5 月 8 日，德国宣布无条件投降，第二次世界大战结束。新组建的美国国防部科学咨询团在少将团长冯·卡门的率领下来到德国接管、考察及研究德国的火箭技术，被任命为上校团员的钱学森参加了这次考察，并亲自审问了 V－2 火箭的总设计师，也是后来成为美国航天之父的冯·布劳恩。之后，钱学森被聘任为麻省理工学院副教授、教授，发表了论文

《超等空气动力学》《稀薄气体力学》，主编了论文集《喷气推进的新天地》。

1947 年 2 月，经冯・卡门推荐，未满 36 岁的钱学森成为美国麻省理工学院最年轻的终身教授

钱学森经过不懈探索，在空气动力学领域取得了巨大学术成就，解决了空气动力压缩效应与薄壳稳定性等航空领域面临的难题；发现“热障”理论，为高速空气动力学做出了重要贡献，奠定了他作为世界公认的一流空气动力学家的地位，为日后参与军工项目研究，进而为世界反法西斯战争做出巨大贡献打下了坚实基础。

钱学森在美国加州理工学院与同事合影

1949 年，钱学森又回到加州理工学院，出任喷气推进中心主任。在这一年，他提出了火箭旅客飞机概念和关于核火箭的设想，名噪一时，《时代》杂志以他的演讲照片作为封面。钱学森在火箭和航空领域所做出的重要贡献，使反法西斯战争中的美国成为世界第一流军事强国。正如美国专栏作家米尔顿·维奥斯特写到："冯·卡门是空气动力学领域里独一无二的大师，而钱的名望仅在他一人之下，钱是冯·卡门雄心壮志与事业的继承者。钱是帮助美国成为世界第一流军事强国的科学家银河中的一颗明亮的星。"

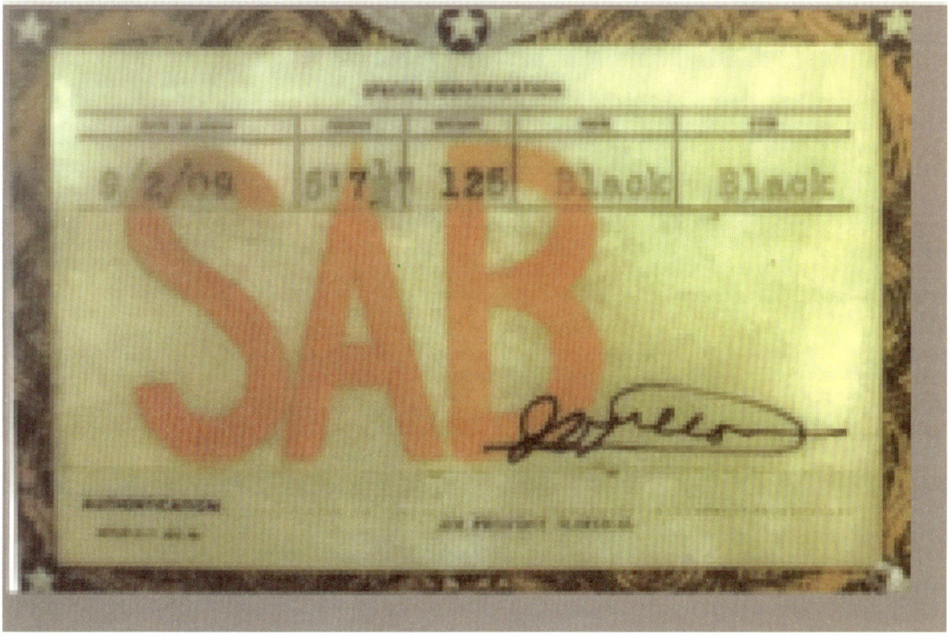

美军签发给钱学森的美国国防部科学咨询团成员身份证及出入证明

三、主笔《迈向新高度》，勾画未来科技蓝图

为实现反法西斯战争后人类的和平发展，钱学森总结战争期间欧洲战场科技发展经验，参与编写了《迈向新高度》系列报告，勾画出世界科技的发展蓝图，为维护世界的正义与和平起到重要作用。1945 年 3 月，德军在欧洲战场全面崩溃，反法西斯战争胜利在望。同年 6 月，钱学森以美军上校身份，随着冯·卡门率领的国防部科学咨询团赴德国考察，在诺德豪森审问了德国火箭研究的最高权威冯·布劳恩。

回到美国后，钱学森参与起草了一份高技术系列报告《迈向新高度》。纵观已解密的 13 卷《迈向新高度》系列报告，钱学森在所有参与者当中承担的写作任务最多，包括《技术情报附录》《空气动力学与航空器设计》《航空器动力装置》《航空器燃料与推进剂》《导弹与无人航空器》。他总结了欧洲各国特别是德国的研究成果与经验，描述了各地不同风洞设施、飞机后掠翼的设计思路以及各种推进剂的性能，并结合美国的现状对喷气推进实验室在战时所做的各种理论分析做了详细的比较和说明。他翔实地论述和预见了高速气体动力学、脉冲式喷气发动机、冲压喷气发动机、固体与液体推进剂火箭，以及超音速有翼导弹等技术的研究成果、存在的问题和发展的前景。

《迈向新高度》系列报告可以看作是对反法西斯战争科技的一个总结，勾画了人类关于火箭、导弹、飞机的长远发展蓝图，为世界航空未来 50 年发展指明了方向，从根本上改变了

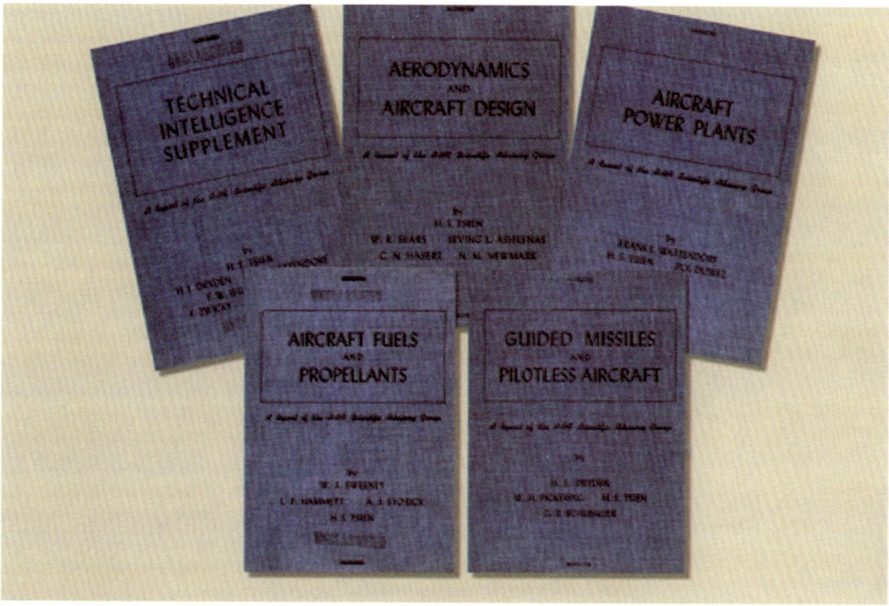

1945 年，咨询团考察结束后，向美国军方提交了《迈向新高度》系列报告。此报告共 13 卷，钱学森完成了第三、四、六、七、八卷中 7 个部分的编写，为第二次世界大战后美国航空、航天事业的飞速发展指明了方向

未来战争的形态，成为世界高技术战略或者世界军事战略中最重要的战略计划之一。《迈向新高度》的编写研究工作使钱学森受益匪浅。他和冯·卡门这样杰出的世界级大师一起，站在航空航天科学技术领域的最前沿，学会了从更高、更全面、更系统地思考全局性、战略性规划的思路和方法。由此，钱学森也迈向了他人生的新高度。

1949 年钱学森首次提出了对洲际运输火箭的设想蓝图，人们将可以在一个多小时之内横跨整个欧洲，它可以垂直起飞，沿太空椭圆轨道以每小时 10 000 英里的速度飞过最初的 1 200 英里，在到达 300 英里的高度后，它便会掉头再向地球表面飞去，穿过大气层，滑行 1 800 英里后抵达目的地。

1950 年，钱学森在美国火箭学会年会上提出了火箭客机的概念

从现代航天科技的发展来看，钱学森当时的火箭客机构想就是航天飞机的雏形。之后的 5 年，钱学森对世界科技的发展做出了两项重大贡献：一是在长期从事的应用力学的基础上开创了物理力学。他把描述物质微观性质的原子分子结构理论、描述物质微观行为的量子力学、沟通微观和宏观性质的统计力学联系起来，加上发展的较为完整的传统力学，构筑了“物理力学”这门全新的学科。物理力学的提出对量子力学、应用力学、原子力学的发展起到了不可估量的促进作用。从现代科技的发展来看，它的成果和贡献数不胜数，最突出的有核受控、现代航空航天技术、微机械、纳米科技等，甚至可以毫不夸张地说，没有物理力学，就没有这些工程的高速发展；另一项是结合自己的实践经验用三年时间撰写出轰动世界的巨著——《工程控制论》。

1954 年，钱学森的《工程控制论》（英文版）正式出版，引起了自动控制领域的轰动，被译成俄、德、中、捷克等多种文字出版，该书的出版被认为是系统科学发展的第一个里程碑，推动自动控制在二十世纪五六十年代形成研究高潮

《工程控制论》是对控制与制导领域进行创造性论述的经典专著，以更广阔的眼界、更系统的方法，揭示了控制论对科学技术的影响和意义。尤其是提出了用不怎么可靠的元件，可组成高度可靠系统的理念，这远远超出当时自动控制理论的研究范围，进入了系统科学的领域，成为他在系统科学发展的第一个里程碑。《工程控制论》不仅为中国航天事业的突飞猛进

提供了科学的方法指导，更是为世界自动控制的研究开辟了崭新的天地。《工程控制论》英文版出版之后，在学术界引起了强烈的反响，各国迅速开展了该书的翻译工作，包括俄文版、德文版和中文版，在全世界范围内掀起了一股“自动控制热”。

钱学森在加州理工学院，开设了“物理力学”课程，编写了“物理力学”讲义。这一著作直到钱学森回国以后，于1962年2月由科学出版社将其正式出版，命名为《物理力学讲义》

从《迈向新高度》系列报告的撰写到火箭客机概念的提出，再从“物理力学”的创建到《工程控制论》的问世，钱学森作为一名享誉世界的科学家，在世界反法西斯战争取得胜利的同时，总结战争期间的科技成果，为战时乃至战后许多年的世界科技发展做出了巨大贡献。

钱学森从铁道救国到航空报国，无不是为了和平而作出人生的选择，而他为世界反法西斯胜利所做出的贡献，更体现了他是捍卫人类和平的坚强卫士。反法西斯胜利 70 周年之时，我们再次回顾这场战争带给全世界的深重灾难，“铭记历史，珍视和平”仍然具有深刻而恒久的时代昭示和现实的启迪意义。我们将继承钱学森留给世界人民的宝贵科学遗产，坚定捍卫来之不易的反法西斯战争的胜利成果，负重奋进、砥砺前行，继续为人类和平与发展贡献自己的力量。

四、羁绊与回归，五年归国路漫漫

1949 年 5 月，中共北方局向钱学森发出的邀请信经过香港辗转到达身在美国的钱学森手中。同年 10 月，通过美国媒体钱学森得知了一个振奋人心的消息：新中国成立了！高高飘扬的五星红旗如一轮初生的红日，照亮了海外游子的归国之心。钱学森心潮澎湃，同夫人蒋英商量：“该回国了！”此时蒋英尚在孕期，钱学森开始计划逐步结束在美工作和生活，计划在次年 6 月回国。

11 月，艾尔杰·希斯（Alger Hiss）突然宣称，在他作为国务院工作人员期间，自己曾经是一名“共产主义间谍”。1950 年 2 月，英国宣布，克劳斯·富克斯（Klaus Fuchs），一位英国最顶尖的科学家，将最重要的原子弹秘密传给了苏联人。恐赤症笼罩着美国社会，约瑟夫·雷芒德·麦卡锡宣称，背叛到处存在，一时麦卡锡主义开始盛行。在这样的背景下，钱学森被怀疑是共产党间谍，中央情报局组织力量就相关人员进行了一系列的调查。

（一）谍案四起与忠诚调查

1945 年初，美国战略情报办公室特工在《美亚》杂志社的办公室发现了数百份标有“机密”印戳的政府文件。随后，联邦调查局（FBI）秘密接手调查，通过窃听和潜入等非法手段发现了一批“同谋者”，涉案人包括该杂志的出版商和国务院的一名工作人员约翰·谢伟思。该案的曝光，成为第二次世界大战之后美国笼罩“共谍”疑云的前奏。11 月，继伊戈尔·古琴科在加拿大自首并曝光苏联间谍网之后，伊丽莎白·本特莉向联邦调查局自首，并指认间谍八十多人，涉及财政副部长哈里·怀特、财政部官员内森·西尔夫马斯特、高级外交官艾尔杰·希斯等政府高官。联邦调查局迅速展开调查，并对主要嫌疑人进行监控，还将此列为高度机密，尝试让伊丽莎白·本特莉与之前的间谍网继续联系，以期待更多收获。但苏联方面很快察觉此事，不仅切断了与她有关的联系，连那些受到监控的人也警觉起来。此事更使联邦调查局等情报部门对“共谍”和“内鬼”的存在深信不疑。

1946 年，“维诺那计划”成功破译之前截获的苏联电文，证实苏联在美国军事、外交等重要部门均招募有间谍，而且涉嫌的 349 名美国人多为美国共产党员，成为情报部门坚信“共谍”存在的力证。当时，联邦调查局还查获一本名为《在美国和第三国征募美国人的实践》的训练教材。教材中标示的渗透目标上至总统班子和国家安全委员会，下至各类社会及政治团体组织，甚至还包括各类能接触科技、经济情报的私营企业雇员。但由于维诺那计划始终被严格保密，甚至连杜鲁门总统都未曾得知该计划的存在，导致“共谍”疑云尽管越聚越浓，却始终未向公众证实。

1947 年起，司法部对本特莉指认的一些政府高官提起公诉，但由于间谍案的特殊性，双方僵持了近一年而始终没有进展。1948 年夏，国会接手本特莉案，负责调查的非美活动委员会传唤了多名证人。8 月 3 日，《时代》杂志的资深编辑惠特克·钱伯斯在听证会上指认美国外交官艾尔杰·希斯（Alger Hiss）是秘密共产党员，却被希斯以诽谤罪反诉于庭上。之后，钱伯斯主动承认自己和希斯都曾是苏联间谍，还提交了希斯在 1938 年时托他转交苏联的四份手写备忘录和 67 份打印文件。经专家鉴定，文件上确为希斯的笔迹，文件也与希斯在 20 世纪 30 年代使用的打字机相吻合。希斯案为“共谋渗透美国政府”的流言提供了力证，也加剧了民众对共产党人的敌对情绪。据调查显示，到希斯案定案时，有近 70% 的美国人希望取缔共产党，为国内大规模清扫“共谍”提供了时代环境。

早在 1947 年曝出多起间谍案后，杜鲁门政府就已经采取多种措施来应对危机，力图挽回政府信誉。3 月 21 日，杜鲁门总统签署第 9835 号行政令，在联邦政府的行政机构发起忠诚—安全计划（Loyal - security PR. gram），要求调查那些“与共产党有联系或同情共产党”“与涉嫌颠覆活动的组织和个人”。忠诚调查不仅指向政府机关，而且高等学校也是他们怀疑或调查的对象。

关于忠诚调查，史学界认为是开始于杜鲁门政府时期。而从学理意义上，忠诚调查如果作为一种运动或者至少是一种大规模的行动，始于杜鲁门时代没有什么异议，甚至可以将其锁定在杜鲁门发布第9835号决议上。这可以看作是忠诚调查的狭义概念。但如果从广义概念看，美国忠诚调查是美国政府对居住在美国本土的本国公民以及外国侨民对美国忠诚情况所开展的调查，是美国有关部门颁发证件或者从事某一活动所履行的手续，是美国为了维护其安全的重要举措，起讫时间可能要向前推进许多年。对钱学森开展忠诚调查的确切时间不得而知。但是从已有的美国档案看，约是1942年对其进行调查，这是因为钱学森要参与美国的机密研究，必须要通过美国有关部门的调查。经过调查以及部分人员的担保，1942年12月，钱学森获得了从事机密研究的许可证。这不仅是其导师冯·卡门极力推荐的结果，也是钱学森研究能力的重要体现，也反映了美国在第二次世界大战期间对航空人才的迫切需要。

第二次世界大战欧洲战事结束后，美国军方派出以冯·卡门为团长的航空顾问委员会赴欧洲考察团，钱学森作为顾问委员会成员随从。这样一项重要的军事考察活动，特别是战后特殊背景下，美国军方不仅对参与本次军事调查行动的唯一一名外国人钱学森开展调查，而且对参加这项活动的所有人都要进行调查，冯·卡门也不例外。考察团返美后，考察团成员就他们考察的内容以不同的专题完成了13卷本的考察报告《迈向新高度》，其中钱学森参与撰写大部分工作。由于钱学森在本次考察活动的突出表现，1945年底和1946年初，美国陆军航空兵司令员阿诺德（H. H. Arnold）和陆军军工署分别给予钱学森嘉奖，称赞其对美国航空所做出了杰出贡献。

在荣誉接踵而至时，怀疑也悄然来临。如果在军事考察前对其进行忠诚调查是履行公事，尚情有可原，而后明显带有敌对色彩和怀疑成分，是美国社会思潮发生转变的表现。1946年10月~12月，美国陆军最高司令部波士顿军事基地分别向麻省理工学院、联邦调查局、海军情报局及美国西格玛赛科学学会去函，了解钱学森的有关情况。在复函中，这些单位只是通报了钱学森的个人基本情况，而没有提供任何对钱学森不利的信息。

杜鲁门签署的9835号行政命令打响了在全国范围对雇员开展忠诚调查的发令枪。随着忠诚调查计划的大规模开展，一时间美国社会变得越来越糟糕。他们不仅将矛头指向国务院等政府部门，而且也波及美国高校。加州理工学院生活着很多外国人，从事着高度机密的研究工作，特别是这样一所以聚集古怪而独立不羁的科学家著称的小小加州学府，不可避免地受到注意。西德尼·威因鲍姆，加州理工学院化学系助理研究员、俄裔科学家，在调查中被发现是一名共产党党员、帕萨迪纳党小组的核心人物。调查人员发现，钱学森与其关系密切，而且对共产主义充满同情，还订阅了共产党报纸《人民世界日报》（Daily People's World）。他们还认为威因鲍姆来喷气推进实验室工作也是钱学森推荐的结果，由此怀疑钱学森也是帕萨迪纳党小组的成员。

随后联邦调查局以及军事部门人员开展了一系列调查，主要包括查看文件和人员调查，其中所调查的人员不仅包括与钱学森关系密切的麻省理工学院、加州理工学院的科研和行政人员，而且包括钱学森的房东等社会人士。

1947年3月17日，反情报支队波士顿办事处人员大卫·K.博伊斯（David K. Boyce）专门前往麻省理工学院注册部，查看钱学森档案。档案表明，钱学森在1935年9月至1936年9月就读麻省理工学院，在那里毕业并获得航空工程硕士学位。记载还表明，钱学森是一名有能力、思想坚定的学者，对工作抱有很大的兴趣。当天，大卫·K. 博伊斯还拜访了麻省理工学院航空实验室米勒教授。米勒教授说，自从他1946年9月入职以来，他就和钱学森在科研方面密切合作，在工作上他和钱学森配合得比较默契，发现钱学森精力充沛，热爱科学研究工作，没有理由怀疑他的诚信。尔后，大卫·K. 博伊斯还联系了钱学森所参加的美国科学学会，如美国科学促进会以及西格玛赛科学学会，得到的均是对钱学森的正面反映。

随后，CIC－MDW特别代表哈里·J. 布朗（Harry J. BR. wne）通过访问很多人来了解钱学森。这些访谈的对象大部分是钱学森以前的朋友、邻居、研究合作者、领导等，既有麻省理工学院的老师，也有加州理工学院的老师等。他们坚持对钱学森的信任，认为钱学森对美国的忠诚不应有任何怀疑。他们还说，钱学森内心很平静、个性沉稳，是一位出色的科学家，对政治不感兴趣，从来没有谈论政治问题。

虽然美国军方在1946年和1947年就开始对钱学森产生怀疑，但除发现钱学森征订过共产党报纸《人民世界日报》外，均没有发现钱学森思想有共产主义倾向。

1949年，世界形势的发展促使美国对共产主义的恐惧进一步加剧。苏联第一颗原子弹试爆成功，结束了美国的核垄断地位，中国国民党的溃败更增强了美国对共产主义的担忧。他们对认为是共产党员以及亲共产党的个人加大了调查的力度，钱学森也不例外，调查的范围更为扩大，时间更为频繁，报告更为繁多。

1949 年 5 月至 8 月，联邦调查局人员对与钱学森接触紧密的几个朋友进行专门询问。这些被调查人员都陈述了他们与钱学森共处时所了解的钱学森的情况。从调查的情况来看，各种意见都有。阿尔布雷克特看到钱学森出席了共产主义小组会议，而且多次出席这样的会议，因此阿尔布雷克特认为，钱学森对威因鲍姆极端支持共产主义的态度是同情的。

关于钱学森与威因鲍姆的关系，一个被询问者说，于钱学森、西德尼和安格林纳·威因鲍姆在一段时间内相互通信，通信的语气表明他们是长久的朋友。除此之外威因鲍姆夫人在威因鲍姆被喷气推进实验室雇佣前也曾与钱学森通信。通信表明，钱学森在威因鲍姆获得喷气推进实验室职位时是有他们的帮助的。威因鲍姆在接受联邦调查局特工人员调查时也使调查局人员认为钱学森与他是长久的朋友。他们还说由于钱学森当时是喷气推进实验室的部门主管，所以威因鲍姆得到了实验室的工作。

但联邦调查局人员则从另外一个消息来源得到一种迥然不同的认识。该消息称，在加州理工学院，有些人的确表现了“左倾”主义，甚至有亲共产主义倾向，但钱学森并不赞同他们的观点。钱学森与威因鲍姆友谊的基础只是钱学森对威因鲍姆个人比较欣赏而已，但钱学森不喜欢威因鲍姆夫人。威因鲍姆夫人喜欢夸大她与钱学森之间的友谊，实际上他们之间的友谊没有像威因鲍姆夫人所说得那样深厚。该消息称，正是因为钱学森对威因鲍姆非常友好，才使钱学森与威因鲍姆的家庭建立良好的联系。从与人交往来看，钱学森是一位忠诚可靠的人。他和威因鲍姆的关系纯粹是建立在老交情的基础上，与政治意识形态无关。该消息还提供了以下信息来支持她所说的钱学森不支持共产主义的原则。她说，偶尔听到钱学森对前面所提及的共产主义小组持贬低的态度。有一次，钱学森说不希望和这个小组在一起，因为“如果与狗同眠，就可能惹一身跳蚤”。

为深入了解钱学森的情况，联邦调查局人员采访了加州理工学院工程系主任林德瓦尔的秘书，也就是钱学森房东的女儿埃斯特·吉尔伯特。吉尔伯特女士说，多年来，她就知道威因鲍姆和他的夫人非常信仰共产主义，她也知道钱学森与他们的联系很亲切。这使她担忧这种联系给钱学森带来不利。吉尔伯特女士解释说，她认识钱学森多年，这期间大部分时间他在加州理工学院与她的父母爱德华·吉尔伯特夫妇一起住在布恩纳洛马东街360号。在她看来，威因鲍姆夫人是一位要求非常多的人。吉尔伯特女士认为钱学森实际上完全没有对威因鲍姆夫妇表达出的政治观点，纯粹是基于对老朋友的忠诚与他们保持一定的联系。吉尔伯特女士进一步指出，她认识钱学森多年，但是从没与他讨论过政治问题，所以无从了解钱学森的政治观和种族主义思想。她还说，钱学森性情含蓄，说话温和。

联邦调查局人员还采访了加州理工学院喷气推进实验室材料部主任波尔·迪韦博士、加州理工学院喷气推进实验室秘书帕特丽夏·琳、加州理工学院数学教授亚里士多德·迈克尔博士、加州理工学院喷气实验室人事部主任沃尔特·墨菲、加州理工学院喷气实验室研究工程师弗朗西斯·奥德尔。

这些被访者都坚持认为，他们从来没有听到过钱学森有支持或赞同苏维埃的意见。他们还认为，尽管他们与钱学森的关系相当密切，但他们从来没有讨论过这种政治问题，也从来没有认为钱学森可能支持这种信仰。

1949 年 8 月 8 日，中央情报局驻洛杉矶分局还给钱学森学习、工作地区的警察局——帕萨迪纳警察局、麻省坎布里奇警察局写信，请他们协助查阅有关钱学森的记录。8 月 12 日、15 日，这两个警察局分别复函说，没有查到这方面的记录。8 月 18 日，中央情报局人员到联邦调查局洛杉矶分局查看有关钱学森的文件。中央情报局人员在其报告中这样写道：所调查文件主人的真实名字是钱学森，他的共产党名字是约翰·戴克。他于 1938 年加入共产党，拥有 1939 年号码为 1004 的党员证。1939 年，他在加州理工学院时，隶属于共产党专业组，出生于中国，是一名学生。

同年 9 月 27 日，第 108 反情报支队人员唐纳德·科本会见了威廉·西尔斯。西尔斯是康奈尔大学航空工程系教授，被钱学森列为人品保证人。西尔斯说，从 1937 年，他就认识钱学森，那时候钱学森和西尔斯都在加州理工学院读书。西尔斯说，在此之前，钱学森就读于麻省理工学院，是中国籍学生。西尔斯将钱学森描述成非常聪明的人，个性很好，又正直，在第一次世界大战后期对美国帮助很大。目前，钱学森是加州理工学院的教授。钱学森的父亲，还有其他亲戚居住在中国，他曾在 1947 年夏天回国探亲。就在这次探亲中，他遇到心仪的姑娘并结婚。他的妻子是一位很有天分的音乐家，曾经在欧洲学习音乐。西尔斯把钱学森夫妇描述成已西方化的一对伴侣。第二次世界大战后期，钱学森被美国空军聘为研究人员，被许可接触涉密（秘密及以上）资料。西尔斯还说，除了可能谈起中国的形势外，回想不起与钱学森谈论过任何政治问题。西尔斯不相信钱学森对斯大林和共产主义的苏联体制持同情态度。西尔斯说，他完全信任钱学森能毫不保留地为政府完成所有任务，包括保密性质的任务，因此希望推荐他做这些工作。西尔斯还说，如果钱学森不努力奉献于工作和不忠诚于美国政府，就不会接受他的工作，他就是这样的人。西尔斯不知道任何有损于钱学森的事情。

10 月 3 日，第 108 反情报支队人员约瑟夫·利卡斯会见了麻省理工学院航空工程系秘书伊丽莎白·肖女士。她是钱学森的职业推荐人。她告诉利卡斯，从 1946 年 10 月 1 日到 1949 年 6 月 30 日，钱学森被聘为副教授。此后，他来到加州理工学院接受了教授职务。她还说，钱学森是一位优秀的教员。

同一天，约瑟夫·利卡斯还会见了麻省理工学院航空工程系教授萨特思维尔·奥伯和约翰·马卡姆，他们都是钱学森的人品保证人。

萨特思维尔说，他从 1935 年钱学森作为学生时就认识他。1946 年到 1949 年，他们为麻省理工学院的研究导师并一起合作。钱学森个性好，习惯也好，值得信任。钱学森虽然是中国公民，但是他相信钱学森是忠诚于美国的。萨特思维尔·奥伯还说，钱学森从来没有表达过任何有悖于美国政府民主形式的政治倾向与观点。鉴于钱学森对政府的信任，他推荐钱学森从事涉密研究工作。萨特思维尔·奥伯说，他确实不知道钱学森是哪个组织的成员。就钱学森是否征订过共产主义报纸，他也不能提供任何相关信息。

马卡姆说，自 1935 年钱学森从中国来美国学习，就读麻省理工学院时，两人就相互结识。钱学森是一位很有才华的学生，是公认的高才生，对科学和技术问题表现出极大的兴趣和才能。1936 年，钱学森离开了麻省理工学院来到加州理工学院攻读博士学位。到 1946 年，他一直在加州理工学院。1946 年，他受邀到麻省理工学院担任航空工程系副教授。马卡姆继续说，战争期间，钱学森与政府很多机构有过合作，接触了很多涉密乃至绝密资料。马卡姆说，1945 年到 1948 年，钱学森曾前后为美国国防部科学咨询团和美国空军科学咨询团成员，他没有听说过任何对钱学森的怀疑。在麻省理工学院教学一段时间后，钱学森返回中国并结婚，后来又回到美国。一年之前，钱学森和他的妻子拜访了马卡姆，当问到对共产党部队在中国北部的胜利有什么意见时，钱学森说，对中国人民来说，在共产党领导下的生活比在国民党领导下的生活要好些。大体意思就是这样。马卡姆说，作出这样的评论完全没有任何情绪。他相信是钱学森自发说出的，而不是经过精心的考虑。除了针对以上所作出的评论外，马卡姆说，他回想不起钱学森讨论过什么政治倾向和观点。马卡姆还说，他不能回忆起钱学森征订过任何共产主义的报纸，对这个事情更不能提供准确的信息。在会见快要结束时，马卡姆说，钱学森个性很好，值得信任，没有任何证据表明钱学森反对美国的民主政治。

1950 年，“反共”和“共谍”已成为共和党和民主党竞选时最常谈到的热门话题之一。1950 年 1 月 4 日，联邦调查局联系到在加州理工学院与钱学森一起从事科学研究的同事。他说，在过去的时间里只是从科学研究的角度对钱学森比较了解。他还说，在与钱学森交往过程中，没有在任何场合与钱学森谈论过政治话题。因此可以推测，钱学森对政治不感兴趣。如果他对政治感兴趣的话，他会利用很多机会挑起政治话题并进行讨论。他还补充道，无论从他本人的角度还是从其他人获得的信息来看，没有任何事情引起他的注意，他相信钱学森对美国是忠诚的。同一天，他们联系了钱学森借住时间最长的房东伊丽莎白·吉尔伯特女士。吉尔伯特说，从 1941 年 1 月到 1946 年，钱学森就住在这里。那时，钱学森单身。从 1949 年 6 月起，她再次成为钱学森的房东，因为钱学森从波士顿回到加利福尼亚，并租下了她大部分房间。钱学森和他的妻子、孩子居住在这里。吉尔伯特女士还说，自从钱学森从波士顿回来后，由于他已经结婚，她很少同钱学森交谈，也很少有机会接触钱学森的妻子，同他妻子的交谈仅限于每天的客套话。吉尔伯特女士认为，她对钱学森非常了解。她还进一步说，在这期间没有什么能使她对钱学森的忠诚产生怀疑。

经过这些访谈，调查虽然几乎都没有对钱学森的忠诚产生怀疑，但对威因鲍姆的共产主义倾向印象十分深刻。威因鲍姆很明显是这个小组的主席，他侃侃而谈共产主义，分发共产主义印刷品。帕森斯还清楚记得这些书含有“资本”“国家和革命”“共产党宣言”等词汇。1950 年 2 月 9 日，共和党人约瑟夫·麦卡锡在西弗吉尼亚的惠灵镇演讲时，声称自己有一份“隐藏在政府中的共产党间谍名单”，要求彻查。随后，“国务院藏有 205 名共产党间谍”的报道被多家媒体转载。3 月份，漫画家赫布洛克在作品中创制了“麦卡锡主义”一词，迅速被人们接受并广泛流传开来。麦卡锡言之凿凿的战斗宣言与此前政客不同，他明确指出国务院中藏匿间谍，而且连具体人都一清二楚。麦卡锡很快成为反共产主义的代言人，包括保卫美国的爱国主义、各种动机的反共主义，以及各式政治投机在内的多种力量，齐聚“麦卡锡主义”名下，迅速席卷了整个美国。

1950 年 3 月，联邦调查局人员加紧了对钱学森的调查。3 月 7 日和 14 日，亚瑟 · C. 威滕伯格（Arthur C. Wittenburg）和威廉 · C. 帕特森（William C. Patterson）在理查德 · 艾伯特 · 罗莎诺夫家中会见了罗莎诺夫。在这些会见中，罗莎诺夫欣然承认，在 1938 年至 1939 年，自己是加利福尼亚帕萨迪纳共产党 122 专业组的成员，但 1939 年 6 月以后就再也没有与共产党联系，因为那时他已经离开了加州理工学院。罗莎诺夫说，确信西德尼 · 威因鲍姆是这个组织的成员，也是威因鲍姆将其招募进这个组织的。他还说，很明显，威因鲍姆是这个组织的领导。整个校园都知道，威因鲍姆不仅是共产党成员，而且在思想上亲近共产主义。就钱学森而言，罗莎诺夫确定地说，他对钱学森没有任何印象。他还说，如果钱学森是这个组织成员的话，由于他是一名外国人，一定能回想起他。

1950 年 3 月，亚瑟 · C. 威滕伯格和威廉 · C. 帕特森在加利福尼亚州卡尔弗城休斯飞机场会见了爱德华 · 弗曼（Edward Forman）。弗曼说，在 20 世纪 30 年代中期，他和加州理工学院的其他研究生（包括钱学森）一样，开始从事火箭推进领域的实验研究工作。研究初期阶段，钱学森是空气动力学的研究生。随着实验的推进，特别是实验所需费用的增加，这个火箭组织不得不从那些愿意提供资助的人那里获得援助，也会从他们那里获得咨询和建议。这样，弗曼开始熟悉威因鲍姆，他主要解决研究中遇到的数学问题。弗曼说，由于这些接触，他对威因鲍姆和钱学森都比较熟悉，但是，他从来没有注意到威因鲍姆和钱学森之间有什么特别友谊。他对钱学森的记忆主要是关于对科学的讨论。他回忆说，钱学森是一个寡言少语的人，除讨论他所从事的科学问题外很少讨论其他事情。弗曼还说，他回忆不起任何能够证明钱学森具有亲共产主义倾向的例子，也回忆不起钱学森与学校共产主义组织有任何形式的联系。

联邦调查局人员为了证实古斯塔夫·阿尔布雷克特的说法，后者他声称曾看到钱学森出席了共产党会议，曾多次联系其本人。但是，阿尔布雷克特一反常态，否认过去的说法。他说以前有关钱学森的信息是在误解的情况下提供的。他还宣称，过去说过自从1938年以来他同钱学森关系密切，但那时他俩都是加州理工学院的学生，这并不暗示钱学森曾经参加过共产党的会议。阿尔布雷克特还说，经过一段时间的认真考虑之后，可以肯定的是在他参加的会议中，钱学森都没有参加过。

从前期的调查看，基本上没有人怀疑钱学森对美国的忠诚以及当时他对政治活动的淡化。但经过这些调查，威因鲍姆的共产党身份、组织者地位以及共产主义倾向却得到了确认。然而，在联邦调查局的调查材料中，有一份专门从事安全调查的政府机关档案使联邦调查局人员疑虑重重，档案显示钱学森是一名共产党党员，使用党名“约翰·M. 戴克”，定期参加在帕萨迪纳举行的共产党会议。这个机关档案还显示，弗兰克·J. 马林纳（Frank J. Malina）也多次参加了会议。

在风声鹤唳、草木皆兵的“红色恐惧”时代，美国社会对他们所掌握的证据——针对他们所怀疑的“共产党分子”“亲共产党人员”以及“有共产党思想倾向的人员”等任何证据都秉承“宁可信其有，而不可信其无”的态度。对于钱学森的调查，他们最终得出结论是：钱学森是一名共产党员，并且推荐威因鲍姆进入加州理工学院喷气推进实验室了工作。就这样，灾难落在了钱学森的头上。

（二）无休止的调查

自从钱学森行李被查扣后，与钱学森行李审查有关的事务就一直没有间断过。在前期有关部门提出审查意见的基础上，其他涉及部门也提出了自己的审查意见，甚至还经过了多次的沟通和协商。在行李审查的同时，就钱学森的党员身份以及是否驱逐钱学森，美国司法部也召开了四次具有法律效力的正式听证会。听证会上，面对检察官的百般刁难，钱学森进行了不屈不挠但充满智慧的斗争。无论行李审查还是听证会，司法部都不能拿出确凿的证据证明钱学森是一名共产党员。但是在证据不足和大量利用口头信息的基础上，司法部还是对钱学森作出了驱逐出境的决定。随后，钱学森辩护律师和钱学森先后向司法部移民归化局以及司法部移民上诉委员会提出了抗诉和上诉，但司法部最终还是维持原来判决。只是说，驱逐由于需要等待进一步指令而暂缓执行。

（三）行李审查的无效

美国洛杉矶海关人员到加州理工学院了解情况，他们想知道在钱学森托运的行李中发现的“涉密”资料从何而来，钱学森是怎样得到这些资料的。1950 年 9 月 13 日，洛杉矶海关职员格雷泽和海关规费征收办公室行政助理戈林前往加州理工学院，试图获得关于钱学森是怎样得到这些涉密资料的线索。海关人员调查的问题主要有：

（1）钱学森是否签署了陆军条例6.9款注册出版物所要求的不能存有涉密性质的材料的文件。条例指出，这个组织的行政人员可以要求雇员签署意见，从而保证他们不能存有任何涉密材料。

（2）钱学森在最初接受这些涉密材料的时候，交接手续是否记录在案或者有案可查？

海关人员第一个造访的人员是沃尔特·H.帕支汉，他是加州理工学院喷气推进实验室人事和安全主管。海关人员首先把访问的目的向他作了明晰的解释。

沃尔特·H.帕支汉对来访者说，他们应该请教加州理工学院校园古根海姆航空实验室的图书馆学理员，以获得希望得到的信息。帕支汉还说，喷气推进实验室出版物部门并没有进行涉密文件的签收。他还补充说，在禁止钱学森接触涉密资料时，他们检查了喷气推进图书馆，唯一显著的指控就是有一份标有“秘密”字样的1943年报告《一号备忘录》的复制件，但是当作者或者合作者拥有这些秘密材料时，图书馆通常不会收回他们的备份件。帕支汉还说，钱学森从来都不是实验室的正式员工，但是他曾经从学校里借调过来从事有关方面的研究。

当调查人员向帕支汉出示美国陆军洛杉矶军械区报告时，帕支汉把塞弗特和莫顿·阿尔珀林叫了过来，他们都是喷气推进实验室的科学家。在准备文件以及具体研究中，他们和钱学森是合作者。塞弗特博士拿出喷气推进演讲笔记合订本，很快比较了一下，说这两份材料内容基本相同，而只是在形式上稍有差异。还说，这份演讲笔记的合订本目前仍然标注为“内部资料”。这两位专家都表达了他们的意见：所有这些印刷出来的信息，钱学森都牢记在心。因为对钱学森来说，他准备这样的课程将花费他两三年的时间。这两位科学家还证实了帕支汉的观点，这些技术书籍的作者保留笔记的最终草稿是再正常不过的，大多数科学家都把他们从事研究项目时所作的笔记以及形成的文件视为他们的个人财产。

随后，调查人员到了加州理工学院校园，拜访学校人事主管 J. N. 尤尔特。调查人员首先向尤尔特说明来意，尤尔特对调查人员来访的目的也很清楚。尤尔特说，他们办公室没有保留调查人员所要查找的记录，建议调查人员去找一下古根海姆航空实验室图书馆管理员，她的名字是凯瑟琳·麦克·科尔根。然而，尤尔特还是让调查人员浏览了钱学森的个人档案，并同意将一些文件复印一份给调查人员。通过这些文件，调查人员可以看出，加州理工学院已将禁止钱学森接触涉密合同和信息的书信和通知告知了钱学森，当天钱学森还签署了收条，证明已收到这个文件。在尤尔特的陪同下，调查人员又回到校园里的古根海姆航空实验室，拜访了实验室图书馆管理员凯瑟琳·麦克·科尔根小姐。调查人员首先把来意向科尔根作了说明，然后就如何将涉密信息传播给教授和学生的程序进行了讨论。尤尔特和科尔根小姐告诉调查人员，教授复制涉密资料，要通过他们负责有关项目的“合同管理员”。在交谈中，调查人员也得知，教授负责研究项目。另外，合同管理员也不是负责整个学院的合同管理者。这就意味着，负责涉密研究项目的教授不需要对任何人负责，可以任意获得涉密资料。

经过现场调查和咨询，调查人员发现，根本没法找到一个现实的方法来确定钱学森在某个时间从古根海姆航空实验室图书馆获得涉密文件，获得涉密材料的任何书面记录都不可能存在。

尤尔特对科尔根小姐说，给每一位教授设置一个信箱是学院的惯例，但设置邮箱没法确定有没有加密文件。他们还说，钱学森可以和很多政府机构直接进行书信往来，例如华盛顿的国家航空顾问委员会，因此毫无疑问他也会从那里直接获得这些涉密材料。

但是钱学森在9月20日的特米诺岛上的正式会谈中指出，他从来没有从国家航空顾问委员会直接得到该机构的相关材料。这让调查人员更加疑惑，并就这个问题向华盛顿国家航空顾问委员会求证。

关于钱学森随身携带这些技术资料回国，也有人说是因为美国国家航空顾问委员会研究室主任休·L. 德莱顿曾经对钱学森这样说后者可以将这些技术资料带回中国。为了弄清楚到底是不是德莱顿告诉钱学森的以及当时德莱顿还对钱学森说了些什么，9月14日，美国司法部驻洛杉矶办公室口头指示洛杉矶海关，希望将这个事情调查清楚，并要求从德莱顿本人那里得到准确的信息。9月15日9点25分，洛杉矶海关关长马伦给华盛顿海关总署副署长埃美瑞克发了一份电报，电报说明美国司法部要求从国家航空顾问委员会研究室主任德莱顿那里得到答案，是不是像流传的那样是他告诉钱学森可以将这些技术资料随身携带回中国去的。

当天下午，埃美瑞克致电德莱顿。当时，德莱顿正在美国的五角大楼参加会议。德莱顿在电话中告诉埃美瑞克说，他可能于7月在洛杉矶参加一个学术会议时同钱学森交谈过，但是现在已回忆不起任何同意其将有关技术资料带回中国的讨论。德莱顿还说，他的确不知道钱学森打算返回中国，也只是从报纸上才得知钱学森目前所遭受的困境。关于同意钱学森将加密文件带出国外，德莱顿说他没有向任何人说过可以将涉密文件带出美国。他还说，日后会将有关情况书面呈报，通过书信或者电报。晚上，埃美瑞克就将他联系德莱顿的情况以及德莱顿的回答给洛杉矶海关马伦回了一个电报。9月9日，洛杉矶海关将了解到的情况以及德莱顿的答复给司法部驻洛杉矶办公室助理检察长多伊兹写了一封信。

按照电话约定，德莱顿回到办公室后于9月18日给埃美瑞克写了一封信。基本意思还是他在15日电话交流的内容，但是语气和措辞略有不同。他在信中说在过去的几年时间里，这样的会议有几百人参加，包括钱学森。他能比较具体地回忆起来与钱学森的最后一次会面是在1948年1月29日一次航空学会召开的会议上。在他个人主持的分组会上，钱学森作了主题发言。从那以后，德莱顿回忆不起什么时间又有会面，也许可能还会有一次。德莱顿第一时间得知钱学森计划回到中国也是看到《华盛顿邮报》关于钱学森行李被扣的报道。

在有些场合，德莱顿给钱学森博士，包括其他人说过，非涉密的航空顾问委员会的报告一般情况下是可以得到的，也可以邮寄到其他国家，但是德莱顿没有告诉任何人，涉密报告和信息可以邮寄到国外去。

德莱顿与钱学森博士也仅仅是公务和学术上的往来，在这些接触中，德莱顿没有看出钱学森对美国政府具有颠覆意向，没有任何证据表明他对政治事务感兴趣。钱学森是一位非常有能力的科学家。

9 月 19 日，艾美瑞克收到的德莱顿的信函，随即通过航空件转寄洛杉矶海关总局。9 月 21 日，洛杉矶海关收到此件。

1950 年 9 月 19 日，联邦调查局人员和罗伊·戈林举行会谈，商定检查钱学森行李时不仅要调查他将要带出国外而在被海关查封的资料，而且要检查一下钱学森认为不合适带出国外而留存在加州理工学院办公室的材料。这些材料是钱学森在整理办公室材料时，特意把它们单独存放在办公室抽屉里的。

9 月 22 日，联邦调查局人员前往加州理工学院访问了克拉克·米利肯。米利肯是加州理工学院古根海姆实验室主任。钱学森将那些个人认为不便于携带出国的材料锁在了办公室的柜子里，然后将钥匙交给了米利肯博士。10 月 4 日，美国联邦调查局将他们晤谈米利肯的情况向洛杉矶海关规费征收办公室作了通报。通报称，米利肯在会见时说，他没有帮助钱学森决定哪些是涉密材料，哪些不是涉密材料，在这个过程中，他唯一的行动就是从钱学森那里收到这两个文件柜的钥匙。那些文件就存放在这两个文件柜里，共有四个抽屉。通报还说，由于文件较多，调查人员不可能在短时间内进行分类，而只能从文件袋中所标注的内容窥见一斑。在马尼拉纸信封上标有航空动力学、超音速风洞、气流等内容。

9 月 27 日，美国空军军械部赖特—帕特森空军基地情报部主管哈罗德·E. 沃森上校复函财政部洛杉矶海关征收办公室。信中说：

“目前，就8月21日扣留的文件密级进行的调查透露了如下信息：

（A）空军器材司令部文件局准备的《外语术语汇编》过去是内部文件，现在仍然是内部文件。

（B）那份名为《高温材料演讲笔记》的文件是玻尔·迪韦（Pol Duwez）在1946年春季学期为在古根海姆航空实验室学习的美国陆军军官人员上课的课程，被确定为内部资料。

（C）在加州理工学院为美国陆军上课用的喷气推进课程，被确定为内部资料。

（D）加州理工学院航空系为美国陆军上课用的喷气推进课程（1944年3月9日~6月9日），被确定为内部资料。

（E）2729号工程报告，题为《测试数据分析与本翼超音速流动理论结果比较》，是格伦·马丁公司于1947年8月11日准备的材料，被确定为内部材料。

（F）麻省理工学院化学工程系完成的报告《燃料研究实验室燃烧研究总结报告（1942—1948）》，被确定为内部资料。

以上密级分类只是到目前能准确确定的部分。

从总体上看，这些材料包含技术性很强的信息，涉及喷气推进、空气动力学、热力学、燃料等，代表了这个国家最重要的技术学者在这些领域从事的研究和取得的成就。很多文件是理论研究的文件，是从事研究和发展项目的基础。空军装备司令部认为，这些材料提供给外国是很有价值的，如果外国想要发展这些技术将在很多年时间里花费大量的金钱和努力。但是，到目前为止，对这些技术资料的调查并没有显示出被扣押资料与总统 2776 号公告中所列举的特别装备和原型图纸有关的信息。”

在信的最后，哈罗德·E. 沃森列举了在陆、海、空军合同下签署的文件清单四份。例如《完美塑形固体数学理论绪论》，这是在海军研究室合同下的文件。

洛杉矶海关在收到美国空军关于钱学森行李审查意见后，于 10 月 4 日，由洛杉矶海关格雷泽和戈林联名将美国空军上校 9 月 27 日的信函主要意见概要报告给美国司法部，并呈送来函复印件。另外，他们还在信函中报告 9 月 20 日在特米诺岛审查钱学森的情况，并抄送这次非正式听证会笔录材料。

针对钱学森行李审查，还有一些部门没有拿出他们的审查意见或者完整报告。1950 年 11 月 14 日，美国海关驻洛杉矶代表欧内斯特·S. 格雷泽一连发了三封信，分别致函美国陆军洛杉矶军械都、美国海军航空局和国家航空顾问委员会西部协调办公室，希望以上三个部门就钱学森资料的性质作进一步的调查。他在给陆军洛杉矶军械部的信件中这样说：“（1）你们检查的钱学森所携带的一些材料中，是否含有一些美国政府、其他部门或者是从事政府资助项目的契约人的财产？（2）你们检查的钱学森材料，现在是否仍然是涉密文件，还是早已解密？（3）我们希望得到你们办公室就钱学森的资料从总体上以及它对国家安全和防卫重要性的评价。（4）你们检查的钱学森的一些资料，无论是涉密的还是不涉密的是否在 1950 年 6 月 6 日的禁令范围内？”信中最后说：“希望得到你的及时回复，以便我们结束这一阶段的调查并提交报告给美国司法部。”

他在给海军航空局的信中说："你 8 月 30 日的报告已收到。你在信中说现在正在对 1949 年 4 月第 8 号进行调查。为了尽可能结束这个阶段的调查，我们希望你就调查的结果及时通报给我们。"

他在给国家航空顾问委员会西部协调办公室的信中说："你 9 月 5 日的信已收到，信中就没收钱学森的资料作出你的评价。在 1950 年 9 月 20 日的会见中，钱学森博士说，他从来没有与国家航空顾问委员会有直接信函联系，他也没有从你部直接收到任何出版物。如不是如此，请告知我们。

为了让我们能完成这个阶段的调查工作，希望你就如下三个问题进行答复：

（1）由于你部对这些资料比较了解，你认为所有文件或报告，无论是涉密还是非涉密的，明显是美国政府、其他部门的财产或者是美国政府资助的项目所形成的文件吗？

（2）如果钱学森博士没有和你部进行直接书信往来，钱学森所保存的美国国家航空顾问委员会的出版物是不是这个领域的一般科学家都可以拥有？例如平常可以收集等？如果不是，请说明。

（3）我们希望得到你从整体上就钱学森的资料对美国国家安全和防卫的影响的评价。

恳请得到你的及时回复。"

美国海关洛杉矶代表格雷泽在给以上单位写信当日，就其近期收到的有关部门对钱学森资料的审查情况向司法部作了书面汇报。报告指出，附件 S－6 是 1950 年 10 月 10 日，美国空军情报局局长哈罗德 . E. 森 （HaR. ld E. Watson） 写来的邮件。

这封信是哈罗德首先写给美国陆军器材部司令部洛杉矶采购处的，然后再由美国空军情报和安全办公室的莱曼·P. 戴维森于10月17日抄送给洛杉矶海关。信件的主要内容是：

“关于由海关规费征收办公室查扣的钱学森技术资料的密级审查工作正在进行中。从目前看，调查揭示了如下的信息：

（A）那份由加州理工学院古根海姆航空实验室于1945年5月、6月准备的《德国和瑞士近来航空发展报告》的文件现在标为‘内部’资料。

（B）1945年5月的那份题为《液体推进剂火箭发动机类型》的进展报告标为‘内部’资料。

（C）那份由喷气工程公司于1949年4月准备的《助推器的发展和应用》是陆军地画部队导弹课程内容，现在仍然是‘内部’资料。”

信中还说，调查工作进行到对文件作出最终决定的阶段，现在还有四份文件待核查。估计调查将于11月1日或者早一点时间完成。

10月30日，哈罗德·E. 沃森就空军装备司令部情报部门审查的钱学森资料中有关空军的部分写了一份最终报告。这份报告上只是把他9月27日和10月10日信件中有关资料的性质重新明确了一下而已，也就是共有9份文件，全部被确定为“内部”资料。报告是哈罗德·E. 沃森写给美国陆军器材部司令部洛杉矶采购处的，并在当天抄送给洛杉矶海关规费征收办公室。信中最后说，在钱学森资料中有关空军的其他文件则是非涉密的文件。

他们还将11月14日连续发给美国陆军洛杉矶军械部、美国海军航空局和国家航空顾问委员会西部协调办公室的信件一起抄送给美国司法部，并说：“如果我们收到他们部门的回信，我们尽快将情况给你报告，并复制一份呈送给你。”报告最后说：“为了完成我们这一阶段的调查工作，今天我们将前往加州理工学院拜访克拉克·米利肯博士。”

11 月 14 日，报告写完后，洛杉矶海关的格雷泽和戈林驱车前往帕萨迪纳加州理工学院。他们首先来到了古根海姆航空实验室找到了克拉克·米利肯教授。海关人员首先把来意向米利肯作了介绍，说他们这次访问主要有两个目的：

（1）了解谁是负责管理钱学森所从事的这些涉密项目的教授。（2）将扣押的喷气推进的涉密笔记与钱学森所说的自愿放到柜子里的喷气推进的笔记进行比较。

米利肯博士同意了海关人员的请求，允许其将扣押的课程笔记与钱学森上交而锁在柜子里的笔记进行比较。于是，米利肯招呼了他实验室里一位接待人员，要求她将钱学森办公室柜子的两把钥匙带过来。随后，米利肯教授陪着海关人员来到了钱学森的办公室。钱学森办公室就在米利肯教授办公室的隔壁，钱学森仍然是喷气推进中心的教授，只是那天他没有在学校。

米利肯解释说，钱学森已经回到他以前的岗位。虽然他今天不在办公室，但是目前仍在使用这个办公室。米利肯把两个柜子都打开了，顺便从一个柜子里把喷气推进课程笔记拿了出来，然后和海关人员一起回到自己办公室。海关人员将他们查封扣押的文件给了米利肯。

米利肯将海关人员带来的文件与从钱学森办公室的柜子里

取出的文件进行了仔细对比，他认为所查看的四卷文件中的信息与钱学森上交而锁在柜子里的文件案卷中的信息是一样的。他还进一步说，这四卷被查扣的文件是最终草案稿，正式印刷的文件就是以此为基础准备的，唯一的不同就是一些语法或者句子结构略有差异。

海关人员询问，钱学森是不是可能认为他有权利保存这些涉密文件的最终草稿，因此将内容相同的印刷体材料上交，并将其作为遵守禁令的条件呢？米利肯博士说，对这一举动他不能给出一个合乎逻辑的理由和明确的意见。米利肯还说，钱学森博士在准备这份文件以及最终编辑时做了大量的工作，对这份材料的最终完成做了很大贡献。因此，他觉得，作为这个材料的合作者，他可以把这些材料记在大脑里并有权利保留最终草稿。米利肯博士最后说，大多数教授都认为，他们有权利保留他们作为合作者从事科研活动形成的所有材料。

米利肯博士拿出一个文件夹，里面有关于喷气推进课程笔记的最终草稿的一些复印记录，既有铅笔写的，也有钢笔写的。海关人员仔细检查了这份材料，发现一份收据，收据表明钱学森于 1945 年 7 月 12 日复印过喷气推进课程笔记第一、第二部分第三节的内容。然而查封的是第四节的内容。根据现场查看，复制这部分内容的是霍默 · J. 斯图尔特（Homer J. Stewart）教授。随后，米利肯来到了斯图尔特教授的房间，问他在 1945 年 7 月 12 日是否签署了复印喷气推进课程第四节的收据。几分钟后，斯图尔特教授拿着他复印的材料来到了米利肯的办公室说，他手头上的材料只是他能够复印的那部分。海关人员和米利肯教授一起检查了这些文件。

海关人员还问了斯图尔特教授一些关于他复制资料时的具体处理情况。他说，他已经完全记不清了，不能给海关人员提供任何信息，也不知道喷气推进课程的其他内容的事。

海关人员还问米利肯："是否是你按照禁令要求钱学森归还禁令范围内的所有材料的?"米利肯告诉海关人员："学院对所有人都没有作出这样的要求。"他说，钱学森给他其办公室两个已锁好的柜子的钥匙，是钱学森认为由于禁令自身不应该再保留存放保密文件的柜子的钥匙。

米利肯还给海关人员一份清单，列举了钱学森所参与或者作为顾问参与的一些项目，以及主持每一个项目的人员等信息。

加州理工学院	项目 1	冯·卡门
加州理工学院	项目 6	帕克特
加州理工学院	项目 10	利普曼
加州理工学院	项目 11	利普曼
加州理工学院	项目 21	路易斯·邓恩
加州理工学院	项目 37	罗比雄
喷气推进实验室	项目 3	路易斯·邓恩

为了探明钱学森回国携带的资料是否是从这些项目负责人手中获得，以及获得这些涉密资料是否及时归还，海关人员提出希望与这份清单上的教授取得联系。米利肯回答说，其中三位同志已经离开加州理工学院，冯·卡门现在也不在学院，只有邓恩教授还在加州理工学院。

海关人员提出要见邓恩教授。邓恩教授任职于加州理工学院喷气推进实验室。随后，海关人员前往加州理工学院喷气推进实验室，首先拜访了实验室安全和人事主管沃尔特·帕支汉（walter Padgham），海关人员向帕支汉说明来意，看看能否从邓恩所从事的项目那里获得一些记录，看看邓恩是否将一些涉密资料签发给了钱学森。帕支汉对海关人员说，邓恩教授要参加会议，马上就要离开办公室。海关人员没能见到邓恩。但帕支汉对海关人员说，如果他从邓恩那里获得海关人员希望得到的一些信息，会立即致电海关人员。邓恩教授回来后，帕支汉就把海关人员来访的情况及用意向邓恩作了说明。邓恩说，他签发给学生的涉密资料是严格控制的。从记录来看，没有任何一位项目主管和顾问使用过这些涉密材料。1950 年 11 月 24 日，按照事先约定，帕支汉把邓恩教授的意见向海关人员作了通报。

就在海关人员造访加州理工学院两三天后，美国国家航空顾问委员会协调办公室等部门也陆续回复了海关的信件。1950 年 11 月 16 日，美国国家航空顾问委员会西部协调办公室主任埃德温·P. 哈特曼复函海关职员格雷泽：

“你 11 月 14 日来函询问我们对没收的钱学森文件有什么意见。恐怕我对回答你的问题没有什么帮助，因为在钱学森 1800 磅的文件中，我只是查看了 37 份文件，在这 37 份文件中也只有 7 件与国家航空顾问委员会有关，这 7 份文件在我 9 月 5 日给海关征收办公室的信函中已经列出来了。

对你信件中提及的三个问题的答案也只是针对那 7 份文件而说的。前两个问题的答案是，钱学森拥有前面所提及的 7 份文件没有什么不妥或者不当之处。第三个问题的答案是，这 7 份文件对国家安全和防卫没有什么影响。因为通过多种渠道，这些文件很容易得到。”

11 月 20 日，美国海军航空局和陆军洛杉矶军械区也在同一天回复了洛杉矶海关。

美国陆军洛杉矶军械区 G. E. 帕森斯上校在复函中说：“为了回答你 1950 年 11 月 14 日的来信，我们将提供如下信息，请记住，我们办公室在 8 月 31 日的书信中所列举的报告的安全保密性质不是我们的职责所在，也不是军械部的责任。这些报告是在其他部门所管理的合同下准备的，虽然根据我们部门目前所掌握的一些信息，有些资料的确标有‘涉密’字样，但是这些文件的最终裁定将依赖于所属文件的合同部门。因此，建议你们对这些材料在作最终决定之前，最好征求一下这些部门的意见。很明显，钱学森所拥有的资料较为完整。那些没有明显标注涉密或者通过购买可以获得出版物，涉及科学领域也很广。由于我们缺乏对禁止令的完全了解，因此我们也不能就这些资料给出明确的意见。

很明显，我们上述评述是不确定的，需要强调的是对这个问题作出准确判定是其他有关部门的责任。我们的观点纯粹是推测性的，对你们来说没有真正的价值。”

在美国海关洛杉矶代表 11 月 14 日写给司法部信函中，洛杉矶海关不仅把他们当天拜访米利肯的经过以及谈话的内容向司法部作了汇报，而且把收到的来自国家航空顾问委员会西部协调办公室、海军航空局以及陆军洛杉矶军械区的复函也已送给司法部，最后还就这段时间所开展调查的情况作了如下总结性的报告《与技术资料出口有关的规定》（见 1950 年的《综合出口一览表》第 371. 19 条）。还有就是涉密文件的出口见《美国法典》第18条第793和794款。如果你们办公室打算刑事检控，我们将提交通常需要的案例报告。

司法部在前期各个部门，如美国海军、陆军和空军报告的基础上，根据海关不同时期一起送的报告作出了一个阶段性的结论或者说是不得不作出一个确定的说法。1951年1月4日，美国司法部驻洛杉矶办公室检察长多林致函洛杉矶海关代表格雷泽。信中说：

“你1950年11月14日的报告已收到。参考你部报告（包括以前的报告）以及你部和联邦调查局所开展的广泛的调查，我们得出如下结论：

（1）查封的钱学森行李中的大量技术资料。据说是钱学森准备通过‘威尔逊总统号’运往中国上海。

（2）出口上述资料，没有得到技术资料出口许可证。

（3）对这些文件的检查表明，在数百磅的资料中，只有很少资料在军事安全条例下标有密级，并且所有这些还只是内部资料。

（4）没有证据表明他试图违犯美国《间谍法》。

（5）到目前为止，钱学森参与共产主义或者颠覆活动的证据还是非常不确定的。

（6）这一案件定性为违犯《出口控制法》是有技术问题的，刑事处罚更是证据不足。

因此，我们认为，在《出口控制法》的名义下起诉他犯罪是不成立的。我们非常赞赏和感谢你部所做的大量而卓有成效的工作，感觉到只有通过这样勤奋的调查工作才能将那些真正违背国家安全的行为揭露出来，让他们成为惩罚的对象。

就查封的技术资料来说，移民归化局在没有作出驱逐出境的程序前，目前我们维持不动。这些程序将决定还有没有其他的证据控告钱学森现在或者过去是一名颠覆组织的成员。如果钱学森摆脱了这些控告，我希望将这些材料奉还给他。如果他没有，我们认为要按之前的约定维持现状。”

格雷泽在收到司法部的意见后，随后将这个意见传达给洛杉矶海关规费征收办公室。1 月 10 日，格雷泽致函海关规费征收办公室，信中说：“关于这个案件，现附上一封信给你，是美国司法部于 1951 年 1 月 4 日寄来的。信中说，没有任何证据证明他违背了美国《间谍法》这一案件定性为违犯《出口控制法》是有技术问题的。”

信中还说，在移民归化局给出是否对钱学森实施驱逐程序的最终结果前，技术资料暂且维持扣押状态。如果钱学森躲过了这些指控，希望将文件归还给他；如果钱学森不能证明清白，将通过诉讼程序宣布这尊文件被没收。

1951 年初，虽然司法部已经就钱学森行李被扣有一个初步意见，但是对资料的调查工作并没有结束，仍在继续。这些被查封的钱学森行李仍然由海关扣押并负责全面保管。

（四）令人生疑的九大本剪报

在钱学森被扣押的行李中有九大本剪报耐人寻味，引起了美国海关和司法部人员的高度重视。这九大本剪报约有 400 多页，是钱学森将一些重要的论文和信息从一些报纸、期刊和科学杂志上剪切粘贴而成的。这些剪报的主要内容涉及美国的原子计划，涵盖从 1945 年 8 月的第一颗原子弹爆炸到 1950 年 7

月钱学森试图返回中国约 5 年时间的内容。该剪报组织有序、剪切工整、粘贴均匀，用美国海关的话说那就是：花了很多时间和精力。

为什么这些剪报引起美国方面如此高的警觉并疑心重重呢？主要是因为这些剪报的主题涉及美国的原子能项目。这些剪报主要来自于美国的《大众日报》，期刊主要有《航空杂志》《新闻周刊》《纽约客》，还有些特殊出版物，如《原子时代》等。据笔者初步统计，这九大本剪报共有 1 539 篇文章，其中 1 412 篇文章涉及核问题和原子能计划，占所有剪报数量的 90% 以上。在火箭还处于研制阶段时，钱学森就开始关注原子能的问题，无疑让美国的调查人员对钱学森产生了种种疑问，也不得不引起美方的高度警觉。美国海关在分析这九大本剪报时说，涉及美国原子能计划的如下阶段：

（A）原子弹爆炸。包括对日本实施的原子弹轰炸和军方实施的原子弹爆炸试验。

（B）关于美国原子弹载荷的文章。例如从海军航母起飞能够携带原子弹的飞机。

（C）计划中的原子能研究项目。例如氢弹等。

（D）设想中的原子能项目。例如关于通过星际火箭和太空飞船等文章。

（E）有关美国能源公司及教育机构的原子产能与研究能力的文章，包括准确安装座椅位置的建议文章。

（F）有关美国原子能项目核心人物的文章，包括杰出科学家、从美国能源公司和原子能机构退休人员的文章等。

（G）系统编撰的有关国际和国内原子能控制的论文。

（H）关于美国计划的《反间谍法》出版的全记录。它涉及原子能，还有间谍审判以及那些被控告为间谍或将对苏联及其P星网持同情态度的人的记录。但是这些人只限于那些与美国原子能计划划有密切关系的个人。

（I）关于原子民防问题以及与原子能有关的医学研究的文章。

他们还从九大本剪报中摘出有代表性的文章，并抄录给有关部门，以此来控告钱学森。

从这九大本剪报可以看出钱学森的思想是非常超前的，其具备战略眼光。钱学森在1943年的一篇文章就提出环球飞机的设想和将原子能作为推动力用到火箭中去。

由于这些剪报都是公开发表的文章，最终还是完璧归赵。回国时，钱学森将其带回国内并珍藏一生，后捐赠给正在建设中的钱学森图书馆。虽因年代久远，有些剪报斑驳不清或者脱落，但这份资料不仅见证了那段让人难忘的岁月，似乎也说明了为什么在1966年两弹（导弹和原子弹）结合试验中，钱学森被委以重任，认为他能够胜任这一工作。钱学森也的确在“两弹结合”试验中发挥了重要作用，剪报也说明了为什么钱学森不仅对导弹烂熟于心，而且对原子弹这么熟悉，能够承担起中国首次在自己本地上实施“两弹结合”试验。

（五）四次驱逐听证会

虽然钱学森已从特米诺岛被保释出狱，但钱学森案件还没有终结。司法部要求就钱学森驱逐案举行听证会。按照事先约定，听证会于10月16日举行。听证会召开之前，作为钱学森的知心朋友，弗兰克·E. 马勃不时来看望钱学森。他看到钱学森精神消沉、身体每况愈下非常着急，还担心会有一些证人在听证会上提出不利于钱学森的证据。他和钱学森商定，在听证会召开之前给冯·卡门写一封信，希望听取一下他对即将召开的听证会有什么意见，并希望得到他的帮助。10 月 4 日，马勃给冯·卡门写了一封长信。信中说：

“很高兴与你在华盛顿见面交谈，我知道钱学森先生能够通过他与你的短暂交谈获益匪浅。毫无疑问，我知道，相比其他人，你能够为钱做得更多，因此，我现在写信给你，一方面出于我个人的主动，另一方面也是钱学森的要求，想告诉你钱学森事件的现状，以便你回到华盛顿时采取有效措施。另外，有一个问题希望你能够在未来的几天里给予答复。

可能由于你与金贝尔的会见，钱学森才得以于9 月 22 日周五从特来诺岛释放。无论从身体还是从精神上来说，他的状态都不佳。在身体方面，有他的妻子为他补充营养，倍加关照。但是我担心他的精神状态仍然受到干扰。不幸的是，由于他心理状态不稳定，所以不能工作，更不能把心思放在技术问题上。这其中的原因可能有很多，但我认为最重要的是将在 10 月 16 日召开驱逐听证会。

我确信，我们所有人都认为，就钱学森的共产党身份以及钱学森与共产党人的接触，不存在合理有效的证据。然而，司法部移民局和联邦调查局不遗余力的捕风捉影。例如，钱学森的辩护律师库柏认为钱学森在加州理工学院同一些与共产党有接触的人士交谈也是可能的。这些人有可能被召唤来反对钱学森。

当库柏与杜布诺夫博士谈话时，杜布诺夫说，联邦调查局早已联系过他，并试图使用最有力的劝说让他搜集或者说出他在共产党的会议上见过钱学森，并且说明这样的会议只有党员才允许参加。当然，杜布诺夫是一个诚实的人，他不会受这些伎俩左右，并且回答说他回忆不起在哪一次会议上见过钱学森。但是，钱学森的担心也是合理的。联邦调查局会不遗余力地找到另外一位屈从于压力的人，给出一些不利于甚至反对钱学森的证据。这种状况既有好的一方面，也有不好的一方面。首先，它表明没有确凿证据将钱学森与共产党联系起来。这是好的方面。然而，这也表明，所有肮脏的东西也会一股脑儿倾注在钱学森的身上。如果他们试图这样做，他们可以如愿。你也知道，移民归化局就要召开听证会，他们将要采取专横的行动，利用脆弱的证据作出决定。

在这个大错而特错的案件中，自然希望华盛顿在更高层面上采取行动，给有关部门减轻压力，收回他们的指控。为什么华盛顿没有采取行动？这对于钱学森以及试图帮助钱学森的人来说，是一个谜。不知道华盛顿的行动是不是要等到 11 月大选之后，还是华盛顿方面没有意识到钱学森的无辜？这个问题希望你能给予及时答复。

钱学森是否应该推迟目前已确定好的听证会，以拖延华盛顿的行动，避免所有的恶意指控和捏造一些证据，这些在听证会上肯定会出现；还是允许听证会日期举行，让事情能够在早些时候有个结果？

由于你可能是唯一一位真正既熟悉地方情况，又与华盛顿关系密切的人员。在未来几天里，我们非常期待你的意见。最好你通过我回复，我将会把音讯和信件及时转给钱学森。

另外，钱学森确信你是他困境之后让他坚强的唯一寄托。钱学森将他的所有遭遇归咎于他在科学顾问团所做的工作，因此也希望你为其他人作出判断：如果钱学森离开美国，他的知识对美国是否危险。你是他最尊敬的老师。事实上，只有你和他的妻子能够从根本上帮助他。当然，有一些事你能为他做，而他的妻子不能做。

不用说，我们都期待着你能早日回来，有机会见到你并同你一同工作。此时，我们焦急地等待你的回复：在这种情况下，听证会应该推迟还是继续？

最后衷心祝愿你和你的妹妹健康永远！”

信已经写好了，但马勃不知冯·卡门身在何处，更不知道要把信寄到哪里。于是，他想到了华盛顿美国国家航空顾问委员会行政助理玛丽·罗登伯里，她对冯·卡门非常关心，可能知道冯·卡门的行踪。于是，马勃就给玛丽·罗登伯里写了一封信，并把他写给冯·卡门的信作为附件一起寄出。他在给玛丽·罗登伯里的信中这样说：

“我就钱学森事件中的一个重大问题写信给冯·卡门先生。然而，我不知道寄到什么地方。当然我的直觉告诉我要寄到加利福尼亚，但是我不敢保证。由于你比任何人都关照他，你能帮助我们把附信转给他。特别的时候可以走航空件，请写信告诉我邮寄的费用。

真诚感谢你的帮助，我想钱学森也会对你的帮助表示感激！”

关于是否参加即将到来的听证会，不仅马勃征求冯·卡门的意见，希望得到钱学森导师的指点，而且钱学森本人也咨询金贝尔先生。金贝尔建议钱参加即将到来的听证会，认为这是让有关方面了解情况、也是给钱学森一个说法的最好方式。冯·卡门在收到马勃的来信后，特复函马勃。冯·卡门从精神上给钱学森以很大的鼓舞，支持钱学森在宇航物理学和热力学方面不断努力，开创新的研究方向，而且提出了听证会推迟举行的建议。

不但金贝尔支持钱学森如期参加听证会，加州理工学院的很多同事和主要领导也建议他参加即将到来的听证会，例如杜布里奇、华森、米利肯和林德瓦尔等。在进退两难以及各种意见纷纭的背景下，钱学森在权衡各方面情况后，最终决定参加即将到来的听证会。

按照事先安排，钱学森听证会于 10 月 16 日在司法部移民局召开。但由于美国的《国内安全法》通过也要召开听证会，就把钱学森听证会的日期推迟了。10 月 4 日，美国司法部移民归化局洛杉矶分局局长兰顿就推迟钱学森听证会给库柏写了一封信，并将信抄送给钱学森。信中说："由于《国内安全法案》的通过需要召开听证会，所以兹定于 10 月 16 日召开的听证会推迟，待听证会日期确定后再通知你。"

聘请的律师库柏将要代表钱学森出席听证会。根据钱学森在特米诺岛被囚禁期间与库柏会见时的商定，库柏在提供法律辩护服务前，钱学森需要支付一定的律师费。从特米诺岛回到家后，钱学森一直没有支付过此费用。10 月 14 日，钱学森给库柏寄了 2 500 美元的律师费，还就律师费的问题附了一封函件。但两个人就律师费包括的范围以及工作内容等方面在理解上存有差异。10 月 17 日，库柏复函钱学森，信中说：

“我已收到你 10 月 14 日的来函以及 2 500 美元的支票。

你在信中说，你希望得到我们理解的律师费所含内容的意见。我的理解和你在 10 月 14 日书信中的意思不一致。你可以回忆一下，我们在特米诺岛讨论律师费时，我告诉过你，在我为你承担律师服务之前，我需要 2 500 美元的聘金。那时候你问我，具体聘金包括什么内容？我向你解释道，那仅仅是分期支付的费用，由于我不清楚有多少工作量，所以我不能说出某一固定的具体费用，我的费用是根据我服务的实际价值来确定，这涉及很多因素，例如提供辩护所用时间等。你向我说明了你的经济状况，告诉我你财力有限。我们对律师费的问题进行了详尽讨论。我告诉你，我的费用不能有任何变化。但是，无论如何，召开听证会以及我为你作证后，如果政府按照威因鲍姆案的情况继续他们的程序，并以伪造证据向你提起公诉，在这个诉讼过程中我将继续代表你，不管这个案子持续多长时间。但是我的费用仍然按照我服务的真正价值来确定。虽然你那时不能支付我，我仍然继续为你服务，我相信在未来你会支付给我的。你可以想一下，我还向你进一步解释，在决定我服务的真正价值时，如果你同我最终确定的意见不一致，理解，你和我握手，我也同意代表你提供法律服务。

在美国政府对你作出与此案有关的指控结论之前，假如（当然不可能）政府列出有必要上诉的对你的各种指控，这将使我花上六个月到一年的时间为你提供法律服务。这 2 500 美元包括我作为法律顾问的所有费用，这一点不是我们的共识，我也不会同意。

概言之，以下是我的想法：

（1）2 500 美元是聘用费，我的费用是根据在指控期间以及政府基于目前的指控或将来可能提出其他指控时为你提供服务的合理价值。

（2）在此案中如果费用超过了 2 500 美元，对我来说也有必要花时间并努力为你服务，如果你在那个时间里不能支付，我也不会让你穷困潦倒，我相信你在将来会支付余款。

如果你对此还有什么问题的话，请尽管给我电话，我将会在电话中给你作一个详尽地解释。”

根据资料，不清楚钱学森就律师费的问题是否同库柏进行了电话沟通。如果沟通，他们之间又是怎样沟通的，这些都不得而知。但在日后的辩护服务中，库柏的确代表钱学森出席了随后举行的听证会以及各种诉讼活动。

经过多方沟通和协商，最终确定钱学森听证会召开的时间是 11 月 15 日。1950 年 10 月 30 日，美国司法部移民归化局洛杉矶分局听证办公室代理主任阿尔费雷德 · E. 埃德加把最新确定的听证会日期以信函的形式通知钱学森。

信中说：“根据 1950 年 9 月 6 日对你实施的逮捕令，建议你出席于 1950 年 11 月 15 日在洛杉矶 117 西九街 Garland 大楼 108 房间举行的听证会，让你明白为什么你不能被驱逐出美国。听证会是遵照 1917 年 2 月 5 日修订的法案第 19 条、第 20 条举行的。你若不出席，将违反我们在以前所定下的协约。有人认为，第一，你是一位外来人员。第二，你最后是通过美国夏威夷的火奴鲁鲁（檀香山）于 1947 年 9 月 27 日进入美国的。这违背了 1918 年 10 月 16 日所修订的法案。因为在你进入美国之前，发现你是法案所列举的以下组织的成员建议、倡导、教育利用武力或暴力颠覆和推翻美国政府组织成员。在听证会你有权力选择律师或其他人员参加，自己承担律师费用。也建议你带着与本案有关的文件参加听证会，如果部分文件是用外文写成的，你应该将原件和经核实的翻译件一起带来。另外，我们建议你，如果你在驱逐令下离开美国，在你离开之日起一年内不准进入美国。如果你想进入美国，你必须从总检察长那里获得允许，申请入境。如果你没有获得准许进入美国，你将被判重罪，经起诉可能要判两年以下牢狱之苦或者 1 000 美元以下的罚款，或者两者兼具。”

阿尔费雷德 · E. 埃德加还将这信抄送律师库柏和加州理工学院的林德瓦尔。

听证会的日期已经最终确定，很多朋友建议钱学森出席即将召开的听证会，但冯 · 卡门建议推迟听证会。在综合各方面意见后，钱学森决定参加听证会。马勃要把案件最新进展情况以及有关方面的意见告诉钱学森的导师冯 · 卡门。

11 月 7 日，马勃代表钱学森给冯 · 卡门写了一封信。

信中说：“我和钱学森对你上个月的来信非常感谢：它在道义上给钱学森很大的支持。从那以后，他在宇航物理学和热力学方面更加积极努力，在以后的数周，我们非常期盼能够见到你。

从总体上看，钱学森的精神也大大振奋，当然，我们能够理解他心中还有怨恨，希望能够通过和他谈话克服。

你也可能知道，就钱学森（所携带的）书籍或者论文而言，钱学森是完全清白的，但控诉钱学森非法入境的听证会安排在 11 月 15 日重新开启。钱学森告诉说，金贝尔建议他参加这个听证会，虽然这与你在信中提及的意见不一致，金贝尔认为这是最好的形式。加州理工学院的人们（包括杜布里奇、华森、林德瓦尔、米利肯等）也支持参加听证会，一些人包括你将被要求在听证会上提供个人证据。律师希望听证会持续一周时间。

这就是我得知的一些情况，真诚祝福你和你的妹妹幸福平安！”

第一次听证会召开在即，加州理工学院也希望社会舆论有利于钱学森，于是杜布里奇在 10 月 18 日写信给《洛杉矶时报》发行人诺曼·钱德勒（NormanChandler）。信中说：“移民听证会原定于 10 月 16 日召开，但是移民归化局和司法部门将日期推迟，原因不详。但是我们理解，听证会将很快重新安排。我认为，这个听证会的结果将为你刊发社论和新闻报道提供机会。不用说，我将很高兴为你提供你希望得到的必要信息。”

钱学森作为加州理工学院古根海姆喷气推进中心主任以及受聘的教授，他的动向和案件进展情况自然牵动了古根海姆基金会的神经。10 月 17 日古根海姆基金会主席哈里·古根海姆写信给克拉克·米利肯，希望了解一下钱学森案件的最新进展。10 月 23 日，克拉克·米利肯代表学校给古根海姆基金会主席哈里·古根海姆（Harry Guggenheim）复函。

信中说：“几个星期前，钱学森被移民部门保释。从那以后，钱学森就在学院工作。听证会原定于上周举行，但现在推迟了。一周前，有媒体报道，钱学森资料的审查工作还在进行，但没有发现不合法的东西。我认为，移民局人员想不经过正式的听证会就把整个事情了结了，但是海军次长金贝尔对这个案件很感兴趣，与华盛顿司法部人员商谈此事，鼓励他们召开听证会。我想，司法部同意召开听证会，并且一场正式听证会将在接下来的某一时间召开。金贝尔希望所有的事情都能在这个听证会上得到澄清。

虽然整个事情可以和我们希望的那样得到澄清，但是很明显，在目前国际背景下，钱学森不会被允许回到中国去。我相信，钱学森能够理解这个情况。我们不会促使他就未来的计划作出最后的决定，然而，我们都希望他能够继续当他的教授，我也倾向认为这是最后的结果。有什么最新进展我将及时通知你。”

美国司法部围绕着钱学森驱逐案及其“党员”身份，共召开了四次听证会。这四次听证会对钱学森的打击之大、折磨之深，让他难以承受，这更加坚定了钱学森回国的信念，从而也使他对美国的感情跌至低谷。如果将全部审讯的记录转录过来，显然是太过冗长，或者冲淡了主题或者出现不同章节篇幅不协调的现象。听证会上有些对答颇有意思，通过记录也可以看出美国移民局官员变着法儿刁难钱学森，甚至设置圈套让钱学森去钻，但钱学森通过自己的睿智与移民局进行了不屈不挠的斗争，时而迂回曲折，时而慷慨陈词，整个情节感人肺腑。因此，听证会的一些资料还是需要展示的。最初设想，拟在书稿附录部分全文收录听证会记录。但在操作过程中发现，相对于正文文字而言，听证会整理出来的文字字数也差不多。这就出现附录页码超过正文页数的现象。为了避免整个书稿虎头蛇尾，权衡再三，决定将四次听证会的完整记录单独成书，而将听证会中最精彩、最扣人心弦的部分在本书中摘录，以还原那段难忘的历史。

就环节展开的过程看，这四次听证会真可谓层层深入，环环相扣，步步推进。先就钱学森的基本情况，让钱学森本人出庭，随着讯问情节的开展，依次召唤有关证人出场。从听证内容看，针对检察官提出的刁难问题以及表现出来的咄咄逼人气势，钱学森避免了与他们进行硬生生斗争的方式，而是利用他文人学者的风骨、胆识与学问，与检察官进行了巧妙的辩论，回答得也非常巧妙。这巧妙的反击，不仅有趣，而且充满智慧。

第一次听证会："我忠于中国人民。"

11 月 15 日，听证会如期在洛杉矶西九街 117 号移民局办公室召开。上午 10 时，听证会正式开始。主持这次审讯的是听证官罗伊·沃德尔，主要审问者是司法部驻洛杉矶移民归化局检察官艾伯特·德尔·古尔丘，书记员是马丽·克林顿，还有一些旁听者和新闻记者。参会的人员挤在一间狭小的房子里，没有冷暖气设备，窗外车声嘈杂，低垂的百叶窗，遮着窗外的阳光。钱学森的辩护律师仍然是库柏。

沃德尔盘问了一些讯问开头例行问题，例如：能否站起来举起右手，郑重地宣誓，在审讯中你给出的证据是真的等。接着，宣布钱学森在这次审讯中被控的罪名，是违犯了《美国移民法》。据美国有关部门的汇报档案文件，很多部门在定义这个案件的性质以及对钱学森定性时，将钱学森认定为间谍，那都是他们的推测。最终确定的罪名是违反了《美国移民法》。他们认为，钱学森是1947年9月27日依照《移民法》由檀香山进入美国的，照《美国移民法》的规定，凡是移民来美的人，都不能是暴力推翻美国政府的任何社团或组织的成员。

这样的指控也是美国所谓民主社会的一个特点。依照民主社会的宪法，人民有思想、信仰、集会、结社、示威、罢工的绝对自由，这当然也包括允许反对党派在美国存在和活动的自由。但事实上，美国政府需要压制共产党在美国的活动，于是便提出一套指控的办法。凡是具有美国公民身份而在政府机关工作的人，如果事后发现他与共产党有关系，便指控其立假誓的罪名。威因鲍姆博士就是这样被控有罪的。至于非美国公民的移民者，便用《移民法》来加以约束。

沃德尔宣布了对钱学森指控的罪名后，便将审讯交给了检察官古尔丘进行。古尔丘在20世纪20年代时便当了反颠覆活动的侦探。现在他又指控钱学森违犯了1950年所立颠覆活动管制法案。古尔丘从钱学森的出生问起，一直问到他初到美国的情形，问到他1938年至1939年间在加州理工学院时是否参加共产党组织和共产党的会议，以及他同威因鲍姆、杜布诺夫夫妇、弗兰克·奥本海默和马林纳之间的关系等等。以下是部分对话：

古尔丘："谁安排你在美国学习的？"

钱学森："是获得政府奖学金来美国学习的。"

古尔丘："从哪个政府？"

钱学森："从中国执政政府。"

古尔丘："那就是所谓的国民政府吗？"

钱学森："是的。"

古尔丘："你获得的奖学金是何种程度的？"

钱学森："你说的是在时间上吗？"

古尔丘："是的，在时间和资金上。"

钱学森："奖学金应该是两年的时间，可以延长一年，我的确延长了。"

古尔丘："奖学金数额多少？"

钱学森："我不能说出具体金额，因为那是很久以前的事情了，大约一年1 500。"

古尔丘："这是所谓的'庚子赔款'吗？"

钱学森："我现在不记得我当时获得奖学会的具体名字了。"

古尔丘："你获得奖学金是美国政府由于所给予中国政府的资金吗？"

钱学森："是的。"

随着审讯的进展，古尔丘的提问也咄咄逼人。

古尔丘："你不准备去国民党那里吗？"

钱学森："我没有计划。"

古尔丘："那你忠于谁？"

钱学森："我忠于中国人民。"

古尔丘："中国人民指的谁？"

钱学森："是四亿五千万人。"

古尔丘："你感觉你是否忠于中国的国民党政府？"

钱学森："如果他们执政，如果他们为中国人民做好事，我就忠于他们。"

古尔丘："他们是这样吗？"

钱学森："那就要看看。"

古尔丘："好，共产党政府是不是在为中国人民做好事？"

钱学森："我不知道。"

古尔丘："你不知道还去那里？"

钱学森："如果我呆在那里我会发现的。"

古尔丘："你想怎么处理你随身带走的那些资料——有关航空和喷气推进的资料？"

钱学森："那是我知识的一部分，是属于我的。"

古尔丘："你想怎么处理它？"

钱学森："那就保留在我心中。"

古尔丘："你会让它对中国有用吗，共产主义中国？"

钱学森："这是我的财产。我有权决定给任何人，就像把我的能力卖给任何人。"

古尔丘："但是你没有想过要去台湾吗？"

钱学森："因为我回中国的主要目的是解决家庭问题，碰巧我父亲不是在台湾。"

古尔丘将话题转到了1947年钱学森返回中国和蒋英结婚以及后来在美国生了两个孩子的问题上来，然后又回到了效忠的问题上来。

古尔丘："让我问你一个问题，你是美国的永久居民吗？"

钱学森："是的。"

古尔丘："在这种情形下，你遵守美国《选举法》？"

钱学森："是的。"

古尔丘："假如美国和红色中国之间发生冲突，你会为美国对红色中国作战吗?”

钱学森的辩护律师库柏反对这样的质询。检察官驳回库柏的意见。经过库柏和古尔丘的争辩之后，钱学森答道：“我不能答复这个问题，因为指控者所描述的局势并未发生。”

古尔丘：“这样的局势并未发生是什么意思?”

钱学森：“这样的局势还没有出现。换言之，美国现在没有向中国宣战，而且这个问题需要多方面的考虑。”

古尔丘：“你是否不想在此刻就表示一旦战争爆发，你究竟是否为美国向红色中国作战?”

钱学森：“我未曾考虑这个问题。”

库柏又站起来表示抗议，但古尔丘说，他愿意给钱学森时间，无论多少时间都可以，来回答这个问题。

库柏抗议道：“你不能让别人在五分钟内决定态度。你要给他时间，我们不能在这里等六个月。”

古尔丘辩解道：“我们愿意在这里等六个月。”

库柏询问钱学森是否可在十五分钟之内决定态度。钱学森认为可以，于是库柏让钱学森去思考一下这个问题。五分钟过去了，钱学森表示还不能答复这个句题。

古尔丘等得不耐烦了，对钱学森说：“你是不能答复这个问题，还是不想答复这个问题。”

这让钱学森非常气愤，他硬生生地说：“我现在能够一一答复这个问题。答复如下：我已经讲过，我基本上忠于中国人民，如果美国和中国发生战争，如果战争是为了中国人民的利益——我想这很有可能——那么我将会站在美国方面作战，这是没有问题的。”

古尔丘："你想要先作出决定，决定究竟这战争是否有利于中国人民吗？"

钱学森："是的，我要作出这样的决定。"

古尔丘："你不准许美国政府替你决定这个问题吗？"

钱学森："不，当然不。"

随后，古尔丘将话题转到朝鲜战争上去，质问钱学森是否愿意在朝鲜战争中为美国而战。

古尔丘："你是否知道有些美国士兵在朝鲜战死了？"

钱学森："我当然知道。"

古尔丘："你愿意去为美国而战？"

库柏反对这样的质问，但被驳回。

古尔丘："你的回答？"

钱学森："事实上，当我答复你不断问我愿不愿意为美国拿起武器作战时，我早已答复了这个问题。如果笼统作答的话，我的答复是，是。至于中国问题，是非常特殊的问题，所以我要详细考虑各方面。"

古尔丘："让我问你这样一个问题，你是否愿意将你在美国所获得的知识用在美国？"

钱学森："我早已用在美国了。"

古尔丘："让我问你这样一个问题——你可否将你在航空和喷气推进方面的知识用在美国以对抗红色中国？"

钱学森："这个问题的答案同你问我可否拿起武器以反对中国的答案相同。"

中午 12 时，审讯暂时休庭，为午餐时间。下午 1 时，庭审继续进行。庭审开始后，听证官再一次要求钱学森发誓。然后，检察官要求证人出场作证。

第一个出场的是威廉·海恩斯（William Hynes）。听证官首先让证人宣誓，声明在这个庭审中所给出的证据都是真实的。随后，检察官对证人的身份进行了确认。证人说："我是洛杉矶市一位退休警察。从1922年到1943年受雇于洛杉矶警察署。1938年间，主管洛杉矶警察署的调查局工作。"随后，检察官将话题转到党员登记卡上。检察官问："在1938年底，是金普先生将那份党员登记卡给你的吗？"海恩斯说："是的。它们是纽约党总部分发的有关1939年度党员登记的表格。"检察官还问："在1938年，你知道共产党对它们的成员进行登记了吗？"海恩斯说："我知道，在1938年12月，它们作了1939年的党员登记。这个活动自从1935年以来一年一次。"当问到如何处理这些党员登记记录，他也坦然自己用铅笔手抄复制了一份，是本人的笔迹，是在金普夫妇都在场的情况下在其餐厅餐桌上抄录的。针对登记表上的"NM"，海恩斯根据党员登记的程序解释说是New Member。库柏与检察官就这份文件是否从党员登记表的原始件上抄录下来的争辩了一番。检察官将话题转到了党员登记表上的名字John M. Decker。海恩斯回答说："在细读了他的注册后，我发现他是一个中国人，也是我发现复印件中唯一一个注册的中国人——在我把这些注册信息复印到这个复写表格里。"随后，检察官转到党员的注册过程。海恩斯说："从与共产党领导的个人谈话以及与注册有关的共产党员的文件中，我了解到，用假名字是保护他们党员身份的一种方法。"

海恩斯声称，他的那份党员登记表是金普从党总部带回来的。检察官在询问一些与党员证有关的问题后，要求金普就党员登记表进行出庭作证。

随后海恩斯退出证人席而留在听证室。然后，金普被召唤到庭审现场出庭作证。金普自称是一名共产党党员，定期交纳党费，是在好莱坞加入党组织的。金普是洛杉矶共产党委员会委员之一。他还说，他是最高领导的助手，其职责包括接收从其他党支部调来的各种党员，调出离开党支部的党员；检查党组织人员情况以查看他们有没有失去党员身份——不允许居无定所的人任意加入和退出；他们一年进行一次党员注册，发行新书，检查党内每个党员应该交的党费是否交齐，大体就这些。当问到那份用钱学森名字作为党员登记的表格是从哪里取来的时，金普回答说，是从一位家住博伊尔高地的党员同志的家里把那些卡片拿到洛杉矶的，是海恩斯抄写的，抄完后，把档案又退回到第六街党总部。

谈到入党申请表，金普说："填写申请表不一定非得要申请者本人填写。"谈到开放会议，金普说："招募成员的开放式会议，一般说来通常是在召开小组会议的地方举行，会议的部分事务会交给一个有能力的同志，他会向即将成为党员的那些成员说明党内的活动，这些成员之前被邀请来参加过会议。"当问到第一次见到钱学森是在什么时间时，金普说："根据我的回忆，特别是我努力回忆后，我认为，我以前没有见到过钱学森博士。"

问到党员登记表，检察官问："以你的经历，你知不知道何种情况下一个人被登记成为共产党员但在事实上并不是共产党员呢？"金普回答说："我不知道有什么人登记了却不是共产党党员。”听证会在第一天下午 3 点 38 分暂停。

11 月 16 日上午 10 点钟，听证会再次恢复。除常规的确认被告宣誓外，检察官仍然召回金普作证。这次主要问党员登记记录从哪里带来，又是怎样处理的。金普说，那个党员登记表是从位于波伊尔高地（Boyle Heights）的雷斯尼克家里取来的，抄写完毕后立即送回西六街党总部。随后，检察官和金普就党员证的问题谈了很多。

最后，传唤存放党员登记表的雷斯尼克博士出庭作证。在例行宣誓后，检察官了解了雷斯尼克的基本情况，他宣称，自己是美国的共产党党员。关于存放在雷斯尼克家中的党员证，检察官问：“为什么会带到你家中去？”雷斯尼克回答说：“那我不记得了。到目前为止，我只记得他们将其保存在我家里。关于它的记忆实在是极其模糊了。”后来，他的妻子莎拉·雷斯尼克（Sarah Resnick）被传唤。她声称，刚才出庭作证的是自己的丈夫，本人也是美国一名共产党员。她说，根据回忆，在 1938 年秋天，她为党组织做了一些抄写工作，但是具体情况回忆不起来了。她也回忆不起来是谁将这些记录带给她的。她也不认识正在听证会上的金普先生！还说，在 1939 年 4 月，她去生孩子了。

雷斯尼克夫人退场后，检察官要求到政府证人理查德·路易斯居住的费城进行现场取证。钱学森的辩护律师则坚持进行书面质询，他说：“我感觉到我们应该让他们写书面质询。否则，即使被告花费大量的费用在宾夕法尼亚州雇佣代理人，然而相比较而言政府则拥有无限量的资金，我们要付差旅费。对于被告来说，派我到宾夕法尼亚也使他本来微薄收入更加吃紧，我觉得通过书面询问和交叉询问会达到同样效果。”在检察官的再三坚持下，经听证官协调，最终钱学森和代理人作了妥协，同意在双方约定的时间前往宾夕法尼亚州费城对理查德·N. 路易斯现场取证。

最后，检察官再次召钱学森出庭，展示了一张理查德·N. 路易斯的照片。钱学森说，他认识这个人，是在加州理工学院认识的，可能也和他一起参加了一些“聚会”活动。在没有其他证人出庭作证的情况下，听证会于 11 月 16 日上午 10∶50 结束。

1951 年 1 月 29 日，根据这次听证会的意见，美国政府需要从宾夕法尼亚州费城一个叫理查德·N. 刘易斯的人那里取得一份关于是否参加党小组会的证词。在场的有听证官威拉德·S. 雷顿、律师格兰特·B. 库柏先生、检察官艾伯 W·德尔·古尔丘，还有书记员希尔卓德·哈雷克。为了有效地在这次听证会上提供法律服务，钱学森的辩护律师不仅自己亲自前往，而且在当地聘了一位律师哈里·A. 康托尔。

1 月 31 日，钱学森的辩护律师库柏将其前往维明顿、特拉华和费城调查取证的账单邮寄给马勃，希望马勃负责报销此费用。具体费用包括机票费 347. 88 美元，就餐、出租和长途电话费 50 美元，住宿费 6 美元，行李费 20. 11 美元。3 月 15 日，马勃将报销的费用以支票的形式邮寄给库柏，并附感谢信。信中说：“代表钱学森以及他的很多朋友，对您在洛杉矶和费城听证会上为钱学森辩护所作出的所有努力表示衷心感谢，希望这个案子在不久的将来有一个圆满的结局。”当天，马勃也致函哈里·A. 康托尔，把他在费城的 100 美元的律师服务费以支票的形式邮寄给他。

这样，钱学森还是不能回国。失去了安全许可证，钱学森无法从事原先与军事有关的喷气推进研究工作，而对于钱学森这样的大科学家，时间就是生命，他不愿把时间荒废在不知道终点的漫长等待之中，于是改变了自己的研究方向，把目光投向了一个崭新的领域——工程控制论。控制论是法国物理学家和数学家 A. M. 安倍在 1934 年提出的，最初的定义是“管理国家的科学”。1948 年，美国数学家 N. 维纳把控制论运用于动物体内自动调节和控制过程的研究，把控制论建立为一门新的学科。思想敏锐的钱学森，把控制论运用到工程系统的控制之中，创立了新的学科——工程控制论。1954 年，署名“Tsien, H. S”（钱学森英文名）的《Engineering Cybernetics》（即《工程控制论》）由美国 McGraw Hill 出版社出版。这是一部开创新的、奠基性的著作，引起了各国科学家的关注。钱学森崭新的研究成果——《工程控制论》表明，他不仅是一流的导弹专家，而且一旦转向其他领域的研究依然是一流的科学家，这也是后来钱学森能在系统科学等诸多领域取得成功的重要原因。《工程控制论》是钱学森在被监控期间完成的学术专著。在回忆《工程控制论》的研究工作时，钱学森曾这样说：“研究工程控制论只是为了转移美国特务们的注意力，争取获准回归祖国。当时并没有想建立一门新学科。”欲归不能，钱学森处于漫长而痛苦的等待中。

1955 年 5 月的一天，钱学森无意中在送来的菜篮子底垫着的一张中文画报上，看到了毛泽东主席在北京天安门广场主持庆祝“五一”劳动节典礼的报道。在长长的观礼者名单中，钱学森看到了一个熟悉的名字——陈叔通！陈叔通先生是钱学森的杭州同乡，时任全国人大常委会副委员长。陈叔通先生是钱学森父亲钱均夫的好友。钱均夫进入杭州求是书院学习时，监院是陈仲恕先生，乃陈叔通之兄。陈叔通先生也执教于求是书院，与钱均夫友情甚笃。钱学森1947年暑假回国结婚时，曾看望过陈叔通先生。接着，钱学森又陆续从报纸上读到中美两国谈判双方侨民归国的问题，特别是美国报纸宣称“中国学生愿意回国者皆已放回”。于是，钱学森决定给陈叔通先生写信，报告自己被美国拘留、有国难归的困境，请求中国政府给予帮助。

为了能把这封信安全地送到陈叔通手中，钱学森进行了精心策划。1955年6月15日，钱学森在家中事先写好草稿，然后用一手繁体汉字，端端正正写下致陈叔通先生的这封至关重要的信。在信中，钱学森还附了一份豆腐干大小的1953年3月6日《纽约时报》的特别报道剪报，题为《驱逐对美国不利》。由于当时钱学森并不知道陈叔通先生的通讯地址，所以只能寄给在上海的父亲，请父亲代转。但若从美国寄给在上海的父亲，风险很大，因为联邦调查局非常注意拆检钱学森写给父亲的信，万一落到他们手中就麻烦了。所以，他把这封信写好之后装在一个信封里，并在信封上写下了上海家中的地址。然后把这封信夹在夫人蒋英寄给妹妹的信中。蒋英的妹妹蒋华当时侨居比利时。从美国寄往比利时的信，远没有寄往中国的信件那么容易引起关注。蒋英请妹妹在收到这封信后，从比利时转寄到上海钱学森家中。为了确保这封信能够寄出，钱学森每一个细节都精心打算。他让蒋英用左手写，模仿儿童的笔迹，在信上写了妹妹的地址，以使联邦调查局的特工认不出是蒋英的笔迹。由于钱学森处于移民局的监视之中，所以要考虑怎样避开移民局稽查把信投进邮筒。钱学森知道，在一家大商场里，有咖啡馆，也有邮筒。于是，钱学森和夫人到那家商场，钱学森在门口等待，夫人蒋英进入商场。男人不进商场，在美国很正常。特工紧盯的是钱学森，所以钱学森站在商场门口，特工也就等在商场之外。蒋英走进商场，在没人注意她的情况下，悄悄而敏捷地把信投进了商场邮筒。就这样，这封信躲过了移民局无处不在的监视，安全到达比利时。

蒋华收到信件之后，立即寄给在上海钱学森的父亲钱均夫，钱均夫马上寄给北京的陈叔通先生，陈叔通当即转交周恩来总理。这一系列的转寄都安全无误。周恩来总理深知钱学森这封信十分重要，令外交部火速把信转交给正在日内瓦进行中美大使级谈判的中方代表王炳南，并指示："这封信很有价值。这是一个铁证，美国当局至今仍在阻挠中国平民归国。你要在谈判中用这封信揭穿他们的谎言。"8 月 2 日，王炳南大使当着美国代表约翰逊的面，念了钱学森的信，指出美方"谎谓中国学生愿回国者皆已放回"，"当然我政府是明白的，美政府的说谎是骗不了的，我们在长期等待解放，心急如火，唯恐错过机会"。这下子，约翰逊哑口无言。在确凿的事实面前，美国政府无法辩解，再也不能阻挠钱学森等人回国了。

1955 年钱学森和夫人蒋英、儿子钱永刚、女儿钱永真在“克利夫兰总统号”邮轮甲板上合影

1955 年 8 月 5 日，钱学森终于接到了美国移民局的通知，被允许离开美国。得知消息后，归心似箭的钱学森终于携妻子蒋英和两个孩子，同 20 多个中国留学生一起乘“克利夫兰总统号”离美，踏上了回国之路！

第四章 学术转向工程，奠基航天伟业

钱学森，在十分艰难的条件下，以非凡的魄力高屋建瓴地引领航天人开创了一条独立自主发展的道路，创造了国内外公认的奇迹；在有限的资源下，以大科学家的眼光，领衔规划了中国航天未来发展的战略蓝图，取得了一个又一个“零的突破”，奠基了中国航天事业；在崇高理想的指引下，以优秀共产党员的情操，诠释了“自力更生、大力协同、艰苦奋斗、无私奉献、严谨务实、勇于攀登”的“两弹一星”精神，为我们后人留下了宝贵的精神财富。

一、顶层设计谋新篇

为了让刚回国的钱学森尽快了解新中国的科研情况，1955年初冬，主管国家科学技术工作的陈毅副总理安排他前往当时工业最发达的东北地区考察。陈赓大将奉命专程前往哈尔滨军事工程学院迎接来校参观的钱学森，在陪同他观看简陋的小火箭实验台时，陈赓借机向钱学森提出了中国能不能自己制造导弹的问题。钱学森很干脆地答道：“有什么不能的？外国人能造出来的，我们中国人同样能造出来。难道中国人比外国人矮一截不成?”陈赓大将非常高兴，肯定地说：“好极了，就要你这句话。”钱学森的雄心壮志更加坚定和支持了当时中国领导人发展中国国防工业和导弹事业的决心和勇气。在陈赓大将的安排下，钱学森给在北京的军事干部连续作了3场《关于导弹武器知识的概述》报告，并按照周总理的意见向国务院提交了《建立我国国防航空工业的意见书》，第一次系统地从领导、科研、设计、生产等方面提出了发展中国火箭和导弹技术的重要意见。

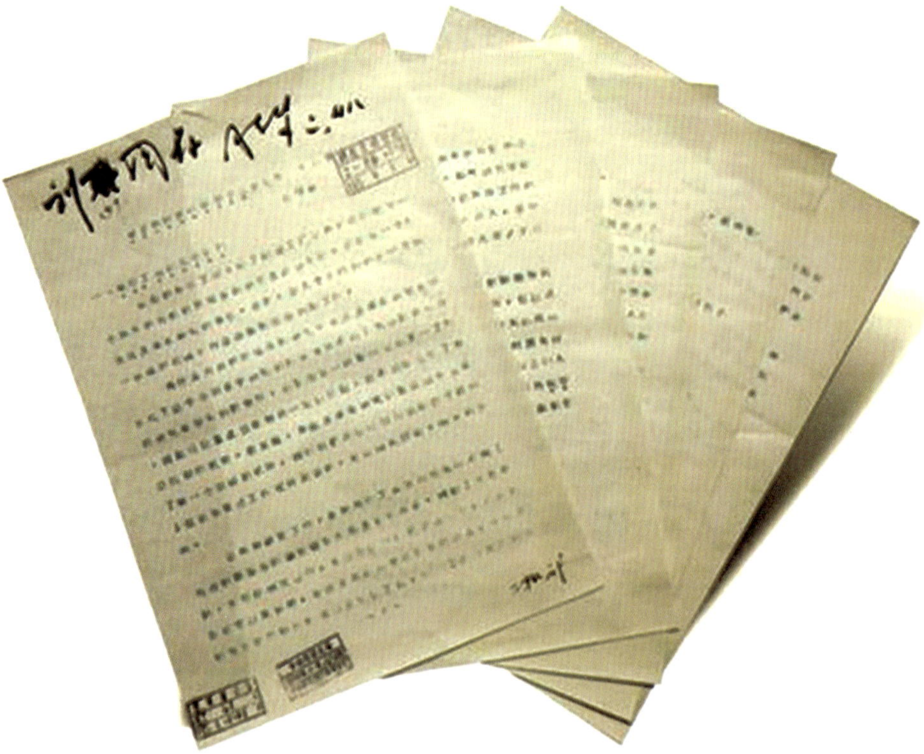

钱学森向国务院提交的《建立我国国防航空工业的意见书》影印件

1956年，钱学森向国务院提交了《建立我国国防航空工业的意见书》，提出发展中国火箭和导弹技术的规划设想，这份意见书勾画了中国航天事业的发展蓝图。

随后，钱学森陪同聂荣臻到苏联进行考察。在飞机上，聂荣臻十分认真地问钱学森："我们中国到底有没有能力造出导弹？"钱学森回答说："在这样的环境下，如果是在美国恐怕是不行的。但是换了中国就可以，因为只有中国共产党才可以聚集所有的人力、物力、财力做一件事情，这在自由意志的美国是做不到的。"

1956 年 2 月 1 日，毛泽东设宴招待出席政协第二届全国委员会第二次全体会议的委员们。席间，他特别安排钱学森同自己坐在一起，毛主席伸出五个手指头，对钱学森说："听说美国人把钱学森当成 5 个师，在我看来，对我们说来钱学森比 5 个师的力量大多啦！"接着，他话锋一转："从现在起，我们抓紧时间，埋头苦干，争取在第三个五年计划末期，使我国在原子能、火箭等最急需的科学技术领域接近世界先进水平，能不能做到？"此时，钱学森清楚地意识到，中国导弹事业即将腾飞，他满怀信心地说："只要计划周密，工作努力，是可以实现的。"

二、开天辟地航天梦

1956 年 10 月 8 日，这一天，秋高气爽，碧空如洗，我国导弹研制机构——国防部第五研究院成立，并由钱学森担任院长。这一天正是钱学森回到祖国整整一周年的日子。钱学森用行动证明了在他离开的时候加州理工学院杜布里奇先生意味深长的那句话："钱学森回国绝不是去种苹果树的。"

国防部第五研究院旧址

1956年，钱学森受命负责组建我国第一个导弹研究机构——国防部第五研究院。

研究院虽然成立起来了，但当时年轻的共和国工业门类残缺不全、人才奇缺、资金困难，科研实验室数量几近为零，要在这样一个一穷二白的状态下发展导弹，艰辛可想而知。然而在聂荣臻提出的“自力更生为主，力争外援和利用资本主义国家已有的科学成果”的建院方针下，一大批科技精英包括任新民、梁守槃、庄逢甘等组成了中国的导弹团队，戮力同心，勇敢地朝着导弹这座科技高峰攀登。30年后，提起国防部第五研究院的成立，钱学森曾感慨万千地说：“这在中国历史上是一件大事……老人要记住，也要让后来人知道，这是很重要的事。”也正是这样一个神秘的“老五院”，为共和国的导弹研制事业拉开了大幕，从事着提高中国国防实力和国际地位的神圣事业。

与此同时，中国领导人也在不断向社会主义阵营的兄弟国家苏联寻求帮助。几经交涉，1957 年 12 月 24 日，两枚苏制 P－2 弹道导弹运到北京。有了这两枚导弹，钱学森带领着这批中国航天事业创业者们团结一心，艰苦奋斗，在科学研究这片没有硝烟的战场上奋勇拼杀，只要有时间，他就会到各研究室检查工作、讨论问题，每逢遇到年轻人请教问题，他总是有问必答，条理清晰。最终，技术人员们慢慢摸清了 P－2 导弹的设计结构和性能，逐渐消化了先进技术，为将来的独立自主研发打下了基础。

基础打牢了，研制导弹的战斗很快就打响了。1958 年 6 月，毛主席在中共中央军委扩大会议上豪迈地说："搞一点原子弹、氢弹，什么洲际导弹，我看有十年工夫完全可能的。"听到毛主席的期待，航天人恨不得不吃不睡，尽快把导弹造出来。他们精神极度紧张，脑力、体力超负荷支出，但所有人都无怨无悔，喊出了悲壮的口号："生在老五院，死在八宝山！"

眼看导弹就要仿制成功，苏联却宣布终止援华，所有苏联专家奉命回国。在此之后的国防部第五研究院党委扩大会议上，钱学森动情地对大家说："现在国家遇到来自多方面的困难，国外压我们，国内经济困难。但是我们绝大多数人决不会动摇对祖国、对党的信心。我们一定会在撤走专家的压力面前挺直腰杆，通过努力建立起我们自己的导弹事业。请聂帅转告中央放心，苏联压不倒我们，一定要搞出'争气弹'！"

苏联专家撤走后，航天人的创业更加艰辛，科研人员不懂技术，专家们挨个给他们上课。夜深人静时，全体科研人员都在伏案整理笔记，办公楼的灯光总是彻夜通明，所有人都在没日没夜的苦学和苦读中度过，以至于深夜动员大家回宿舍睡觉、休息，成为让领导每天头疼的任务。功夫不负有心人，经过一系列试验，1960 年 10 月 23 日，我国仿制的第一枚 1059 导弹从北京出发，运往酒泉导弹试验基地。清早，当炽热的太阳从霞光中跃出时，茫茫大漠也像在等待这一时刻。随着一声发射口令，1059 导弹烈焰喷发、势如狂飙地向目标区域飞去，7 分钟后弹头落在距发射台 550 公里的目标区。

1960 年 11 月 5 日，钱学森协助聂荣臻成功组织了我国第一枚近程地地导弹的发射任务。该导弹是我军武器装备和航天发展史上一个重要的里程碑，它向世界证明中国可以造出导弹武器

这一天，是苏联专家撤走后的第 85 天，伟业自此奠基，1059 导弹后来按上级指示改名为“东风一号”。

三、两弹结合创辉煌

1964 年 10 月 16 日，中国第一颗原子弹在罗布泊爆发出惊天动地的巨响，蘑菇云拔地而起。美国人无法相信，只能狂妄的预言：“中国五年内不会有原子弹运载工具，没有足够射程的导弹，原子弹也无从发挥作用。”有的媒体也附和道：“有弹没枪，一通瞎忙。”实际上，钱学森早就认识到，导弹没有核装置，就形成不了杀伤破坏能力；同样，核装置没有导弹相辅，也不具有威慑力，两者缺一不可。因此，“造枪”工作在钱学森的亲自指挥下进行。导弹和原子弹的“两弹结合”并不容易，东风二号甲导弹在东风二号导弹的基础上进行了方案性的设计修改。终于，1966 年 9 月，4 枚东风二号甲导弹开始在中国西部的大漠中准备“两弹结合”试验，经过一次空爆试验、两次“冷试”、一次“热试”，全部试验成功后，钱学森感到一切准备工作就绪，这才上报中央专委，等待下达试验命令。

在得到毛泽东的批准后，1966 年 10 月 25 日，聂荣臻乘专机飞往西北发射场，主持我国第一次导弹核武器发射试验。27 日，发射场天气阴转多云，狂风卷起黄沙，铺天盖地，远在新疆的核试验基地报告说核导弹的预定弹着区 3 000 米高空，出现了一股六七级西南向强风。此时，指挥大厅静得出奇，聂荣臻在经过与钱学森等专家紧急磋商后，坚定地认为：影响不大，可以按计划发射。

1964 年，钱学森同张爱萍一起组织指挥了我国第一枚改进后的中近程导弹“东风二号”发射试验

惊心动魄的时刻终于来临。1966 年 10 月 27 日 9 时，挺立的发射塔架一层一层打开，像一只展翅欲飞的大鹏。突然，塔架下面腾起灼目的烈焰，我国第一颗装有核弹头的地地导弹拔地而起，直入苍穹，9 分 14 秒后，核弹头在罗布泊的预定位置爆炸，“两弹结合”试验获得圆满成功！

1966 年，钱学森协助聂荣臻组织实施了我国首次导弹与原子弹“两弹结合”试验并取得成功，把我国国防现代化建设向前推进了一大步

聂荣臻激动地与钱学森拥抱在一起，并立即向等在电话旁的周恩来总理作了汇报。周恩来眼含热泪，喊着说：“请转告科学家们，你们又一次响亮回答了世界！”第二天，全国各大报纸都在一版头条发表了新华社的《新闻公报》：1966 年 10 月 27 日，中国在本国的国土上，成功进行了导弹核武器的试验。导弹飞行正常，核弹头精确命中目标，实现核爆炸。

从原子弹的爆炸成功到核导弹试验成功，美国用了 13 年，苏联用了 6 年，而中国只用了 2 年！中国闪电般的进步，像神话一样不可思议，震撼了全世界。

四、抬头仰望中国星

1964 年，在领导我国导弹研制工作的同时，钱学森就与地球物理学家、空间物理学家赵九章约定，以个人名义向中央“分头做些工作”，建议把发射卫星列入国家任务。1968 年，钱学森兼任国防部第五研究院院长后，开始运筹帷幄、星空布棋，制定了具有远见的空间发展规划。从此，一颗又一颗的华夏之星飞向了天穹。

研究院建立了，首要的任务是建立卫星总体设计部。总体设计部作为重大工程研制项目负责人的参谋部，是钱学森系统工程思想的核心。谁能担任卫星总体设计部的领导呢？钱学森深思熟虑兼权尚计，点将了年仅 38 岁的导弹总体设计部副主任孙家栋。在这之后，钱学森每周总要抽空和研究院的科研人员一起研究重大的技术问题。孙家栋后来回忆说：“作为卫星研制的总体技术总负责人，遇到的困难数不胜数，但及时请教钱学森，在他的指导下，各个系统都攻克了一系列技术难关。”

1970 年 3 月，东方红一号卫星和长征一号运载火箭正式出厂。4 月 23 日深夜，一系列紧张的准备工作谋划和进行着，钱学森屋里的灯光彻夜未消。作为卫星发射的现场总指挥，在静静的夜幕下，钱学森凝望着天际繁星心潮澎湃，手上的笔似有千钧重，心头的绪似有万张结。他深知这次签字责任重大，震惊世界不可避免。他终于在东方红一号卫星的发射任务书上工工整整地签上了自己的名字。

卫星发射时间预定在 4 月 24 日，随着发射的临近，时间却像流金加快了脚步，聚光灯将发射场映照得犹如白昼，俊秀挺拔的运载火箭巍然屹立在塔架之上。随着现场指挥的一声令下，瞬间，两颗红色信号弹飞速升起，伴随着一声巨响，长征一号火箭在巨大的轰鸣声中徐徐飞向太空。21 时 28 分，不断从现场指挥所中传来“星箭分离”“卫星入轨”的特大喜讯，发射场沸腾了，欢呼声、口号声连成一片。而当卫星运行第二圈飞过喀什上空时，酒泉卫星发射中心的收音机突然唱起了“东方红，太阳升”这一熟悉的旋律，人们高兴得欢呼雀跃，热泪盈眶，相互拥抱，钱学森来到这欢乐的人群，看到多年奋斗的梦想变成了现实，再也抑制不住激动的心情，留下了幸福的泪水。

1970 年，钱学森组织实施了我国第一颗人造地球卫星“东方红一号”卫星发射任务，成为新中国科技发展史上的一座里程碑

钱学森站在世界科技前沿，以自己的远见卓识，从战略和全局的高度谋划我国科学技术发展特别是航天发展的重大问题，为我国导弹、航天事业发展做出了许多具有里程碑意义的贡献。他起草的《建立我国国防航空工业的意见书》，为我国

火箭和导弹技术的创建与发展提供了极为重要的实施方案。他主持制定的《我国地地导弹发展途径的意见》，科学规划了我国中近程、中程、中远程和洲际导弹的长远发展。他向中央提出的我国人造卫星研究计划及卫星发展的“三部曲”，描绘了我国空间技术发展的宏伟蓝图。

1975 年，钱学森指挥发射了我国第一颗返回式卫星，使我国成为世界上第三个掌握卫星回收技术的国家

沿着钱学森描绘的美好蓝图，经过半个多世纪的发展，我

国航天事业以较少的投入，在较短的时间内，取得了举世瞩目的辉煌成就，在世界高科技领域占有了一席之地。运载火箭和卫星技术达到国际先进水平；载人航天和深空探测取得重大突破；我国首次月球探测工程取得成功，开启了中国人走向深空探索宇宙奥秘的时代；航天员出舱和空间交会对接，实现了我国空间技术发展具有里程碑意义的重大跨越。这些成功改变了中国的国运，也极大影响了世界格局。

钱学森把人民解放军大兵团作战的方式方法，沿用到国防工程建设上，又将我们党所独有的民主集中制运用于研制的全过程，团结所有可以凝聚起来的力量用在“两弹一星”的事业上，最终取得了成功。今天看来，就是在当时的条件下，钱学森就已经把科学技术创新、组织管理创新与体制机制创新有机结合起来，实现了综合集成创新，从而走出了一条发展中国航天事业的自主创新之路。所以可以说，钱学森不仅是科学家，也是革命家。

钱学森晚年曾跟他的秘书说：“我实际上比较擅长做学术理论研究，工程上的事不是很懂，但是国家叫我干，我当时也是天不怕地不怕，没有想那么多就答应了。做起来以后才发现原来做这个事困难这么多，需要付出那么大的精力，而且国家受国力所限只给这么一点钱，所以压力非常大。”可以看出，钱学森人生的重大选择又一次建立在国家最迫切的需要上。

第五章　辉煌金色晚年，学术创新涌现

钱学森不仅是一位科学家，也是一位思想家，他曾说："'两弹一星'工程所依据的都是成熟理论，我只是把别人和我经过实践证明可行的成熟技术拿来用，这个没有什么了不起，只要国家需要我就应该这样做，系统工程与总体设计部思想才是我一生追求的。"

纵观钱学森的一生，会发现系统工程思想是伴随着钱学森一生的经历而源起、形成和发展的，也是他在各个领域思想成就的集中体现。

一、提出"组织管理的技术——系统工程"

第二次世界大战后，由于社会发展需要的强力推动，从系统的结构和功能（包括协调、控制、演化）角度研究客观世界的各种学科应运而生。20 世纪 40 年代出现了系统论、运筹学、控制论、信息论等理论学科，同时期也出现了系统工程、系统分析、管理科学等工程应用学科。其中，控制论的诞生和发展具有重大意义，因为控制论提炼出了包括生物系统和人工系统的一大类系统的共性和规律。钱学森在《控制论》的引导下，结合自己在工程系统方面的实践经验，用 3 年时间撰写了《工程控制论》这部意义非凡的著作。该书于 1954 年在美国以英文出版后引起了国际学术界强烈的反响，这也为后来钱学森系统科学的辉煌奠定了基础。

钱学森在组织实施导弹工程中，就成功运用了“工程控制论”的思想，并研究、制定、验证、完善了一整套中国现代工程系统开发的技术。航天工程与国家政治和国防安全联系紧密，具有显著的社会和经济效益。面对航天工程规模庞大、技术复杂、质量可靠性要求高、耗资大、研制周期长等特点，如何把众多人员、众多单位组织起来，合理协调系统局部与整体关系，研制出用户满意的型号等难题，需要有一套科学、有效的组织管理技术和方法，这为钱学森认为“系统工程是一套组织管理技术”提供了实践基础和思想来源。正如上海交通大学出版社出版的《论系统工程》所述——“钱学森在开创中国航天事业的过程中，也开创了一套既具有中国特色又具有普遍科学意义的系统工程管理方法与技术。”

航天系统工程的成功实践，证明了系统工程理论与方法的科学性和有效性，它不仅适用于自然工程，同样也适用于社会工程。1978 年，钱学森将几十年来从事航天科研和生产管理的经验加以提炼总结，并延伸到社会建设的组织管理中，同许国志、王寿云在《文汇报》上发表了一篇具有划时代意义的文章——《组织管理的技术——系统工程》，第一次较为明确地定义了对中国系统工程的早期认识，在国内引起了强烈反响，掀起了中国研究系统工程的热潮。

文汇报
WENHUI BAO
大庆油田吸收一批优秀工程技术人员入党
认真落实党中央、国务院领导同志的重要批示
上海港打了一场安全质量翻身仗
组织管理的技术——系统工程
我国对外贸易今年又有新发展
热烈庆祝华主席叶委员长为妇代会题词
本市连日开展卫生突击活动

1978 年，钱学森、许国志、王寿云在《文汇报》发表《组织管理的技术——系统工程》一文，在我国掀起了学习和应用系统工程的热潮

二、创建现代科学技术体系及系统科学体系

1947 年之前，自然科学界普遍认为自然科学分基础科学和工程技术两个层次。1947 年，钱学森提出，由于现代科学技术的发展，自然科学还分为两个层次已经不恰当了，应该是三个层次，在基础科学和工程技术之间，还应增加一个层次，即技术科学。1979 年，钱学森又将此观点做了进一步的扩展，认为社会科学也同样有三个层次。

1979 年 10 月，在北京举行的系统工程学术讨论会上，钱学森发表了《大力发展系统工程，尽早建立系统科学的体系》一文，在文中提出了现代科学技术体系。这个体系可概括为“三个层次、一个桥梁”的框架：最接近社会实践的是工程技术，对工程技术进行概括提炼而得到的、为工程技术直接提供理论指导的是技术科学，对技术科学进行概括提炼而得到的、为技术科学直接提供理论指导的是基础科学，再上一个层次、对基础科学进一步概括提炼而得到的是沟通科学技术与哲学的桥梁，即该部门的哲学分论。

为进一步发展系统科学，在钱学森的倡议和主导下，1986 年初在原航天 710 所（今天的航天系统院前身）创建了系统学讨论班。开班当天，钱学森再次对系统科学的体系结构作了叙述：“系统科学的工程技术就是系统工程、自动控制等；技术科学层次的是运筹学、控制论、信息论；将要建立的基础科学是系统学；系统科学到马克思主义哲学的桥梁就是系统论。系统科学就是这样一个体系。”系统学讨论班持续了七年半的时

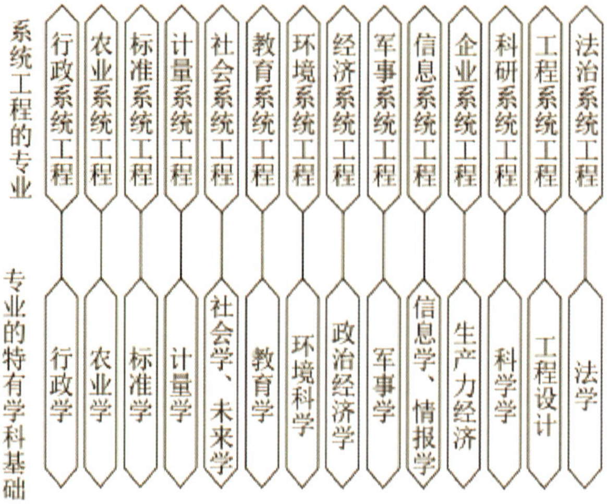

钱学森在《大力发展系统工程，尽早建立系统科学的体系》一文中提出的 14 类系统工程

间，钱学森每次都亲自参加，风雨无阻，并在每次讨论的最后做系统的总结与评述。讨论班吸引了全国各地不同领域的专家学者参加，就与系统学有关的学科理论，如动力系统理论、混沌理论、现代控制理论、耗散结构理论、协同学、超循环理论、突变论、模糊数学、人工智能、医学、脑科学、思维科学、数量经济学、定量社会学、生态学、地理科学、作战模拟、军事科学、优化理论等的最新进展，组织了学术报告和讨论。在此基础上，钱学森给出了现代科学技术体系的矩阵结构，提出了系统科学体系结构。

钱学森的系统思想在科学技术体系中的体现，最核心的是：基于各门科学研究的对象都是统一的物质世界，区别只是研究的角度不同。曾主持“系统学讨论班”的于景元研究员就认为：“钱老作为一名大科学家，他的知识结构不仅有学科和领域的深度，又有跨学科、跨领域的广度，还有跨层次的高度。如果把深度、广度和高度看作是三维结构的话，那么钱学

哲学总论	辩证唯物主义
哲学分论	系统论
基础科学	简单巨系统学 复杂巨系统学
技术科学	运筹学 控制论 博弈论 事理学
工程技术	系统工程 自动化技术 从定性到定量综合集成工程

钱学森提出的系统科学体系结构

森就是这样的一位三维科学家。”这也体现出钱学森科技泰斗地位无可非议。系统学讨论班无疑为创建系统科学体系发挥了重要作用，钱永刚教授在航天系统院做报告时就讲到：“钱学森晚年最大的两个亮点思想都是在 710 所完成的，这里是诞生辉煌成就的地方。”

从 1986 年开始，钱学森在航天 710 所（今天的中国航天系统科学与工程研究院）举行“系统学讨论班”，研究建立系统学。

不仅如此，系统学讨论班也将国内系统工程的发展推向高潮，使系统工程思想辐射到了全国各地、诸多领域，培养了一大批系统工程研究和实践人才。如中国人民大学钱学敏教授就曾说：“钱学森系统科学思想的精华和主线，渗透和贯穿在他系统思想的各个方面。用系统科学的思想来具体研究航天系统、治理国家。这样的思想，我是怎么得来的呢？其实，还是

钱学森（前排右一）在系统学讨论班上发言（前排左一为于景元）

在航天 710 所的系统学讨论班里学来的。”原中国系统工程学会理事长顾基发研究员也说：“回到 710 有回娘家的感觉。”北京师范大学系统科学学院副院长韩战钢教授表达了同样感受：“他的系统思想源于航天 710 所创建的‘系统学讨论班’”。

三、竭力推广总体设计部思想

20 世纪 50 年代后期，钱学森在主持国防部五院工作时，意识到搞国防尖端技术，要耗费如此之大的社会劳动，靠一个总工程师或总设计师加上几个副总设计师，很难应付复杂的抓总工作，必须成立一个多学科配套、专业齐全、具有丰富研制经验的高技术科技部门，为领导提供技术参谋，于是就建立了总体设计部。后来，总体设计部成为航天系统工程的计划领导人对整个航天计划实施科学领导必不可少的决策参谋机构。中国航天科技集团公司科技委副主任郭宝柱在《中国航天系统工程探讨》一文中写道："中国航天在载人火箭、人造卫星、宇宙飞船和导弹武器的研制实践中成功发展形成了一套有效的系统工程方法，包括总体设计部、研制程序、工作分解结构、技术状态控制和阶段评审等。"

钱学森深深感到我国的航天领域之所以能够取得举世瞩目的成就，能为国争光，能为民争气，总体设计部发挥了重大作用。周恩来总理生前建议钱学森把这套经验推广到国民经济建设中去。1979 年，钱学森根据他在航天领域研制中总体设计部极为成功的经验，研究社会的发展规律，按照系统工程的设计原则，提出了建立国民经济总体设计部的建议。钱学森运用整体观和系统科学的方法，综合分析了我国社会主义建设的系统结构，认为从总体上，大致可分为四个领域九个方面，即"社会主义政治文明建设，包括民主建设、体制建设和法制建设；社会主义物质文明建设，包括经济建设和人民体质建设；社会主义精神文明建设，包括思想建设和文化建设；社会主义地理建设，包括环境保护、生态建设和基础设施建设"。从上述分析可知，我国社会主义建设是一个非常复杂开放的巨系统，要以经济建设为中心，又必须使各个方面协调发展，相互配合，相互促进，只有这样才能获得较高的工作效率，取得预想的成就。为此，钱学森提出设置专门从事社会主义建设的总体设计部，对这四大领域九个方面的工作和问题进行总体分析、总体论证、总体设计、总体规划、总体协调，抓住关键，提出现实可行的各种配套方针政策和发展战略，为决策者和决策部门提供科学的决策方案。社会主义建设的总体设计部是国家建设的顶层设计，实际上是一项总体设计的系统工程。

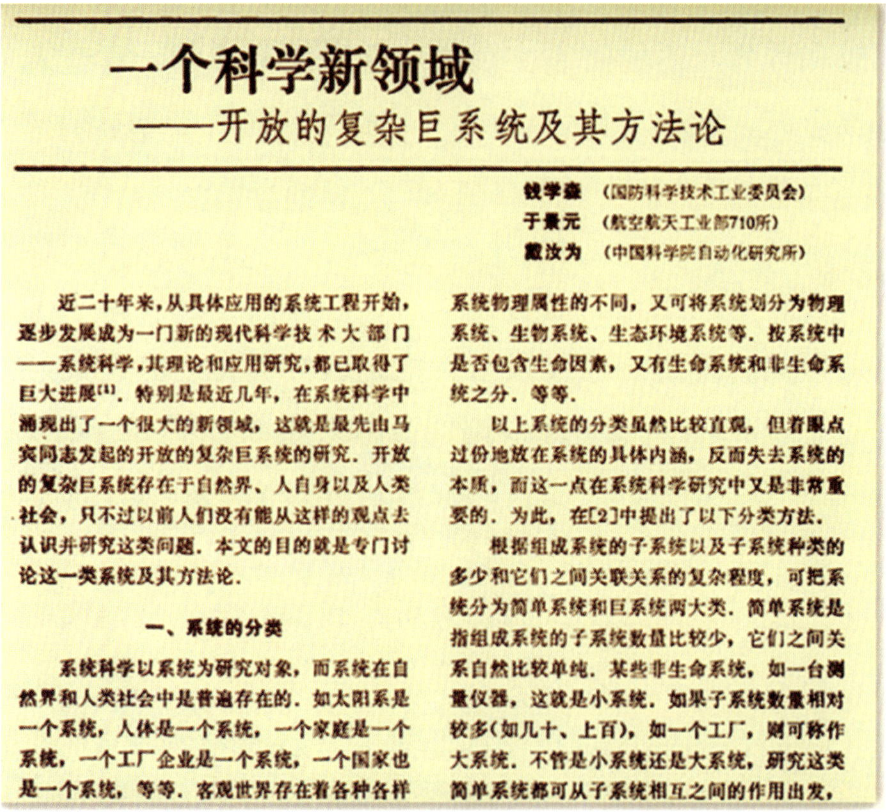

一个科学新领域
——开放的复杂巨系统及其方法论

钱学森（国防科学技术工业委员会）
于景元（航空航天工业部710所）
戴汝为（中国科学院自动化研究所）

近二十年来，从具体应用的系统工程开始，逐步发展成为一门新的现代科学技术大部门——系统科学，其理论和应用研究，都已取得了巨大进展[1]．特别是最近几年，在系统科学中涌现出了一个很大的新领域，这就是最先由马宾同志发起的开放的复杂巨系统的研究．开放的复杂巨系统存在于自然界、人自身以及人类社会，只不过以前人们没有能从这样的观点去认识并研究这类问题．本文的目的就是专门讨论这一类系统及其方法论．

一、系统的分类

系统科学以系统为研究对象，而系统在自然界和人类社会中是普遍存在的．如太阳系是一个系统，人体是一个系统，一个家庭是一个系统，一个工厂企业是一个系统，一个国家也是一个系统，等等．客观世界存在着各种各样系统物理属性的不同，又可将系统划分为物理系统、生物系统、生态环境系统等．按系统中是否包含生命因素，又有生命系统和非生命系统之分．等等．

以上系统的分类虽然比较直观，但着眼点过份地放在系统的具体内涵，反而失去系统的本质，而这一点在系统科学研究中又是非常重要的．为此，在[2]中提出了以下分类方法．

根据组成系统的子系统以及子系统种类的多少和它们之间关联关系的复杂程度，可把系统分为简单系统和巨系统两大类．简单系统是指组成系统的子系统数量比较少，它们之间关系自然比较单纯．某些非生命系统，如一台测量仪器，这就是小系统．如果子系统数量相对较多（如几十、上百），如一个工厂，则可称作大系统．不管是小系统还是大系统，研究这类简单系统都可从子系统相互之间的作用出发，

1990 年，钱学森、于景元、戴汝为发表文章《一个科学新领域——开放的复杂巨系统及其方法论》，给出了认识和解决开放复杂巨系统问题所应遵循的方法论

20 世纪 70 年代后期到 80 年代，钱学森首先把总体设计部经验推广到军队装备建设工作中，在中国人民解放军总部、海军、陆军、空军和第二炮兵的建制中陆续地建立起名为“系统所”“综合所”“运筹所”“论证中心”和“总体论证所”等新型研究机构，为我军武器装备与部队建设发挥了重要作用。1983 年 11 月 16 日，钱学森应邀在国家经济体制改革委员会作

了报告。在报告最后他讲到："为了把系统工程用于国民经济的管理，我国需要建立国民经济和社会发展的总体设计部。现在各方面提出的发展战略很多，有这个战略、那个战略，各说各的，但没有一个综合性的总体发展战略。因此，需要成立总体设计部，作为一个国务院的实体，而不是专家座谈会。这个实体要吸收多方面的专家参加，把自然科学家、工程师和社会科学家结合起来，收集资料，调查研究，进行测算，反复论证，使各种单项的发展战略协调起来，提出总体设计方案，供领导决策。有人认为，社会科学的研究成果，就是写出文章。这是不对的。作为国民经济和社会发展的总体设计，应当像工程设计那样，要有设计蓝图，并由总设计师在上面签字，以示负责，就像我们航天工程那样，如果根据设计制造、发射的卫星，出了故障，不但批准这项工程的领导人要负责，总设计师也要负责。总之，国民经济和社会发展的总体设计部是党中央、国务院决策的参谋机构，在实施我国计划体制改革中，千万不要少了这一着棋。"

1990 年，钱学森又从党和政府宏观决策科学化的角度，提出了建立社会主义建设总体设计部的建议，希望将系统工程的思想、理论、方法运用于国家治理之中。建立社会主义建设总体设计部及其体系的思想，是关系到决策科学化、民主化、程序化和管理现代化的大问题，是对系统的决策支持体制与机制的一种创新和改革，具有很强的实践性和现实性，同时又有深刻的理论背景以及现代研究方法的科学性。当时的中央领导高度重视并充分肯定了钱学森的这一思想，并于 1991 年 3 月 8 日邀请钱学森等人在中央政治局会议上作了详细介绍。然而由于种种原因，钱学森的这个愿望直到他去世也没有能够实现，成为一生遗憾。但是其理论在价格政策、粮食补贴、计划生育、金融工程、三峡工程、沙草产业等诸多领域都发挥了重要作用，有力地促进了国防、经济、民生、环保等事业的发展，在国家重大决策咨询研究方面也取得了突出成就。可以说，建立社会主义建设总体设计部具有重要的现实意义。正如四川科学技术出版社出版的《钱学森学术思想》中所述："建立社会主义建设总体设计部就是从整体上，运用系统科学的思想和方法去解决复杂的社会发展问题。它是科学、民主决策的咨询部。回望中华民族的历史，既有令人兴奋的辉煌成功，也有挥之不去的沉痛记忆。但是，任何失误莫过于总体设计、战略部署上的失误，给民族带来的灾难深重。今天，我们有了总体设计部的思想和科学理论，并在许多方面取得了成功的实践经验。在此基础上，如果我们能够成功地建立起社会主义建设总体设计部，那么我国的政治和社会可能更加稳定，我国的社会主义建设事业可能更加顺利发展。"

四、提出"从定性到定量的综合集成方法"

20 世纪后期，钱学森在推广系统工程的过程中敏锐地意识到，人类所面临的系统，如社会经济系统、地理系统、人脑系统、人体系统等，都具有开放性。系统包含的子系统很多，子系统之间交互作用与通信方式复杂，从可观测的整体系统到子系统层次很多，用以往还原论的方法加以处理难以奏效。经过在系统学讨论班上对国内外系统科学发展的分析与研讨，以及国内从系统观点出发对宏观经济进行研究，钱学森等人在《一个科学新领域——开放的复杂巨系统及其方法论》中提出了“定性与定量相结合的综合集成方法”。为了从认识论上澄清，后来又改为了“从定性到定量综合集成方法”，这是钱学森系统思维和系统思想在方法论上的具体体现。

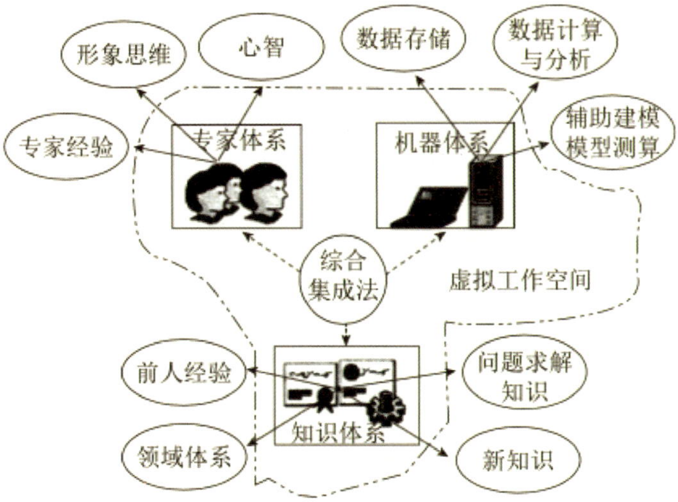

从定性到定量综合集成研讨厅体系示意图

20 世纪 90 年代初，钱学森提出了用于解决复杂巨系统问题的方法——“从定性到定量综合集成方法”及其实现形式“从定性到定量综合集成研讨厅体系”。

综合集成方法实质就是把专家体系、数据和信息体系以及计算机体系有机结合起来，构成一个高度智能化的人—机结合、人—网结合的体系，它的成功应用就在于发挥这个体系的综合优势、整体优势和智能优势，它能把人的思维、思维的成果、人的经验、知识、智慧以及各种情报、资料和信息统统集成起来，从多方面的定性认识上升到定量认识。

运用这个方法也需要系统分解，在分解后研究的基础上，再综合集成到整体，实现 1 + 1 > 2 的飞跃，达到从整体上研究和解决问题的目的，综合集成方法吸收了还原论方法和整体论方法的长处，也弥补了各自的局限性，是还原论方法与整体论方法的辩证统一。

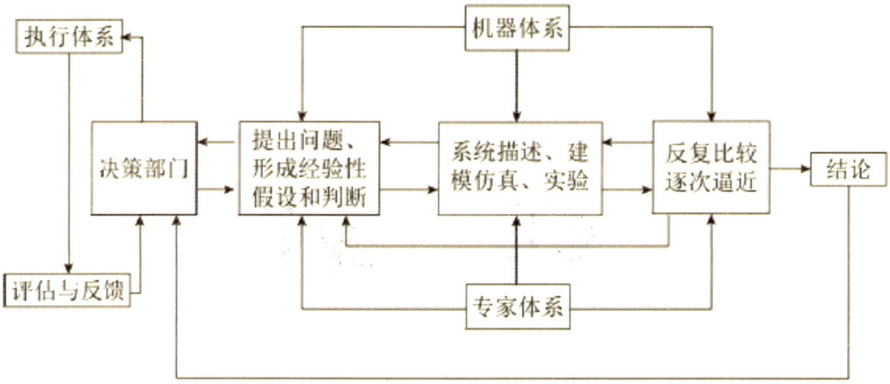

综合集成方法用于决策支持问题研究的示意图

综合集成方法作为科学方法论，其理论基础是思维科学，方法基础是系统科学与数学科学，技术基础是以计算机为主的现代信息技术，实践基础是系统工程应用，哲学基础是马克思主义认识论和实践论，包括定性综合集成、定性定量相结合综合集成和从定性到定量综合集成三个过程，实质就是从定性综合集成提出经验性判断，到人—机结合的定性定量相结合综合集成得到定量描述，再到从定性到定量综合集成获得科学结论。

1992 年在“从定性到定量综合集成法”的基础上，钱学森针对如何完成思维科学的任务——“提高人的思维能力”这个问题，进一步提出“从定性到定量综合集成研讨厅”。在这个概念中，“研讨厅”是专家们同计算机和信息资料情报系统一起工作的“厅”，是把专家们和知识库、信息系统、人工智能系统、高速计算机等像作战指挥厅那样组织起来，形成巨型的人机结合的智能系统（于景元等，2002）。

“从定性到定量的综合集成方法”被许多专家学者认为是钱学森晚年最具亮点的创新之一。戴汝为院士认为：“1990年钱学森先生发表了《一个科学新领域——开放的复杂巨系统及其方法论》开创了我国科学家在系统科学和复杂性研究领域中的新领域，为十年后蓬勃发展的国际互联网和在中国大地上兴起的数字城市所证实。1992年他适时提出综合集成研讨厅的构思，至今经过我们两代科学家的努力，通过智能技术已经建成综合集成研讨厅体系。我们比他们（司马贺先生和SFI的研究人员）高一个层次，从而走在了国际复杂性研究的前列。”北京大学冯国瑞教授认为：“从定性到定量综合集成方法是现代科学的基本方法，特别是交叉科学的、重要的、一般的科学方法和科学方法论。这个认识方法是中国人的独创，它是马克思主义哲学与现代科学特别是交叉科学前沿领域综合交叉的产物。这一方法不仅为中国科学界、哲学界所公认，而且正在世界范围内得到越来越多的科学家、哲学家首肯。”

五、倡导大成智慧学和大成智慧工程

20世纪80年代，复杂性科学研究在世界范围内广泛兴起，引起了学术界的高度重视，被誉为“21世纪的科学”，也被誉为系统科学发展的新阶段。钱学森在研究和总结国内外有关研究、实践的进展和发展态势的基础上，通过讨论班、学术会议以及与众多专家、学者的学术讨论，提出了许多创新的科学思想和方法，并发表了大量文章和出版了多部著作。在大量理论研究和实证研究的基础上，终于取得了里程碑意义的原创性成果：1990年在《自然杂志》上发表的题为《一个科学新领域——开放的复杂巨系统及其方法论》文章。文中“开放的复杂巨系统的动力学”比较全面地论述了开放的复杂巨系统的概念和用来处理开放的复杂巨系统问题的方法论——从定性到定量综合集成法，产生了广泛的学术影响。在这之后，钱学森不断从理论和实践方面进行深化和拓展。经过多方面的深化研究，提出了“大成智慧工程和大成智慧学”，这是开放的复杂巨系统理论和方法论的进一步发展。把人的思维，思维的成果，人的知识、智慧及各种情报、资料、信息统统集成起来，进一步发展，将大成智慧工程在理论上提炼成一门学问，就是“大成智慧学”。钱学森从系统科学思想的视角，把人类的文化和科学技术，从整体上提升到新的高度，这也是钱学森系统科学思想23年发展的凝结。

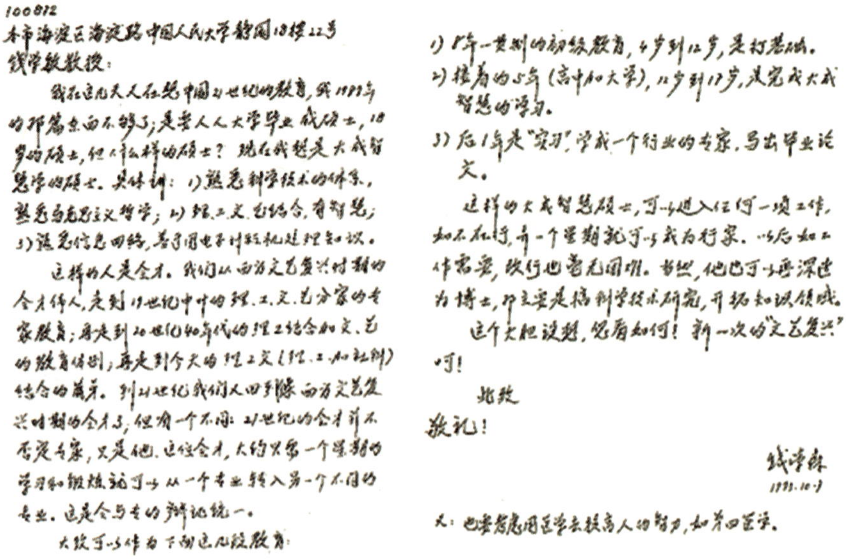
100872
本市海淀区海淀路中国人民大学静园18楼22号
钱学敏教授：

我在这几天又在想中国21世纪的教育，我1993年的那篇东西不够了；是要人人大学毕业成硕士，18岁的硕士，但什么样的硕士？现在我想是大成智慧学的硕士。具体讲：1）熟悉科学技术的体系，熟悉马克思主义哲学；2）理、工、文、艺结合，有智慧；3）熟悉信息网络，善于用电子计算机处理知识。

这样的人是全才。我们从西方文艺复兴时期的全才伟人，走到19世纪中叶的理、工、文、艺分家的专家教育；再走到20世纪40年代的理工结合加文、艺的教育体制；再走到今天的理工文（理、工加社科）结合的萌芽。到21世纪我们又回到西方文艺复兴时期的全才了，但有一个不同：21世纪的全才并不否定专家，只是他、这位全才，大约只需一个星期的学习和锻炼就可以从一个专业转入另一个不同的专业。这是全与专的辩证统一。

大致可以作为下列这几段教育：

1）8年一贯制的初级教育，4岁到12岁，是打基础。
2）接着的5年（高中加大学），12岁到17岁，是完成大成智慧的学习。
3）后1年是“实习”，学成一个行业的专家，写出毕业论文。

这样的大成智慧硕士，可以进入任何一项工作，如不知行，有一个星期就可以成为行家。以后如工作需要，改行也毫无困难。当然，他也可以再深造为博士，那主要是搞科学技术研究，开拓知识领域。

这个大胆设想，您看如何！新一次的“文艺复兴”呵！

此致

敬礼！

钱学森
1993.10.7

又：也要考虑用医学去提高人的智力，如第四医学。

1993年10月7日，钱学森写给钱学敏教授关于大成智慧教育的信件

2001 年 3 月钱学森在《文汇报》的专访中以“以人为主发展大成智慧工程”为题讲了他 23 年发展系统科学的体会：“23 年来，系统工程和系统科学已经有了很大发展，我们已经从工程系统走到了社会系统，进而提炼出开放的复杂巨系统的理论和处理这种系统的方法论，即以人为主、人机结合，从定性到定量的综合集成法，并在工程上逐步实现综合集成研讨厅体系。将来我们要从系统工程、系统科学发展到大成智慧工程，要集信息和知识之大成，以此来解决现实生活中的复杂问题。

纵观钱学森长达 70 年的科学生涯，跨越了 3 个不平凡的阶段：

第一个阶段是 1935 年至 1955 年，在美国的这 20 年，是他系统工程思想缘起的阶段。钱学森以其出众的才华成为那个时代科技前沿阵地的领军人物，这一阶段他的思想以《工程控制论》的出版为标志。

第二个阶段是从 1955 年钱学森回到祖国直至 1978 年，是他系统工程思想形成的阶段。这 20 年中，他将《工程控制论》中的系统调节与控制这一思维运用与发展至航天，在新中国一穷二白的工业基础上领导了中国航天这一大规模科学技术工程。这一阶段他的思想以《组织管理的技术——系统工程》一文发表为标志。

第三个阶段是钱学森从国防科技工业领导岗位上退下来以后的 30 年，这是他系统工程思想发展的阶段。这 30 年，他密切关注中国政治、经济、科技、文化、教育的发展变化，全身心地投入开创系统科学研究中，并提出了系统工程的管理理论，继而又把它推广到了多个管理领域，开创了系统科学这一大的学科门类。这一阶段他的思想以《一个科学新领域——开放的复杂巨系统及其方法论》和《以人为主发展大成智慧工程》的发表为标志。

这三个阶段构成钱学森整个人生的华彩乐章。可以说，钱学森的系统工程思想是时代的产物，具有鲜明的时代特征。在钱学森的引导下，我国系统科学工作者在研究和应用方面都取得了重要成就，形成了中国系统科学的鲜明特色，与国外同行相比，独树一帜，屹立群伦。而这一切都离不开钱学森扎实的理论功底、丰富的科学技术知识、长期的重大工程实践经验以及丰富多彩的文学艺术思考。国际上将此定义为以钱学森、许国志为代表人物的系统工程“中国学派”，受到国际系统科学界的高度重视。哈肯教授指出：“系统科学是由中国学者较早提出的，我认为这是很有意义的概括，并在理解和解释现代科学，推动其发展方面十分重要”；并认为“中国是充分认识到了系统科学巨大重要性的国家之一”。

六、第六次产业革命

20 世纪 80 年代初，担任国防科工委科技委副主任的钱学森退居第二线后，基于自己对地球表层客体的深刻认识，针对 20 世纪 70 年代相继两次发生能源危机引发的世界学术界争辩，用他组织我国航天事业的“处理开放的复杂巨系统的方法”，分析了中国未来经济、社会中至关紧要的能源、人口、资源、环境等发展趋势。1984 年 5 月，他在中国农业科学院科技委员的一次会议上，以《创建农业型的知识密集产业——农业、林业、草业、海业和沙业》为题，发表了近万言的长篇讲话，提出了全新的“农业型的产业”概念。这也是钱学森直面当时学术界争论的有关中国“能源”“粮食”两大难点，提出的破解新思路。

（一）第六次产业革命论述

钱学森在讲话时一开始就说：“我在这里提出这样一个词，叫农业型的产业，是什么意思？农业型的产业是指像传统农业那样，以太阳为直接能源，靠地面上植物的光合作用来进行产品生产的体系。太阳光是一个强大的能源，在我国的地面上，每平方厘米每年就有 120 到 200 大卡的能量，也就是每亩地上每年接受的太阳光能量相当于 114 到 190 吨标准煤！农业型的产业就有这个得天独厚的优势。”

接着，钱学森就我国传统农业转化太阳能的现状作了分析。他认为，限于水和肥料的供应，限于光合作用所必需的二氧化碳在大气中的浓度，限于植物本身的能力，巨大太阳能只有小部分转变为植物产品。这个比例不到百分之一，常常只有千分之一。就是变成植物产品了，人也不能全部直接利用。就以粮食作物来说，籽实际在产品中还占不到一半，其余的是秸秆类，还被不少农村点“天火”烧掉了，污染了环境。

钱学森根据传统农业转化太阳能的实际和生物质利用的现状，倡导的“农业型的产业”具有以下鲜明的优势：首先是把发展谋略定位在利用植物提高太阳能的转化效率上，以单位受光面积上最大限度地固定太阳能，作为农事活动的最高目标；

其次，把运用“知识密集”的现代化新技术和新技术革命的成果，作为发展农业型产业的内核；三是把提高农业型产业效益的途径，锁定在利用现代化新技术加工生物质的过程中，尽量插入中间环节，充分开发中间环节的有用产品，组织成一道一道工序配合得很紧密的流水线式的生产，形成高效的综合、循环生产体系，把单一以籽实作为效益点的粗放传统农业生产方式，转变到以市场机制为导向、以密集型知识为依托的规模化循环产业轨道上来；四是主张在现有的农耕区创建农产业的同时，还要把可以直接“转化太阳光能”的地表进行扩展，利用我国极其丰富的、得天独厚的生物资源，创建新型的林产业、草产业、沙产业、海产业，不仅瞄准具有战略意义的高分子新材料、生物新能源和生物药业、生物饲料业，创建一种生产人们生活必需的粮、油、肉、蛋、奶，棉、丝、胶、茶、药等绿色有机产品的新模式，而且还可以在“重构中国绿色生态环境建设”方面，走出一条新路。

此外，在开发农业型知识密集产业过程中，还有一项非常重要的科学技术，这就是系统工程，组织管理复杂体系的技术，用于农业生产。钱学森说：“农业系统工程用到今天的农业，虽有一定的作用，不容轻视，但因为现在的农业还没有组织得那么严密，农业系统工程还不能充分显它的威力。也因此，一旦农业系统工程用到知识密集的农业产业、林业产业、草业产业、海业产业、沙业产业就能大显身手，不但表现在体系的组织上，在日常生产调度上都会显示其威力。”

钱学森认为：“人改造客观世界在技术上有大的进步、大的变革，叫技术革命”；“人认识客观事物进程有飞跃的时候，这个叫科学革命”；“有了科学革命，有了技术革命，最后它直接作用到生产，就会引起生产关系、生产结构的变化。当这种变化从量变到质变，有了飞跃，这个时候就出现了产业革命”。

钱学森还就世界产业革命的时序作了明确表述：“大约1万年前在中国出现的农牧业生产是世界历史上的第一次产业革命；大约3000年前在中国出现的商品生产是世界历史上的第二次产业革命；在18世纪末19世纪初英国出现的大工业生产是世界历史上的第三次产业革命；在19世纪末20世纪初在西方发达国家兴起的国家和国际产业组织体系是世界历史上的第四次产业革命；而现在由于新的技术革命所引起的世界范围的生产变革是世界历史上的第五次产业革命。五次产业革命！那么创立农业型的知识密集产业将引起的生产体系和经济结构的变革，不是21世纪将要在社会主义中国出现的第六次产业革命吗？这难道不是一个值得我们深思的严肃问题吗？”

钱学森为了传播“第六次产业革命”思想，首先从宣传和树立“沙产业”理念抓起。1989年10月12日，时任中国科协主席的钱学森写信给刚刚调任中国科协书记处书记、沙漠治理专家刘恕同志，要求她写一篇“建设社会主义中国沙业”的论文。1993年2月17日，在刘恕的亲自策划和组织下，在时任《人民日报》科教部科技组组长谢联辉的密切配合下，《人民日报》隆重推出了《建立沙产业的思考——钱学森致刘恕信件摘录》，并开办“治沙工程与沙业展望”栏目，先后刊登了采访中国科协书记处书记刘恕的《用另一种思维认识沙漠》、采访中国治沙暨沙业学会理事长董智勇的《治沙需要科学和智慧》等系列报道，引起国内外强烈反响。一位印尼华侨为表示对

“钱学森沙产业”的支持，捐款 30 万港元。

1993 年 12 月 6 日，钱学森邀请刘恕、董智勇、谢联辉以及涂元季（钱学森秘书）、朱雪芬（刘恕秘书）一起到办公室座谈。钱学森在座谈时，介绍了自己“第六次产业革命的构想”，同时指出“对中国威胁最大的是森林少，土地沙漠化”。座谈时钱学森同意大家提出的成立“促进沙产业发展基金筹备组”建议。1994 年 9 月 27 日，钱学森用印尼华侨捐款的 30 万港元和自己获得的 100 万港元奖金，正式成立起以刘恕为主任、董智勇为副主任、朱雪芬为秘书的“中国科学技术发展基金会促进沙产业基金”。

紧紧把握 21 世纪产业革命发展趋势

在 20 世纪 90 年代中后期，各国学术界就“跨世纪”“迎千年”，对未来经济社会发展趋势又展开了新一轮的探讨。

1995 年 1 月，钱学森等专家学者向中央领导同志呈送了《我们应该研究如何迎接 21 世纪》的建言。建言说：“每一个关心国家和民族未来发展的中国科技工作者，都应关注和思考如何迎接 21 世纪的问题。不仅要研究在这段历史时期科学技术可能出现哪些重大的突破和发展，而且还要探索这些科技发展作为第一生产力，对现代中国将发生哪些重大影响和作用，从而使我们对迎接 21 世纪有充分的思想准备。”

钱学森预言，中国在 21 世纪必将迎来“第六次产革命”。他分析：“以微生物、酶、细胞、基因为代表的生物工程，到 21 世纪将发展为以动植物工程、药物和疫苗、蛋白质工程、细胞融合、基因重组等为核心的生物工程产业，它的产业化将创造出高效益的生物物质，从而引发一次新的产业革命。这次产业命的实质是以太阳光为能源，利用生物（动物、植物、菌类）、水和大气，通过农、林、草、畜、禽、菌、药、鱼，加上工、贸等，形成新的知识密集型产业”，这就是包括农产业、林产业、草产业、海产业、沙产业在内的“大农业产业”。钱学森把这种新型的大农业产业，称为“第六次产业革命”。

钱学森还预言：第五次产业革命在21世纪还将继续飞速发展，不仅要在改变人们的生产方式和工作方式、大大提高物质生产力方面发挥作用，还将推动思维科学的发展，改变着人们的研究方式、学习方式、生活方式和娱乐方式，这是一次旨在“最终消灭人类历史上形成的体力劳动和脑力劳动的差别”的产业革命。而与第五次产业革命迭现的第六次产业革命，“主要不是发生在大城市，而是发生在农村、山村、渔村和边远荒漠地带”，这是一次旨在“消灭几千年来人类历史上形成的城市和乡村的差别”的产业革命。它将大大促进人与自然之间的协调发展，也将实现人口、经济、社会、资源和生态环境的协调发展，使中国快步进入可持续发展的新阶段。

1995年2月27日《人民日报》（科学园地版）发表了记者谢联辉两篇访谈。一篇是钱学森同志从“奋斗一百年建立沙产业”“要有适合机制的组织”“沙区是新食品原料的开拓地”三个方面，谈建立新机制发展沙产业的新思想；一篇是刘恕同志谈跨世纪的沙区开发工程。接着，刘恕、李建树、田裕钊、谢联辉、徐国昌、申元村署名，于1995年9月提出了《关于发展沙产业振兴大西北的建议书》，刊登在《人民日报》11月编印的“情况汇编”上。

1995年9月，曾任中共中央政治局常委的宋平同志，听取了刘恕同志有关钱学森沙产业理论的介绍后说："钱学森是大科学家，了不起的科学家，对中国人民有杰出的贡献。钱学森思考的事都是大事，是重要的事。"1995 年 11 月，宋平同志在甘肃省视察"沙产业"示范基地时强调："要辩证地看待（沙漠干旱区）优势和劣势，要利用现代科学技术，发挥阳光充沛的优势，克服缺水的劣势，积极开发沙产业。沙产业是在沙漠干旱地区利用现代科学技术，充分利用阳光优势，实行节水、节能、节肥、高效的大农业型产业。"并指出："甘肃要脱贫，要缩小东西部的差距，发展农业型的沙产业应是一条好的路子。因为这里发展沙产业的条件比较好，所以我们要坚决走这条路。"

温家宝同志 1995 年 11 月 9 日在一个文件上批示："钱学森同志和宋平同志提出，在我国西部戈壁沙漠发展沙产业，这些重要的理论和意见值得重视。一些地区的成功实践充分说明，办好这件事不仅有经济意义，而且有社会和生态意义。"

1995 年 11 月 9 日，时任国务院副总理的姜春云同志给有关部门批示："这项产业（沙产业）的开发应予支持"；接着又在 11 月 12 日《人民日报》的"情况汇编"刊发的两期"关于发展沙产业振兴大西北的建议书"——《河西走廊绿洲农业显出勃勃生机》《选准缩小东西部经济差距的突破口》上批示："两份材料所载专家关于沙产业开发建议值得重视，如能由点到面搞起来，意义重大，应予扶持"；1997 年 3 月，姜春云又在农业发展银行关于支持沙产业建议书上批示："抓得好，支持沙产业意义重大，也大有可为，应加大工作力度，以取得更大成效。"

胡锦涛总书记2008年1月19日看望钱学森时说："前不久，我到内蒙古自治区鄂尔多斯市考察，看到那里沙产业发展得很好，沙生植物加工搞起来了，生态正在得到恢复，人民生活水平也有了明显提高。钱学森，您的设想正在变成现实。"

21世纪"三农"工作将迎来新拐点

邓小平同志曾经说过：将来中国要出问题的话，肯定出在农业上面。钱学森同志在担任全国政协副主席、中国科协主席十多年期间，紧紧抓住这个关系"国家安全的大问题""国家最重要的战略问题"，以参政议政的形式，就中国的"三农"问题发表了一系列的"讲话""论文"，阐述了21世纪"中国第六次产业革命"的必然发展趋势。今天，本书根据国家发展改革委有关"共绘蓝图——我为'十二五'规划建言献策"活动的要求，对钱学森的"产业革命思想"，从两个"方面"、六个"拐点"和"变革趋向"，进行梳理，希望能给国家制定"中国经济社会发展又一个关键转折时期"的重大"十二五"规划，有所帮助。

第一方面，产业思维方式的变换。

一是以化石能源为主体转向以阳光能源为主导。变革趋向：把解决中国能源问题，放到紧紧依靠"植物光合作用高效转化太阳能"的基点上。发展愿景：这是产业思维方式的大转折。这种思维方式的转折，为中国应对"高价石油""石油后"时代的经济持续发展，奠定基础。

二是以村寨为中心的狭小种植空间转向更大的五大产业天地。变革趋向：打破几千年小农经济的禁锢，重新审视中国接受阳光的农田、林地、草原、海洋、沙漠五大类型地球表层，极大地开拓第六次产业革命的发展空间。发展愿景：这是对未来农业型产业蓝图的总体构想。在这一构想的驱动下，相当多的农民将要走出依山扎寨、傍水建村的小农经济天地，到更大的空间谋求更大的“种植革命”。

三是以粮食、木材单一效益为主要取向转向以植物叶、皮、果、花、枝、干、汁等整体效益为取向。变革趋向：有效组合高新技术，利用植物、动物、微生物等建立多层次开发、生物质循环利用的生产体系，追求生物质综合加工效益的最大化。发展愿景：这种生产体系，将为我国可再生能源、高分子材料、生物医药、生物食品等多种绿色产业，培育新的增长点；这种农业循环产业经济的效益，才有可能在国民经济总收入中占到应有的地位。

第二方面，产业生产方式的变换。

一是落后的农林技艺种植方式转向知识密集型产业方式。变革趋向：以生物质高产性、生物质加工产品高效性为目标，密集第四次、第五次产业革命的科学技术成果，创建以生物质综合利用为对象的大产业。发展愿景：运用系统工程理论，根据“种”“养”“加”“产”“供”“销”等“一条龙”的高效产业化需要，发挥交叉学科攻关能力，密集组合现代科研成果，创建具有一定规模的产业体系。

二是温饱型的分散村寨生产方式转向产业化庄园型集团运营。变革趋向：优化组合现代科学技术，拓宽劳动对象，以集信息、金融、管理、科技、生产，加上工、商、贸于一体的集团公司体制为依托，创建规模化产业庄园，取代小规模的传统村寨农林生产方式。发展愿景：传统、落后的中国农林第一产业将从历史上消失；以“国家计划”扶助的“家庭”农林生产方式，将被“密集”现代科技、大规模集团式经营的产业化庄园所替代。

三是以粮食、建材为主体的农林计划经济转向农、林、草、海、沙五大产业生物质产品类型极为丰富的市场调控经济。变革趋向：人们通过密集知识的途径，可以从农业型五大产业中获得丰富的粮、棉、丝、肉、蛋、奶、茶、油、胶、药等产品及可再生的能源、建材、纸浆等资源，满足人们衣、食、住、行、用等多种形式的需要。发展愿景：中国在 21 世纪，必将开拓一个食品丰富的世纪；必将在地球表层营建一个人类理性支配自然、包括支配自己的世纪；必将在世界的东方创建一个天、地、人和谐发展的世纪。

用系统工程的方法引领“第六次产业革命”

1991 年 10 月，在国务院、中央军委授予钱学森院士“国家杰出贡献科学家”荣誉称号仪式上，钱学森说：“我认为今天的科学技术不仅仅是自然科学工程技术，而是人认识客观世界、改造客观世界整个的知识体系，这个体系的最高概括是马克思主义哲学。我们完全可以建立起一个科学体系，而且运用这个科学体系去解决我们中国社会主义建设中的问题。”他说：“我在今后的余生中就想促进一下这件事情。”

“系统工程是处理复杂组织管理工作的现代化科学方法。”钱学森在 1995 年 1 月呈送给中央领导同志的《建言》中说：“技术革命以及它所引发的产业革命，对组织管理问题提出了更高的要求。形象地说，这犹如随着硬件的革新，计算机技术的发展，必须有相应的软件跟上才行。系统科学是 21 世纪中叶兴起的一场科学革命，而系统工程的实践又将引起一场技术革命，这场科学和技术革命在21世纪必将促发组织管理的革命。”

钱学森运用二十世纪六七十年代“我国首先在航天领域倡导系统工程的组织管理，并在实践中取得成功”的经验，推广到社会，提出了“社会系统工程”的概念。随着“产业思维方式”“产业生产方式”的“硬件变革”，钱学森在第六次产业革命的社会组织管理“软件”方面，设计出了以下四个与之相适应的“变革”。

第一，管理体制变革。农业部、国家林业局的政府计划职能转向农、林、草、海、沙五大产业部门的协调管理职能。变革要点：改革我国农业型产业组织管理体制，清除掣肘农业、林业、草业、海业、沙业健康发展的错综复杂内部关系，从根本上理顺五大产业发展的国内管理环境。

第二，组织形式变革。现行的农户对农地、林地分散的承包制转向由五大产业部门统一协调下的开放性生物质产业股份庄园制。变革要点：由五大产业部门分别协调，有国家金融机构、保监会加盟，有乡镇基层政府、产业科技团队和具有交叉学科优势的中国老教授协会、老科技工作者协会参与，招聘职业经理具体运营，创建以农村劳力为主要对象的产业庄园新型运行模式。

第三，城乡结构变革。把快速城市化态势引向城市与农村同步建设、城市与集镇协调发展的道路。变革要点：既要充分发挥“城市化”的“集聚效应”，又要重新认识“三农”在中国经济社会发展中的特殊战略位置，走出一条大中小城市与集镇、产业庄园，共生共荣、协调发展的新路。

第四，经济布局变革。经济版图区划由省、区行政规划为主体转向以特大城市、大城市为中心的超大经济区发展模式。变革要点：充分发挥环渤海、长江口、珠江口等中国周边区域的大城市“集聚”“协同”效应，重构中国面向国际市场的“开放型”的经济圈。

20世纪科学技术的飞速发展，孕育着21世纪的重大突破。根据已经出现的许多苗头，钱学森预见，在21世纪除了第五次产业革命继续发展外，还将出现由生物工程引发的第六次产业革命，再加上系统工程、系统科学引起的组织管理革命，所有这些因素融会在一起，必将使社会生产力获得史无前例的发展，由目前发展生产力阶段进入到创造生产力阶段。钱学森的这些思想具有很深远的前瞻性，抚今追昔，对其观点进行梳理和再思考，弥足珍贵。

（二）践行第六次产业革命理论实现“中国梦”

钱学森光辉的一生，把热爱祖国的情怀和博大精深科学创新的睿智，无私奉献给了国强民富的宏伟大业。他晚年提出迎接第六次产业革命、发展农业型知识密集五大产业（农、林、草、沙、海）的创新理论。“第六次产业革命”发表三十年来，随着国计民生发展中出现不可持续、难以调和的矛盾与问题日渐显露，“第六次产业革命”对这些问题的解决有重要的指导意义。

国情矛盾问题。改革开放以来，我国经济高速发展，成为世界第二大经济体，人民收入同过去相比有很大提高，生活有了基本保障。然而发展中出现的不可持续和难以调和的矛盾和问题也越来越突出。主要表现为：（1）地区发展和城乡收入差距加大，社会分配不公，贫富悬殊；（2）社会购买力增长慢，扩大内需消费缺乏后劲，市场经济发展内在动力不足；（3）农业呈现畸形发展态势；（4）城镇化弊端频现。

纵观上述问题，看来复杂，然追根求源，可归集于国土区域经济不能全面健康发展和广大人民群众不能共同致富问题，即如何实现国强全民富、民富国更强的问题。否则，不可能全面建成小康社会。

“第六次产业革命”的颠覆性创新

“第六次产业革命”是社会实践和科学智慧的结晶。钱学森在理论发表后，就一直参与研讨和指导数以百计的农业、科技、院校、行政、企业等各界人士从事的相关实践活动，不断丰富理论内涵（见涂元季、顾吉环、李明编《钱学森书信》《钱学森书信补编》等专辑）。到2000年给总书记建议信时，已形成完整的科学体系。钱学森认为，“第六次产业革命”的功能作用至少有九大亮点：

第一，“第六次产业革命”的总体目标是优化利用国土资源，通过系统创新改革发展农业的技术、管理、结构、体制，建立高度综合的、技术先进的、科学管理的、生态优化的、多层次高效益的五大产业体系和相应的新型合作经济体。最大化地释放农业生产力，不断为社会创造财富，用以驱动所有国土区域（农区、林区、牧区、沙区、海洋区及城市郊区）经济和社会、生态繁荣发展，人民增产致富，逐步消除社会三大差别，实现国更强全民富的“中国梦”。

第二，“第六次产业革命”的核心技术路线，是应用现代生物工程为主的一切先进技术，改变目前农业畸形发展状态，建立新型的绿色优质高产高效型大农业生产体系。由于农业本身就是生物产业，只有通过生物（尤其是微生物）创新技术，全面推广生物肥料、生物农药、生物地膜、生物能源等技术，才能从根本上改变目前农业过度使用化学材料造成的土地退化面源污染等状况，有效提高农产品质量确保食品安全。要全面推广特种菌剂发酵新技术，使亿吨以上秸秆（草类）资源变为高蛋白饲料，用以化解人畜争粮矛盾，确保粮食安全。要通过大力发展草产业，挽救草原牧区危机。大力推进沙产业、林产业发展沙区林区生态经济。要全面推广特种植物和微生物吸纳“三废”、净化环境、保持水土的生物新技术，广泛种草造林，使国土生态环境得到根本改善等等。这就把五大产业发展为兼备经济、生态、社会三大效益的战略性新型产业。

第三，“第六次产业革命”产业结构是建立生产、加工、销售一条龙，第一、第二、第三产业一体化新型大农业体系。这一方面使传统农业发展为资源集约、能量转化、节约环保的循环经济；另一方面通过第一、第二、第三产业的 1∶2∶2 增值效应，可四五倍地增加大农业产值和效益，从而为广大农牧民增产致富焕发出强大造血功能。

第四，“第六次产业革命”农业体制，是在保持土地经营权不变前提下，发展以农户为基础、农（牧）工商企业为龙头的新型合作经济体，成为五大产业发展的载体。联合体可采取自愿结合，股份参与（含土地经营权），互利双赢和统一经营、专业分工、公平分配的方式实现规模经营，全面推广先进科学技术和管理方法，大力培育人才队伍。在各层次生产和管理环节中，通过建立完善的经济技术指标和操作规程及经营管理制度，确保劳动生产率和三大效益最大化，达到经济体持续发展壮大，农户不断增收致富。

第五，五大新型产业发展，必将强力拉动乡村走向小城镇化。由于知识密集型各产业层次多、涉及面广，必将带动当地教育、科技、文卫、工商、信息、交通、金融、服务、房地产等各行业的兴旺发达。这样，在强大内在生产力推动下就使乡村顺乎自然地发展为小城镇。其生活条件既不亚于大城市，生态环境会更好。同时，还会吸引进城农民返乡就业，吸引广大城市知识青年下乡创业，从而化解当前城镇化面临的压力，走出我国城镇化健康发展的新路。

第六，“第六次产业革命”是邓小平同志关于中国大农业和社会经济发展战略构想的践行与发展。小平同志讲：“农业文章很多，我们还没有破题。”“第六次产业革命”是农业破题的大文章。小平同志讲：“农业翻身不能只靠粮食，主要靠多种经营。”“第六次产业革命”把多种经营发展为五大新型产业。小平同志讲：“中国社会主义农业的改革和发展，从长远的观点看，要有两个飞跃。第一个飞跃，是废除人民公社，实行家庭联产承包为主的责任制。这是一个很大的前进，要长期坚持不变。第二个飞跃是适应科学种田和生产社会化的需要，发展适度规模经营，发展集体经济。”“第六次产业革命”为“第二次飞跃”找到最好形式。“第六次产业革命”还把小平同志讲的，“一部分地区和一部分人先富起来”的构想，发展到“所有地区和所有人都富起来”的新阶段。

第七，践行“第六次产业革命”正是贯彻党的十八届三中全会决定精神。决定指出：“让一切劳动、知识、技术、管理、资本的活力竞相迸发，让一切创造社会财富的源泉涌流，让发展成果更多更公平地惠及全体人民。”

区域经济全面发展和民众收入大幅增加，将极大地增强全国工业、国防、科技稳定发展的后劲，大幅提高国内社会购买力，促进市场经济繁荣，吸引国外投资和扩大国际贸易，从而不断增强国力，并避免走入“中等收入陷阱”。

第八，“第六次产业革命”的中国发展道路，为第三世界国家的农业和社会发展提供了新模式。国际上对中国发展道路议论很多。有位美国学者认为，中国人均资源少，如达到现今美国消费水平，就会侵占他国资源，将是世界的灾难。另一位美国学者莱斯特·布朗则提出，中国发展应走提高生产力、稳定人口增长、限制碳排放量道路；其内容虽有可取之处，却不能解决中国人民大众致富、生活需求不断提高的问题。“第六次产业革命”发展道路是切合中国实际的，是走向经济繁荣、人民富裕、社会和谐、国家强大的科学道路，它必将成为世界发展中国家（多数为农业国）发展现代化经济社会的榜样。

“第六次产业革命”的上述科学功能，多年来已在五大产业的发展试点和示范项目中取得实践验证和经验。因此，建议国家把开展“第六次产业革命”发展五大战略性新型产业列为国策，从顶层设计（包括建立完善国家级沙、草、林、海产业发展管理机构）、政策举措、试点示范到全面推广，组织力量实施。

ENGINEERING CYBERNETICS
ФИЗИЧЕСКАЯ МЕХАНИКА
物理力学讲义
星际航行概论
气体动力学诸方程
工程控制论
论系统工程
创建系统学
关于思维科学
导弹概论
水动力学讲义手稿
论人体科学
钱学森文集
山水城市与建筑科学
科学的艺术与艺术的科学
创建系统学

钱学森重要学术著作

第二部分

寻梦之道

第一章　开创系统科学与系统工程中国学派

一、系统科学思想和系统科学体系的形成与发展

系统科学思想贯穿于钱学森的整个科学历程中。

钱学森在美国学习和工作了20多年（1935～1955年），主要从事自然科学技术研究，特别是在应用力学、喷气推进以及火箭与导弹研究方面，取得了举世瞩目的成就，同时还创建了“物理力学”和“工程控制论”，成为国际上著名科学家。

需要强调指出的是，工程控制论已跨出了自然科学领域而属于钱学森后来所建立的系统科学体系，并为创建系统科学体系提供了理论基础。

自然科学是从物质、物质结构和物质在时空中运动的角度来研究客观世界的。但工程控制论要研究的并不是物质运动本身，而是研究代表物质运动的事物之间关系，研究这种关系的系统性质以及如何控制系统使其具有我们期望的功能。因此，系统和系统控制是工程控制论所要研究的基本问题。

钱学森创建工程控制论这个事实表明，在这个时期，钱学森已开始进行跨学科、跨领域的研究并取得重要成就。《工程控制论》一书的出版（1954年英文版《Engineering Cybernetics》)，在国际学术界引起了强烈反响，立即被译成多种文字出版发行（俄、德、中）。工程控制论所体现的系统科学思想、理论方法与应用，直到今天仍然深刻地影响着系统科学、控制科学、管理科学等有关学科的发展。

1955年钱学森回到了祖国，从这时起他的主要精力集中在开创我国火箭、导弹和航天事业上。在周恩来、聂荣臻等老一辈无产阶级革命家的直接领导下，钱学森的科学才能和智慧得以充分发挥，并和广大科技人员一起，在当时十分艰难的条件下，研制出我国自己的导弹和卫星来，创造出国内外公认的奇迹。

以导弹、卫星等航天科技为代表的大规模科学技术工程，如何把成千上万人组织起来，并以较少的投入在较短的时间内，研制出高质量、高可靠的型号产品来，就需要有一套科学的组织管理方法与技术。在当时这是一个十分突出的问题。

钱学森在开创我国航天事业过程中，也开创了一套既有普遍科学意义、又有中国特色的系统工程管理方法与技术。是钱学森将工程控制论的思想与理论方法又应用到工程系统的管理之中。

当时，在研制体制上，是研究、规划、设计、试制、生产和实验一体化；在组织管理上，是总体设计部和两条指挥线的系统工程管理方式。实践已证明了这套组织管理方法是十分有效的。

从今天来看，在当时条件下，就是把科学技术创新、组织管理创新与体制机制创新有机结合起来，实现了综合集成创新，从而走出了一条发展我国航天事业的自主创新和协同创新道路。我国航天事业一直在持续发展，其根本原因就在于自主创新和协同创新。

航天系统工程的成功实践，证明了系统工程技术的科学性和有效性。中国航天事业的成功也是系统工程的胜利，它不仅适用于自然工程，其原理也同样适用于社会工程，从而开创了大规模工程实践的系统管理范例，对其他大规模工程实践也是适用的。系统工程的应用也是钱学森对管理科学与工程的重大贡献。

航天系统工程的实践为钱学森建立系统科学体系奠定了实践基础。

20 世纪 80 年代初，钱学森从科研一线领导岗位上退下来以后，就把全部精力投入到学术研究中。这一时期，钱学森学术思想之活跃，涉猎领域之广泛，原始创新性之强在学术界是十分罕见的。

在这个阶段上，钱学森花费心血最多、也最有代表性的是在大力推动系统工程应用的同时，又开始了建立系统科学体系和创建系统学的工作。在创建系统学过程中，提出了开放的复杂巨系统及其方法论，开创了复杂巨系统科学与技术这一新的科学领域，并把系统科学体系推向了复杂巨系统科学体系。

这些成就标志着钱学森系统科学思想和系统方法有了新的发展，达到了新的高度，进入了新的阶段。特别是钱学森综合集成思想与综合集成方法，已贯穿于工程、技术、科学直到哲学的不同层次上，形成了综合集成体系。

综合集成思想与综合集成方法的形成与提出，是一场科学思想和科学方法上的革命，其意义和影响将是广泛而深远的。

就现实而言，也有着极为重要的科学价值和实践意义。

钱学森指出，系统科学的出现是一场科学革命。科学革命是人类认识客观世界的飞跃，系统科学究竟是研究什么的学问，又为什么如此重要?

从辩证唯物主义观点来看，客观世界的事物是普遍联系的。正如马克思所说："世界是普遍联系的整体，任何事物内部各要素之间及事物之间都存在着相互影响、相互作用和相互制约的关系"。既然客观事物是普遍联系的整体，那就一定有其客观规律，我们也就应该研究、认识和运用这些规律。

能够反映和概括客观事物普遍联系这个事实与特征最基本和最重要的概念就是系统。所谓系统，是指由一些相互联系、相互作用、相互影响的组成部分构成并具有某些功能的整体。这样定义的系统在客观世界是普遍存在的。客观世界包括自然、社会和人本身。马克思这里所说的客观世界是普遍联系的整体的思想就是辩证唯物主义系统思想。

正是从系统思想出发并结合现代科学技术的发展，钱学森明确提出，系统科学是从事物的整体与部分、局部与全局以及层次关系的角度来研究客观世界的，也就是从系统角度来研究客观世界。

系统是系统科学研究和应用的基本对象。系统科学和自然科学、社会科学等不同，但有深刻的内在联系。系统科学能把自然科学、社会科学等领域研究的问题联系起来作为系统进行综合性、整体性研究。这就是为什么系统科学具有交叉性、综合性和整体性的原因。也正是这些特点，使系统科学处在现代科学技术发展的综合集成的整体化方向上，并已成为现代科学技术体系中一个新兴的科学技术部门。

系统结构、系统环境和系统功能是系统的三个重要基本概念。系统结构是指系统内部，系统环境是指系统外部。系统的一个最重要的特点，就是系统在整体上具有其组成部分所没有的性质，这就是系统的整体性。系统整体性的外在表现就是系统功能。系统的这个性质意味着，对系统组成部分都认识了，并不等于认识了系统整体，系统整体性不是它组成部分性质的简单“拼盘”，而是系统整体涌现的结果。

系统研究表明，系统结构和系统环境以及它们之间关联关系，决定了系统的整体性和功能，这是一条非常重要的系统规律。

从理论上来看，研究系统结构与环境如何决定了系统整体性和功能，揭示系统存在、演化、协同、控制与发展的一般规律，就成为系统学，特别是复杂巨系统学的基本任务。国外关于复杂性的研究，正如钱学森指出的，是开放复杂巨系统的动力学问题，实际上也属于系统理论方面的探索。

另一方面，从应用角度来看，根据上述系统原理，为了使系统具有我们期望的功能，特别是最好的功能，可以通过改变和调整系统结构或系统环境以及它们之间关联关系来实现。但系统环境并不是想改变就能改变的，在不能改变的情况下，只能主动去适应。而系统结构却是能够改变、调整、设计和组织的。这样，便可以通过改变、调整系统组成部分或组成部分之间、层次结构之间以及与系统环境之间的关联关系，使它们相互协调与协同，从而在系统整体上涌现出满意的和最好的功能，这就是系统组织管理、系统控制和系统干预的基本内涵，是系统管理、系统控制等科学要研究的基本问题，也是系统工程、控制工程等所要实现的主要目标。

科学是认识世界的学问，技术是改造世界的学问，而工程是改造客观世界的实践。从这个角度来看，系统科学和自然科学等类似，也有三个层次的知识结构，即：工程技术（应用技术）、技术科学（应用科学）和基础科学。在钱学森建立的系统科学体系中，包括：

1. 处在工程技术或应用技术层次上的是系统工程，这是直接用来改造客观世界的工程技术，但和其他工程技术不同，它是组织管理系统的技术。

2. 处在技术科学层次上直接为系统工程提供理论方法的有运筹学、控制论、信息论等。

3. 处在基础科学层次上属于基础理论的便是系统学和复杂巨系统学。

目前国外还没有这样一个清晰的系统科学体系结构。

这样三个层次结构的系统科学体系经过系统论通向辩证唯物主义哲学。系统论属于哲学层次，是连接系统科学与辩证唯物主义哲学的桥梁。一方面，辩证唯物主义通过系统论去指导系统科学的研究；另一方面，系统科学的发展经系统论的提炼又丰富和发展了辩证唯物主义。

关于系统论，钱学森曾明确指出，我们所提倡的系统论，既不是整体论，也非还原论，而是整体论与还原论的辩证统一。

钱学森关于系统论的这个思想后来发展成为他的综合集成思想，这也充分显示出钱学森的辩证唯物主义哲学智慧。根据这个思想，钱学森提出了将还原论方法与整体论方法辩证统一起来的系统论方法。

系统科学体系体现了钱学森系统科学思想。

综合以上所述，客观事物普遍联系及其整体性思想就是系统思想，系统思想是辩证唯物主义哲学内容，系统科学体系的建立就使系统思想从一种哲学思维发展成为系统的科学体系，系统科学体系是系统科学思想在工程、技术、科学直到哲学不同层次上的体现。这就使系统思想建立在科学基础上，把哲学和科学统一起来了。

系统科学思想是钱学森对辩证唯物主义系统思想的重要发展和丰富。

二、从系统科学到复杂巨系统科学

在系统科学体系中，系统工程已应用到实践中并取得显著成就，如航天系统工程；技术科学层次上的运筹学、控制论、信息论等也有了各自理论和方法并处在继续发展之中。但系统学和复杂巨系统学却是需要建立的新兴学科，这也是钱学森最先提出来的。

20 世纪 80 年代中，钱学森以“系统学讨论班”的方式开始了创建系统学的工作。1986 年到 1992 年的 7 年时间里，钱学森参加了讨论班的全部学术活动。

在讨论班上，钱学森根据系统结构的复杂性提出了系统新的分类，将系统分为简单系统、简单巨系统、复杂巨系统和特殊复杂巨系统。如生物体系统、人体系统、人脑系统、地理系统、社会系统、星系系统等都是复杂巨系统。其中，社会系统是最复杂的系统，又称作特殊复杂巨系统。这些系统又都是开放的，与外部环境有物质、能量和信息的交换，所以又称作开放的复杂巨系统。

在讨论班的基础上，钱学森明确界定系统学是研究系统结构与功能（系统演化、协同与控制）一般规律的科学，形成了以简单系统、简单巨系统、复杂巨系统和特殊复杂巨系统（社会系统）为主线的系统学基本框架，构成系统学的主要内容，奠定了系统学的科学基础，指明了系统学的研究方向。

对于简单系统和简单巨系统都已有了相应的方法论和方法，也有了相应的理论并在继续发展之中，但对复杂巨系统和社会系统却不是已有方法论和方法所能处理的，需要有新的方法论和方法。所以，关于复杂巨系统的理论研究，钱学森又称作复杂巨系统学。

在近代科学到现代科学的发展过程中，自然科学采用了从定性到定量的研究方法，所以自然科学被称为“精密科学”；而社会科学、人文科学等由于研究问题的复杂性，通常采用的是从定性到定性的思辨、描述方法，所以这些学问被称为“描述科学”。当然，这种趋势随着科学技术的发展也在变化，有些学科逐渐向精密化方向发展，如经济学、社会学等。

从方法论角度来看，在这个发展过程中，还原论方法发挥了重要作用，特别在自然科学领域中取得了很大成功。还原论方法是把所研究的对象分解成部分，以为部分研究清楚了，整体也就清楚了。如果部分还研究不清楚，再继续分解下去进行研究，直到弄清楚为止。按照这个方法论，物理学对物质结构的研究已经到了夸克层次，生物学对生命的研究也到了基因层次。毫无疑问，这是现代科学技术取得的巨大成就。

但现实的情况却是，认识了基本粒子还不能解释大物质构造，知道了基因也回答不了生命是什么。这些事实使科学家认识到“还原论不足之处正日益明显”。这就是说，还原论方法由整体往下分解，研究得越来越细，这是它的优势方面，但由下往上回不来，回答不了高层次和整体问题，又是它不足的一面。所以仅靠还原论方法还不够，还要解决由下往上的问题，也就是复杂性研究中的所谓涌现问题。

对于21世纪物理学的发展，著名物理学家李政道讲过：“我猜想21世纪的方向要整体统一，微观的基本粒子要和宏观的真空构造、大型量子态结合起来，这些很可能是21世纪的研究目标。”这里所说的把宏观和微观结合起来，就是要研究微观如何决定宏观，解决由下往上的问题，打通从微观到宏观的通路，把宏观和微观统一起来。

同样道理，还原论方法也处理不了系统整体性问题，特别是复杂系统和复杂巨系统（包括社会系统）的整体性问题。从系统角度来看，把系统分解为部分，单独研究一个部分，就把这个部分和其他部分的关联关系切断了。这样，就是把每个部分都研究清楚了，也回答不了系统整体性问题。更早意识到这一点的科学家是彼塔朗菲。他是一位分子生物学家，当生物学研究已经发展到分子生物学时，用他的话来说，对生物在分子层次上了解得越多，对生物整体反而认识得越模糊。在这种情况下，20世纪40年代彼塔朗菲提出了一般系统论，实际上是整体论方法，强调还是从生物体系统的整体上来研究问题。但限于当时的科学技术水平，支撑整体论方法的具体方法体系没有发展起来，还是从整体论整体、从定性到定性，论来论去解决不了问题。正如钱学森所指出的："几十年来一般系统论基本上处于概念的阐发阶段，具体理论和定量结果还很少。"但整体论方法的提出，的确是对现代科学技术发展的重要贡献。

20 世纪 80 年代中期，国外出现了复杂性研究。关于复杂性问题，钱学森指出："凡现在不能用还原论方法处理的，或不宜用还原论方法处理的问题，而要用或宜用新的科学方法处理的问题，都是复杂性问题。复杂巨系统就是这类问题。"系统整体性，特别是复杂系统和复杂巨系统（包括社会系统）的整体性问题就是复杂性问题。所以对复杂性研究，国外科学家后来也采用了一个"复杂系统"的词，代表那些对组成部分的理解不能解释其全部性质的系统。

国外关于复杂性和复杂系统的研究，在研究方法上有许多创新之处，如遗传算法、演化算法、Swarm 软件平台、基于 Agent 的系统建模、用 Agent 描述的人工生命、人工社会等。在方法论上，虽然也意识到了还原论方法的局限性，但并没有提出新的方法论。方法论和方法是两个不同层次的问题。方法论是关于研究问题所应遵循的途径和研究路线，在方法论指导下是具体方法问题，如果方法论不对，再好的方法也解决不了根本性问题。所以方法论更为基础也更为重要。

如前所述，20 世纪 80 年代初，钱学森明确指出系统论是整体论与还原论的辩证统一。根据这个思想，钱学森又提出将还原论方法与整体论方法辩证统一起来，形成了系统论方法。在应用系统论方法时，也要从系统整体出发将系统进行分解，在分解后研究的基础上，再综合集成到系统整体，实现系统的整体涌现，最终是从整体上研究和解决问题。

由此可见，系统论方法吸收了还原论方法和整体论方法各自的长处，也弥补了各自的局限性，既超越了还原论方法，又发展了整体论方法。这是钱学森在科学方法论上具有里程碑意义的贡献，它不仅大大促进了系统科学的发展，也必将对自然科学、社会科学等其他科学技术部门产生深刻影响。

20 世纪 80 年代末到 90 年代初，结合现代信息技术的发展，钱学森又先后提出“从定性到定量综合集成方法”（Meta - synthesis）及其实践形式“从定性到定量综合集成研讨厅体系”（以下将两者合称为综合集成方法），并将运用这套方法的集体称为总体设计部。这就将系统论方法具体化了，形成了一套可以操作且行之有效的方法体系和实践方式。从方法和技术层次上看，它是人机结合、人网结合以人为主的信息、知识和智慧的综合集成技术。从应用和运用层次上看，是以总体设计部为实体进行的综合集成工程。

综合集成方法的实质是把专家体系，数据、信息与知识体系以及计算机体系有机结合起来，构成一个高度智能化的人机结合与融合体系。这个体系具有综合优势、整体优势和智能优势，能把人的思维、思维的成果、人的经验、知识、智慧以及各种情报、资料和信息统统集成起来，从多方面的定性认识上升到定量认识。

钱学森提出的人机结合以人为主的思维方式是综合集成方法的理论基础。从思维科学角度来看，人脑和计算机都能有效处理信息，但两者有极大差别。关于人脑思维，钱学森指出：

“逻辑思维，微观法；形象思维，宏观法；创造思维，宏观与微观相结合。创造思维才是智慧的源泉，逻辑思维和形象思维都是手段。”

今天的计算机在逻辑思维方面确实能做很多事情，甚至比人脑做得还好还快，善于信息的精确处理，已有许多科学成就证明了这一点，如著名数学家吴文俊的定理机器证明。但在形象思维方面，现在的计算机还相差甚远，不能提供多大的帮助。至于创造思维就只能依靠人脑了。然而计算机在逻辑思维方面毕竟有其优势。如果把人脑的形象思维优势和计算机逻辑思维优势结合起来并以人为主，就更有优势，思维能力更强，智能和创造性比人要高，比机器就更高，这也是 1 + 1 > 2 的系统原理。

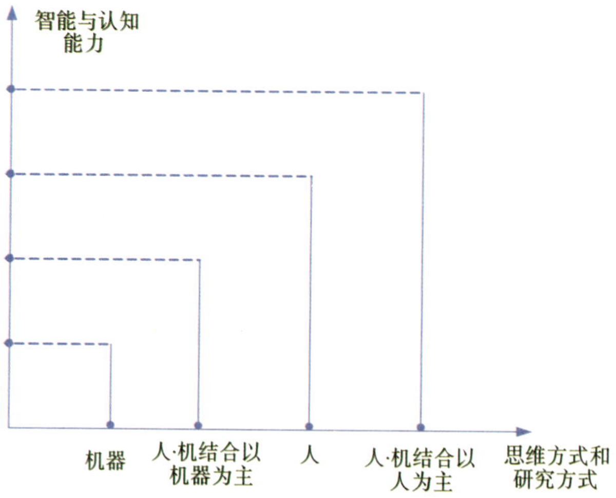

思维方式和研究方式与认知能力的关系示意图

可以看出，人机结合以人为主的思维方式，它的智能和认知能力处在最高端。这种“聪明人”的出现，预示着将出现一个“新人类”，不只是人，是人机结合的新人类。

信息、知识和智慧是三个不同层次的问题。有了信息未必有知识，有了信息和知识也未必就有智慧。信息的综合集成可以获得知识，信息和知识的综合集成可以获得智慧。人类有史以来是通过人脑获得知识和智慧的。现在由于以计算机为主的现代信息技术的发展，我们可以通过人机结合以人为主的方法来获得信息、知识和智慧，而且比人脑还有优势，这是人类发展史上具有重大意义的进步。

综合集成方法就是这种人机结合以人为主获得信息、知识和智慧的方法，它是人机结合的信息处理系统，也是人机结合的知识创新系统，还是人机结合的智慧集成系统。

我国传统文化有“集大成”的说法，即把一个非常复杂的事物的各个方面综合集成起来，达到对整体的认识，集大成得智慧，所以钱学森又把这套方法称为“大成智慧工程”。将大成智慧工程进一步发展，在理论上提炼成一门学问，就是大成智慧学。

从实践论和认识论角度来看，与所有科学研究一样，无论是复杂系统和复杂巨系统（包括社会系统）的理论研究还是应用研究，通常是在已有的科学理论、经验知识基础上与专家判断力（专家的知识、智慧和创造力）相结合，对所研究的问题提出和形成经验性假设，如猜想、判断、思路、对策、方案等等。这种经验性假设一般是定性的，它所以是经验性假设，是因为其正确与否、能否成立还没有用严谨的科学方式加以证明。在自然科学和数学科学中，这类经验性假设是用严密逻辑推理和各种实验手段来证明的，这一过程体现了从定性到定量的研究特点。

但复杂系统和复杂巨系统（包括社会系统）由于其跨学科、跨领域、跨层次的特点，对所研究的问题能提出经验性假设，通常不是一个专家，甚至也不是一个领域的专家们所能提出来的，而是由不同领域、不同学科的专家构成的专家体系，依靠专家群体的知识和智慧，对所研究的复杂系统和复杂巨系统（包括社会系统）问题提出经验性假设。

但要证明其正确与否，仅靠自然科学和数学中所用的各种方法就显得力所不及了。如社会系统、地理系统中的问题，既不是单纯的逻辑推理，也不能进行实验。但对经验性假设又不能只停留在思辨和从定性到定性的描述上。

系统科学是要走“精密科学”之路的，那么出路在哪里？这个出路就是人机结合以人为主的思维方式和研究方式。采用“机帮人、人帮机”的合作方式，机器能做的尽量由机器去完成，极大扩展人脑逻辑思维处理信息的能力。通过人机结合以人为主，实现信息、知识和智慧的综合集成。这里包括不同学科、不同领域的科学理论和经验知识、定性和定量知识、理性和感性知识，通过人机交互、反复比较、逐次逼近，实现从定性到定量的认识，从而对经验性假设正确与否作出科学结论。无论是肯定还是否定了经验性假设，都是认识上的进步，然后再提出新的经验性假设，继续进行定量研究。这是一个循环往复、不断深化的研究过程。

综合集成方法的运用是专家体系的合作以及专家体系与机器体系合作的研究方式与工作方式。具体来说，是通过定性综合集成到定性定量相结合综合集成、再到从定性到定量综合集成这样三个步骤来实现的。这个过程不是截然分开，而是循环往复、逐次逼近的。

复杂系统与复杂巨系统（包括社会系统）问题，通常是非结构化问题。现在的计算机只能处理结构化问题。通过上述综合集成过程可以看出，在逐次逼近过程中，综合集成方法实际上是用结构化序列去逼近非结构化问题。

这套方法是处理复杂系统和复杂巨系统（包括社会系统）的有效方法，已有成功案例证明了它的科学性和有效性。

综合集成方法的理论基础是思维科学，方法基础是系统科学与数学科学，技术基础是以计算机为主的现代信息技术和网络技术，哲学基础是辩证唯物主义的实践论和认识论。

从方法论和方法特点来看，综合集成方法本质上是用来处理跨学科、跨领域和跨层次问题研究的方法论和方法，它必将对系统科学体系不同层次产生重要影响，从而推动系统科学的整体发展。

20 世纪 90 年代中期，钱学森提出开创复杂巨系统的科学与技术。运用综合集成方法，在科学层次上可以建立起复杂巨系统论。这就是综合集成的系统理论，它属于复杂巨系统学的内容。虽然这个一般理论目前尚未完全形成，但有了研究这类系统的方法论与方法，就可以逐步建立起这个一般理论来。这是一个科学新领域。

另一方面，综合集成方法在应用层次上可以发展复杂巨系统技术，也就是综合集成的系统技术，特别是复杂巨系统的组织管理技术，大大推动系统工程的发展。

系统工程是组织管理系统的技术，是组织管理系统规划、研究、设计、实现、试验和使用的技术和方法。它的应用首先是从工程系统开始的，如航天系统工程。

但当用工程系统工程来处理复杂巨系统和社会系统时，处理工程系统方法就暴露出了它的局限性，它难以用来处理复杂巨系统和社会系统的组织管理问题，在这种情况下，系统工程方法也要发展。由于有了综合集成方法，系统工程可以用来组织管理复杂巨系统和社会系统了。这样，系统工程也就从工程系统工程发展到了复杂巨系统工程和社会系统工程阶段，是现在就可以应用的组织管理复杂巨系统和社会系统的系统工程技术。

由于实际系统不同，将系统工程用到哪类系统上，还要用到与这个系统有关的科学理论、方法与技术。例如，用到社会系统上，就需要社会科学与人文科学等方面的知识。

从这些特点来看，系统工程不同于其他技术，它是一类综合性的整体技术、一种综合集成的系统技术、一门整体优化的定量技术，体现了从整体上研究和解决系统管理问题的技术和方法。

钱学森开创复杂巨系统的科学与技术，实际上是由综合集成思想、综合集成方法、综合集成理论、综合集成技术和综合集成工程所构成的综合集成体系，也就是复杂巨系统科学体系，在哲学层次上就是大成智慧学。这就把系统科学体系大大向前发展了，发展到了复杂巨系统科学体系。

如前所述，现代科学技术的发展一方面呈现出高度分化的趋势；另一方面又呈现出高度综合的趋势。系统科学和复杂巨系统科学就是这后一发展趋势中最具有基础性和应用性的学问，是人类的宝贵知识财富和思想财富。它对现代科学技术发展，特别对现代科学技术向综合集成的整体化方向发展，必将产生重大影响，将成为一门 21 世纪的科学。这是钱学森对现代科学技术发展的重大贡献。

三、人类认识世界和改造世界的知识体系

钱学森不仅从系统思想出发建立了系统科学体系，而且运用系统思想和系统论建立了人类知识体系。人类是通过社会实践来认识客观世界这个体系的，从而形成了人类知识体系。为了从整体上去认识和把握人类认识世界和改造世界的知识结构，钱学森提出了现代科学技术体系和人类知识体系，这是钱学森对现代科学技术发展的系统性和整体性贡献。

现代科学技术的发展，已经取得了巨大成就。钱学森指出，今天人类正探索着从渺观、微观、宏观、宇观直到胀观五个层次时空范围的客观世界。其中，宏观层次就是我们所在的地球，在地球上又出现了生命和生物，产生了人类和人类社会。

客观世界包括自然的和人工的，而人也是客观世界的一部分。客观世界是一个相互联系、相互作用、相互影响的整体，因而反映客观世界不同领域、不同层次的科学知识也是相互联系、相互作用、相互影响的整体。

钱学森提出的现代科学技术体系结构，从横向上看有 11 个科学技术部门，从纵向看有三个层次的知识结构。这 11 个科学技术部门是自然科学、社会科学、数学科学、系统科学、思维科学、人体科学、地理科学、军事科学、行为科学、建筑

科学、文艺理论，是根据现代科学技术发展到目前水平所作的划分。随着科学技术发展，今后还会产生新的科学技术部门，所以这个体系是动态发展系统。

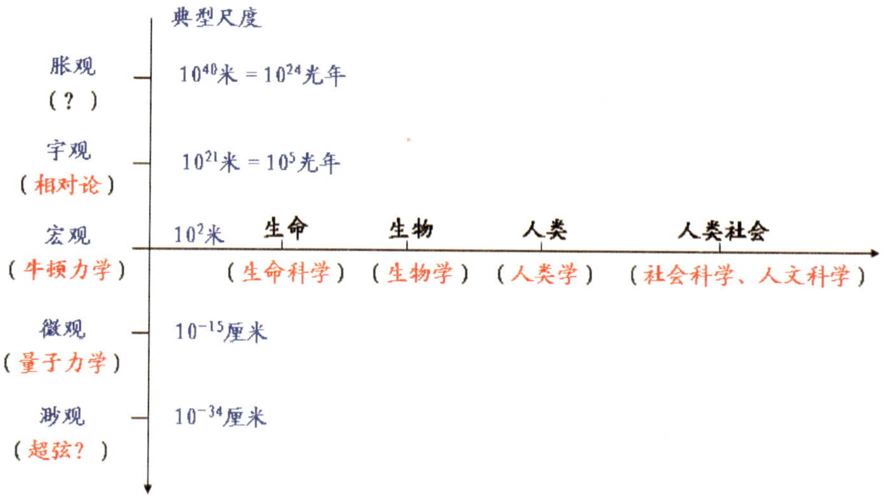

五个层次时空范围的客观世界示意图

钱学森指出，科学技术部门的划分不是研究对象的不同，研究对象都是整个客观世界，而是研究客观世界的着眼点、研究问题的角度不同。如前所述，自然科学是从物质、物质结构和物质在时空中运动的角度来研究客观世界的。社会科学是从意识、人类和人类社会发展运动以及它和客观世界相互影响这个角度来研究客观世界的；数学科学是从质和量的对立统一、相互转变的角度来研究客观世界的；系统科学是从系统角度来研究客观世界的……

在上述每个科学技术部门里，都包含着认识世界和改造世界的知识。自然科学经过几百年的发展已形成了三个层次的知识结构，这就是直接用来改造世界的工程技术或应用技术；为工程技术直接提供理论方法的是技术科学或应用科学；再往上一个层次就是揭示客观世界规律的基础理论，也就是基础科学。技术科学实际上是从基础理论到工程技术的过渡桥梁，如应用力学、电子学等。这三个层次的知识结构，对其他科学技术部门也是适用的，如社会科学的应用技术就是社会技术。唯一例外的是文艺，文艺只有理论层次，实践层次上的文艺创作，就不是科学问题，而属于艺术范畴了。

现代科学技术体系所包含的知识只是人类知识的一部分。实际上，我们从实践中所获得的知识远比现代科学技术所包含的科学知识丰富得多。人类从实践中直接获得了大量和丰富的感性知识和经验知识，甚至不成文的实践感受。这部分知识的特点是知道是什么，但还回答不了为什么。所以这部分知识还进入不了现代科学技术体系之中。钱学森把这部分知识称作前科学。尽管如此，这部分知识对于我们来说仍然是很有用的和宝贵的，同样需要珍惜。

前科学中的感性知识、经验知识，经过研究、提炼可以上升为科学知识，从而可以进入到现代科学技术体系之中，这就发展和深化了科学技术本身。人类不断的社会实践又会继续积累新的经验知识、感性知识，这又丰富了前科学。人类社会实践是永恒的，上述这个演化过程也就不会完结。由此可见，现代科学技术体系不仅是个动态发展系统，也是一个开放的演化系统。

辩证唯物主义是人类对客观世界认识的最高概括，反映了客观世界的普遍规律。它不仅是知识，还是见识，更是智慧，是人类智慧的最高结晶。辩证唯物主义同样是对科学技术的高度概括，它通过 11 座桥梁与 11 个科学技术部门相联系。相应于前面11个科学技术部门，这11座桥梁分别是：自然辩证法、历史唯物主义、数学哲学、系统论、认识论、人天观、地理哲学、军事哲学、人学、建筑哲学、美学。这些都属于哲学范畴，是部门哲学。

辩证唯物主义哲学建立在科学基础上，它既可指导科学技术研究，又随着科学技术进步而不断丰富和发展。这就把哲学和科学统一起来了，也把理论和实践统一起来了。

综上所述，从前科学到科学（即现代科学技术体系）再到哲学，这样五个层次的知识结构，构成人类整个知识体系。这是非常宝贵的知识财富和思想财富。

从钱学森建立现代科学技术体系和人类知识体系可以看出，钱学森作为一位伟大的科学家和思想家，他的知识结构不仅有学科和领域的深度，又有跨学科、跨领域的广度，还有跨层次的高度。如果把深度、广度和高度看作三维结构的话，那么钱学森就是一位三维科学家。

四、搭建桥梁构建科技体系

钱学森将系统思想用于思考分析现代科学技术体系，认为整个科学技术体系也是一个系统，应该分析科学技术系统的结构、内容和规律等。他以科学家的开拓与创新精神，将人类知识系统化，将研究的注意力集中于各种事物和现象的相互联系和作用上，既研究自然系统也研究社会系统，既考察物质系统也考察精神系统，既分析客观系统也分析主观系统。自然科学技术分为基础科学、技术科学和工程技术，最高层次是马克思主义哲学，即辩证唯物主义，最下面的层次是现代科学技术的11个部门，中间的十一架“桥梁”将马克思主义哲学与11个科学技术部门连在一起。这些桥梁概括了科学技术部门中带有普遍性、原则性、规律性的东西，是各门科学技术的哲学。

高瞻远瞩把握历史契机

1957年7月，钱学森在《科学通报》发表题为《论技术科学》的论文，对科学的历史发展与技术科学概念的形成、技术科学的研究方法、技术科学一些新的发展方向、技术科学对其他科学的贡献等都作了深刻而全面的阐述。这篇论文是我国最早论及有关科学学的文章，也是钱学森最早论述现代科学技术体系的一篇经典文章。

1977年12月，钱学森发表了题为《现代科学技术》的论文，国内针对现代科学技术体系的研究迅速兴起。当时人们对现代科学技术体系的认识颇为模糊，学科的性质、定位和内容都没有明确界定。钱学森熟练掌握系统方法，并在多个技术科学领域做出过巨大贡献。他高瞻远瞩，发表了《科学学、科学技术体系学、马克思主义哲学》一文，对科学学的性质和内容作出更加清晰的界定。钱学森将国内外科学学的研究分成科学理论和技术应用两个层次，明确了科学学的研究对象和属性，即“把科学技术的研究作为人类社会活动的一个方面来考察，研究和总结其运动变化的规律”。他进一步指出科学学属于社会科学，不是自然科学，并从理论上概括科学史研究的成果，分析各国科学技术研究的现象，总结我国科学技术工作的实践经验，第一次明确提出了科学技术体系学的概念。

1979年7月，全国第一次科学学学术讨论会在北京举办，钱学森在大会上作了题为《关于建立和发展马克思主义科学学的问题》的报告，纵观了国内外科学学的研究情况，再一次强调了科学学的研究对象、所属学科门类和层次、研究范围、研究内容，并对科学技术体系学、科学能力学和政治科学学等分支学科作了全面论述，为科学学在中国的发展廓清了混乱，指明了方向，是中国科学学的研究纲领，对科学学在中国的健康发展并形成颇具特色的中国学派，具有举足轻重的作用。中国科学学的发展驶上了快车道。

从 19 世纪末 20 世纪初开始，科学技术取得了蓬勃发展，由此进入了现代科学技术发展时期，科学技术的体系出现了许多新特点。

首先，自然科学由单一的基础科学层次发展到基础科学、应用科学和工程科学三个层次，科学技术的层次结构发生了深刻变化。由于在技术上拥有强大的手段，自然科学向渺观、微观、胀观各个领域全方位发展，深入对自然界更深层次的本质和规律的揭示，在学科门类上发展得更为齐全，形成了比较完整的体系。同时，随着现代自然科学的进步，生产技术发展越来越复杂，为了直接研究生产中的实际问题，研制新产品、创造新工艺等，在原来应用科学的基础上，形成了工程技术的科学层次。随着工程技术的发展，单一靠自然科学的理论成果直接应用到工程技术显得不够，解决工程技术内部的理论问题日益迫切，于是在自然科学与工程技术之间出现了技术科学这一层次。

其次，科学技术由单一的自然科学部门发展成为众多的科学技术部门，科学技术的部门结构也发生了深刻变化。当代社会科学与自然科学相互交叉和渗透成为明显的趋势，许多重大科学技术课题和社会问题的解决，要求自然科学、社会科学各主要部门进行多方面的广泛合作，综合运用各学科的方法和知识。当代社会科学的各分支学科也不断诞生和完善，其内在结构也日益清晰。

20 世纪 40 年代开始，以系统为对象的学科群迅速崛起，逐渐形成了系统科学。系统科学引入系统、结构、功能、反馈、控制、信息等一系列概念，分别从不同侧面揭示了客观世界新的本质联系和运动规律，并且使人摆脱了传统的思维形式和研究方法的束缚，强调从系统整体、动态等观点出发，如实地把研究对象视为完整的有机体和复杂系统，把定性和定量结合起来分析和处理问题，从而为现代科学技术的研究提供了一套崭新的方法论原则和程序。

再次，交叉学科不断涌现，科学技术的整体化日益明显。现代科学技术的发展，在各个科学技术部门内部及各个部门之间相互交叉，相互渗透，出现了许多交叉科学。科学技术日益显现出其整体性，科学技术整体化的结果产生了一系列综合学科和横断学科。这些学科的出现，使传统学科之间的鸿沟被填平了，也使现代科学技术更加紧密地联系为一个整体。

20 世纪以后特别是第二次世界大战以来，科学技术一方面高度分化，成立了许多新的部门；另一方面又高度综合，形成严密的结构体系。正是在现代科学技术蓬勃发展的历史背景下，钱学森开始探索科学学和科学技术体系，创造性地提出了现代科学技术的体系结构，并不断更新完善。

提炼概括揭示演进历程

现代科学技术的体系结构主要包括现代科学技术的门类结

构、层次结构和学科结构，钱学森正是从这三个方面构建现代科学技术体系。

划分现代科学技术的门类结构，首先需要解决划分的标准问题。历史上大多采用研究对象或研究领域作为分类标准，每个科学技术部门研究客观世界的某一部分，各门学科的不同在于研究对象不一样。钱学森认为，这样的划分标准是不对的，从系统的整体性观点出发，“现代科学技术是一个整体，不是分割的”。这种整体性表现在各个科学部门的研究对象都是同一个客观世界，这是各学科的共性。各科学部门之间的“不同之处仅在于观察问题、研究问题的侧面、侧重点不一样”。钱学森认为，应当按照研究客观世界的着眼点或角度来划分，并从系统观点出发认为“世界上的一切理论，都是一层一层地概括”，现代科学技术也具有层次结构。

在不同门类的科学技术体系中，自然科学是迄今发展得最成熟的一个门类。钱学森运用典型研究法，剖析了自然科学的层次结构。从自然科学归纳出来的体系结构具备普遍意义，钱学森由此进一步概括出其他体系共有的结构模式，即“三个层次一座桥梁”的结构模式。

基础科学层次是认识客观世界的基本理论。基础科学是综合提炼具体学科领域内各种现象的性质和较为普遍的原理、原则、规律等而形成的基本理论，其研究侧重在认识世界过程中，进行新探索、获得新知识、发现新规律，形成更为深刻的理论，它是技术科学、工程技术发展的先导，也是衡量一个国家科技水平与实力的重要标志。

技术科学层次是工程技术共用的各种理论。技术科学是20

世纪初至第二次世界大战前，在科学与技术之间涌现出的一个中间层次。它侧重揭示现象的机制、层次、关系等的实质，并提炼工程技术中普遍适用的原则、规律和方法。主要是如何将基础科学准确便捷地应用于工程实施的学问，它是科学技术转化为社会生产力的关键。

工程技术层次是直接改造客观的知识。工程技术侧重将基础科学和技术科学知识应用于实践活动，并在具体的工程实践中，总结经验、创造新技术、新方法，使科学技术迅速成为社会生产力的学问。工程科学的发展，也必将丰富、完善技术科学、基础科学，它是技术科学、基础科学发展的根本动力。

中介桥梁层次对应于该学科部门的哲学分论，共同构成马克思主义哲学的主要内容和科学基础①。

钱学森透过后来的一系列论文，论证了这种推广的科学性。从系统论的层次结构原理来看，一切复杂系统都是按等级层次方式组织起来的，各大部门的科学技术体系都是复杂系统，应具有等级层次的结构模式。从系统论的同构性原理看，自然科学、社会科学、数学科学以及其他科学技术部门，作为人类科学知识总体中的不同类别，必有相同的结构模式。

从科学学和认识论的原理来看，人类的知识都是从实践中产生出来的，经过逐步抽象概括，形成若干普遍性和概括性的不同层次。每个门类都应有直接用于改造客观世界的知识，这些工程技术都有其直接的理论根据，各种具体理论进一步概括都会形成更普遍的基础理论，都通过一定的桥梁通向哲学

---

①　马佰莲，王秀梅：《试论钱学森的马克思主义哲学观——以钱学森的现代科学技术体系思想为例》，《齐鲁师范学院学报》2011 年第 26 期。

层次。

从经验事实来看，该模式符合客观事实。钱学森具体考察了社会科学、数学科学、系统科学、思维科学这些经过长期发展的知识门类，揭示出它们都具有“三个层次一座桥梁”的结构模式。在钱学森的三个层次理论框架中，他认为层次之间的关系和影响是双向的、统一的，每个部门都有众多的学科，并按一定的结构模式组织成学科结构体系，这就是科学技术门类的学科结构。

系统思维助力创新发展

钱学森将现代科学技术归纳为“一个核心”“三个层次”“十一大部门”“十一个桥梁”，形成了一个严密的科学技术体系。但他认为这些还不是人类认识客观世界的总和，只是人类认识客观世界的学问，即条理化、系统化了的那部分的总和。人类通过实践累积的经验不包括在其中，因为它还没有被系统化，只能称为知识而不能被称为学问，因此也就不算是严格意义上的现代科学。这种经验知识经过系统化、理论化，可以纳入科学体系中。

在构建现代科学技术体系时，钱学森举重若轻，正好用上了他一向提倡和运用的系统思想和系统方法。他把人类的全部知识看作一个整体，构建了科学技术系统及其环境，并对科学技术系统作层次、结构分析，构成一个动态、联系、开放的系统。这是钱学森系统思想和系统方法综合运用的典型案例。

钱学森认为，现代科学已经发展成一个学科林立、分工越来越细的大家族；但同时又相互关系密切，形成一个整体，必须研究整体中的结构、学科之间的联系和相互关系，是整体就是一个系统，而系统一定有清晰的层次和部门性的分系统。国内外讨论现代科学分类的人不少，但因缺乏系统的观点，要么难解难分，要么分得过细过精，从而把学科之间的关系搞得很乱，体现不出事物本来的结构。

从系统科学的观点来看，钱学森提出现代科学技术体系的矩阵式结构，充分体现了系统思想的整体性、联系性、层次性、动态性和开放性的特点，将人类知识当作一个整体来研究，对现有知识包揽无遗。

从现代科学技术体系本身来说，钱学森体系具有较全面的科学性。人类的知识经历了一个漫长的发生、发展和演化过程。现代科学技术的发展，已经取得了巨大成就，人类探索的时空范围越来越大，对客观世界的研究已经形成了众多科学领域和学科，而且新领域、新学科还不断涌现。钱学森从考察最古老的自然科学发展史入手，分析了自然科学的研究视角、发展过程和层次结构，并指出随着人类认识的深入，自然科学已不能包容一切知识。科学技术体系的层次结构是钱学森用系统思想对自然科学作案例分析得出并推广到整个体系结构，同时指出任何一个成熟的科技门类必须像自然科学一样，有基础理论、技术科学、应用技术三个层次。

传统的科学分类法无法系统、合理、有序地包容科学技术的最新发展动态，许多新学科找不到自己的定位，甚至被人认为是伪科学而加以拒斥。研究科学技术体系学的目的不是为了构造体系而研究体系，其目的是为了更好地对科学本身进行研究，以推动科学技术朝着更加有效、更加有利于人类自身生存的方向发展。好的科学假说既要有很强的解释能力，又要有很好的预见能力。钱学森现代科学技术体系的矩阵式结构假说，把到目前为止全部知识学科都排定了其相应的位置，科学、合理地解释了每一门学科在整个科学体系中的地位以及与其他学科的联系和区别，因此能够找到整个科学技术体系的薄弱环节，并预测科学技术的发展趋势。钱学森对现代科学技术体系中的各门学科的定位、性质、内容、发展方向等都有自己的看法，比专门从事该学科的专家学者看得深、望得远。他在 20 世纪 80 年代之后的巨大成功，例证了他所构建的现代科学技术体系的科学性。

统一开放突显科学意义

钱学森的现代科学技术体系，随着所建体系的进一步发展，其影响不止在国内，也不仅限于科学学界，许多学科特别是如系统科学、思维科学等一些新兴学科的学者们，几乎把他的体系当作行动的指南，并取得了巨大的成功。这些学科之所以能形成独具特色的中国学派，大都得益于钱学森构建的科学技术体系的指导。钱学森不仅是中国系统科学的导师，对于许多新学科甚至一些老学科（如建筑科学、农业科学）来说，他也是名副其实的“导师”。[①]

随着现代科学技术的迅猛发展，科学技术的发展日益现出整体化、系统化趋势。钱学森的科学分类和科学技术体系正是反映了这种发展现状和趋向，是科学分类和科学技术体系螺旋式发展的表现。钱学森的科技体系思想，无论是在理论上还是在实践上都具有重要意义。

---

① 黄顺基：《钱学森现代科学技术体系的创建及其意义》，《中国人民大学学报》，2008 年第 5 期。

从理论上讲，它能帮助我们认识各门科学的目标、功能、作用及其在各门科学之间的地位，并由此认识科学的统一性，认识彼此之间内在的相关性、对象、方法、成果的相互联系。

从实践上讲，至少在三个方面起着关键的作用：一是图书文献分类；二是科学研究管理，对于科研力量配备、科研资金分配、科研机构设置有所依据；三是对国家发展需要的科学决策。科学技术体系的结构问题，是我国科技管理工作中一个非常紧迫的课题，在科学技术发展中的重要作用是任何具体的科学技术工作无法代替的，也是科学技术哲学应该给予充分重视的一个理论问题。

钱学森的科学技术体系结构是一种动态矩阵形的开放体系。这种体系的最大优点是不断进步的。随着许多科学技术的发展，新体系可以不断融合新的科学部门，使科学技术体系更加严密。钱学森的现代科学技术体系的理论创新在于其体系是统一的，内容却是开放的，不断丰富和发展的。

研究科学技术的体系结构，能够从整体上把握许多科学技术的特点和趋势，掌握科学技术的发展规律，加速科学技术的发展。搞清现代科学技术各部门的联系，全面协调地发展各门科学技术，实际上是为了更好地认识和改造客观世界。钱学森不仅在科学界建立了卓越的功勋，也在长期的科学实践中积累了大量对科学的深层思考。他立足于科学技术的前沿，运用现代科学技术的成果和方法，应用已有的学科知识和系统分析工具，把科学技术看作是一种社会活动。在复杂的社会系统中，科学技术实现的方式和程度各有不同，社会对科学技术的支持越来越多。钱学森经常从哲学维度审视科学技术与社会其他部分的联系，根据科技自身和社会变化的背景要求，提出了许多科学认识和观点，可谓高屋建瓴。

五、科教兴国，创新立国

理论和实践紧密结合是钱学森科学研究的一贯特点。

在进行系统科学理论研究的同时，钱学森运用系统科学思想、理论方法与技术研究社会问题，提出任一社会或国家是一个开放的特殊复杂巨系统，即社会系统。这样来认识社会，既是对社会实际的科学概括，也为应用系统科学去研究和解决社会问题开辟了一条新的途径和研究方法，并紧密结合实际和我国国情。

钱学森将社会形态和社会系统结合起来，从整体上研究社会和国家的组织管理问题。“社会形态”这个概念是马克思最早提出来的，它是一定历史时期社会经济制度、政治制度和思想文化体系的总称，是一定历史阶段上，生产力和生产关系、经济基础和上层建筑的具体的、历史的统一。

尽管社会系统很复杂，钱学森说：“但从宏观角度看，这样复杂的社会系统，其形态，即社会形态最基本的侧面有三个，这就是经济的社会形态、政治的社会形态和意识的社会形态。”社会形态三个侧面是相互联系、相互影响、相互作用的，从而构成一个社会的有机整体，形成社会系统结构。

从社会发展和进步来看，社会形态三个侧面都处在不断运动和变化中，而飞跃性变化就是通常所说的“革命”。钱学森指出：“经济的社会形态的飞跃是产业革命，政治的社会形态的飞跃是政治革命，意识的社会形态的飞跃是文化革命。社会形态的变化、飞跃就是社会革命，但社会革命可由不同侧面引起，而且具有不同性质。产业革命、政治革命和文化革命都是社会革命。”

社会革命是社会系统的状态突变和新功能的涌现，它的动力学机制是什么？经济的社会形态的飞跃是产业革命，那么产业革命又是怎样引起的呢？

钱学森指出，是技术革命引起的产业革命。技术革命是人类改造客观世界的飞跃，但改造客观世界又必须先认识客观世界，认识客观世界的飞跃就是科学革命。又进一步指出：科学革命是人类认识客观世界的飞跃，技术革命是人类改造客观世界的飞跃，而科学革命、技术革命又会引起社会整个物质资料生产体系的变革，即产业革命。在今天，科学革命在先，然后导致技术革命，最后出现产业革命。

需要强调的是，这里所说的科学革命不仅有如牛顿力学、相对论、量子力学等自然科学引起的科学革命，也有马克思所创立的历史唯物主义和剩余价值理论的社会科学革命。前已指出，系统科学的出现也是科学革命。

同样，技术革命除了历史上已出现过的蒸汽机、电力、核能技术、航天技术等技术革命外，特别是当前以微电子、信息技术为基础，以计算机、网络和通信为核心的信息技术革命，如果以前历次技术革命都是发生在物质和能量领域的话，那么信息技术革命则发生在信息领域。信息技术革命的影响，无论广度和深度都比历次技术革命的影响更加广泛，也更加深刻。

钱学森指出，在这次技术革命中，出现了人机结合、人网结合的新人类和新社会，新人类更加聪明，新社会更加复杂，这个趋势方兴未艾还在继续发展。这就提出了许多新的问题需要研究，如大数据问题和信息网络安全等问题。钱学森还指出，应从复杂巨系统及其方法论角度来研究这类问题。

此外，钱学森还预见 21 世纪将出现两次新的产业革命，即以现代生物技术革命引发的产业革命和以医学与生命科学技术革命引发的产业革命。

钱学森还指出，“系统工程在组织管理技术和方法上的革命作用，也属于技术革命”，并预见 21 世纪由于系统科学的发展将引起组织管理的革命。

现代科学技术的发展以及对社会进步的巨大推动作用，不仅证明了马克思说的“社会劳动生产力，首先是科学的力量”，也充分证明了邓小平提出的“科学技术是第一生产力”的科学论断。我国正在实施科教兴国战略，这是落实“科学技术是第一生产力”思想的重大战略举措，对我国现代化建设具有重大意义。

1991 年钱学森发表了“我们要用现代科学技术建设有中国特色的社会主义”一文，这篇文章充分反映了钱学森的科教兴国、创新立国、人才强国的科学思想。

需要指出的是，这里的现代科学技术不仅仅是自然科学技术，而且是现代科学技术体系。无论科学技术是第一生产力，还是科教兴国战略，这里的“科”都不应单纯理解成自然科学技术，而应是现代科学技术体系。如果单纯理解成自然科学技术的话，大家知道，苏联的自然科学技术并不比美国差，有些方面还要超过美国，但结果不但没有兴国反而解体了。

对于中国来说，不仅要充分发挥自然科学技术的重要作用，更要充分发挥现代科学技术体系的重大作用，特别是把各个科学技术部门综合集成起来的综合优势和整体力量。正如钱学森所说“如果我们掌握了认识世界和改造世界这么大的学问，可以相信，建设社会主义现代化强国的任务再艰巨也能完成。”

我国正在进行国家创新体系建设，以实现创新型国家的宏伟目标。从现代科学技术体系角度来看，国家创新体系不仅包括自然科学技术创新，也包括社会科学技术等其他科学技术部门的科学技术创新，既有科学层次上的理论创新，也有应用层次上的技术创新，还有实践层次上的工程创新，特别是跨学科、跨领域、跨层次的综合集成创新，以提高认识世界的水平和改造世界的能力。实现这类创新的方法就是综合集成方法。进行这类知识创新的主体就是运用综合集成方法的总体设计部。总体设计部对现代科学技术体系不同科学技术部门、不同层次知识的综合集成，便可以进行综合集成的科学创新、技术创新和工程创新。

我国已实施过的国家973计划、863计划、科技支撑计划，特别是重大科技专项，需要的就是综合集成创新。但从实际情况来看，还原论的思维方式、研究方式、管理方式等，对这些计划的实施都存在着不同程度的影响。这也充分说明了钱学森系统科学理论方法的重要现实意义。

无论哪类创新，归根到底都是人类创造性劳动的结果，所以人才是关键。晚年的钱学森非常关心我国人才的培养。中央领导同志多次看望钱学森，钱学森讲的都是人才问题，特别是科技帅才的培养尤为突出。

关于科技帅才，钱学森指出："所谓科技帅才，就不只是一个方面的专家，他要全面指挥，就必须有广博的知识，而且要能敏锐地看到未来的发展。"关于如何培养帅才，钱学森曾提出过具体建议：第一条就是要学习掌握马克思主义哲学；第二条就是要了解整个科学技术，即现代科学技术体系的发展，掌握世界科学技术发展的新动态。

钱学森关于人才培养的许多思想对于实施人才强国战略具有重要意义。而钱学森本人是大家公认的帅才，也为我们树立了光辉的学习榜样。

六、系统科学，治国之方

钱学森系统科学思想和系统科学体系，不仅有重要的科学价值，还有重要的实践意义和现实意义。

从实践论观点来看，任何社会实践，特别是复杂的社会实践，都有明确的目的性和组织性，并有高度的综合性、系统性和动态性。社会实践通常包括三个重要组成部分：

一是实践对象，就是干什么，能不能干，它体现了实践的目的性；二是实践主体，是由谁来干和怎么干，它体现了实践的组织性；三是决策主体，它最终要决定干不干和如何干的问题。

从系统科学观点来看，任何一项社会实践，都是一个具体的实践系统。正如钱学森所说，任何一种社会活动都会形成一个系统。实践对象是个系统，实践主体也是系统且人在其中，把两者结合起来还是个系统。因此，社会实践是系统的实践，也是系统的工程。这样一来，有关社会实践或工程的组织管理与决策问题，也就成为系统的组织管理和决策问题。在这种情况下，系统科学思想、理论方法与技术应用到社会实践或工程的组织管理与决策之中，不仅是自然的，也是必然的。这就是为什么系统工程和系统科学具有广泛的应用性以及系统科学思想指导性的原因。

但在现实中，真正从系统角度去考虑和处理社会实践和工程问题并用系统工程去解决问题，还远没有深入到各行各业的实践之中，特别是一些重大工程实践就更为突出。人们在遇到涉及的因素多而又复杂且难于处理的社会实践或工程问题时，往往脱口而出的一句话就是：这是系统工程问题。这句话是对的，隐含两层含义：一层含义是从实践或工程角度来看，如上所述，这是系统的实践或系统的工程；另一层含义是从科学技术角度来看，既然是系统的工程或实践，它的组织管理就应该用系统工程技术去处理，因为系统工程就是直接用来组织管理系统的技术。

可惜的是，人们往往只注意到了前者，相对于没有系统观点的实践来说，这也是个进步，但却忽视或不了解要用系统工程技术去解决问题，结果造成什么都是系统工程但又没有用系统工程去解决问题的局面。有些重大工程虽然也凑合过去了，但却付出了不应有的代价。

要把系统工程技术应用到实践中，必须有个运用它的实体部门。我国航天事业的发展就是成功应用了系统工程技术。航天系统中每种型号都是一个工程系统，对每种型号都有一个总体设计部，这个总体设计部就是应用系统工程技术的实体部门，总体设计部由熟悉这个工程系统的各方面专业人员组成，并由知识面比较宽广的专家（称为总设计师）负责领导。根据型号系统总体目标要求，总体设计部设计的是型号系统总体方案，是实现整个系统的技术途径和方法。

总体设计部把型号系统作为它所从属更大系统的组成部分进行研制，对它所有技术要求都是从实现这个更大系统的技术协调来考虑（型号系统的系统环境）。总体设计部又把系统作为若干分系统有机结合的整体来设计，对每个分系统的技术要求都首先从实现整个系统技术协调的角度来考虑（型号系统的系统结构），总体设计部对研制中分系统之间的矛盾、分系统与系统之间的矛盾，都首先从总体目标（型号系统的系统功能）的要求来考虑和解决。

运用系统方法并综合集成有关学科的理论与技术，对型号工程系统结构、系统环境与系统功能进行总体分析、总体论证、总体设计、总体协调、总体规划，包括使用计算机和数学为工具的系统建模、仿真、分析、优化、试验与评估，以求得满意的和最好的系统总体方案，并把这样的总体方案提供给决策部门作为决策的科学依据。一旦为决策者所采纳，再由有关部门付诸实施。航天型号总体设计部在实践中已被证明是非常有效的，在我国航天事业发展中发挥了重要作用。

这个总体设计部所处理的对象还是个工程系统。但在实践中，研制这些工程系统所要投入的人、财、物、信息、知识等也构成一个系统，即研制系统。对这个系统的要求是以较低的成本、在较短的时间内研制出可靠的、高质量的型号系统。对这个研制系统不仅有如何合理和优化配置资源问题，还涉及体制机制、发展战略、规划计划、政策措施以及决策与管理等问题。这两个系统是紧密相关的，把两者结合起来又构成了一个新的系统。

显然，这个新系统要比工程系统复杂得多，属于社会系统范畴。如果说工程系统主要综合集成自然科学技术的话，那么这个新的系统除了自然科学技术外，还需要社会科学与人文科学等。

如何组织管理好这个系统，也需要系统工程，但工程系统工程难以处理这类系统的组织管理问题，而需要的是社会系统工程。

应用社会系统工程也需要有个实体部门，这个部门就是运用综合集成方法的总体设计部，这个总体设计部与航天型号的总体设计部比较起来已有很大不同，有了实质性的发展，但从整体上研究与解决系统管理问题的系统科学思想还是一致的。

总体设计部是运用综合集成方法、应用系统工程技术的实体部门，是实现综合集成工程的关键和核心所在。没有这样的实体部门，应用系统工程技术也只能是一句空话。

1978 年，钱学森、许国志、王寿云发表了《组织管理的技术——系统工程》一文，并大力推动系统工程在各个领域的应用，特别是致力于把社会系统工程应用到国家宏观层次上的组织管理，以促进决策科学化、民主化和组织管理现代化。

1991 年 10 月，在国务院、中央军委授予钱学森“国家杰出贡献科学家”荣誉称号仪式上，钱学森在讲话中说：“我认为今天的科学技术不仅仅是自然科学工程技术，而是人类认识客观世界、改造客观世界的整个知识体系，这个体系的最高概括是马克思主义哲学。我们完全可以建立起一个科学体系，而且运用这个体系去解决我们中国社会主义建设中的问题。”

钱学森这里所说的科学体系，就是前面讲到的现代科学技术体系。现代科学技术体系为国家管理和建设提供了宝贵的知识资源和智慧源泉，我们应充分运用和挖掘这些知识和智慧，以集大成得智慧。而系统科学中的综合集成方法和大成智慧工程又提供了有效的科学方法和有力的技术手段，以实现综合集成，大成智慧。这是钱学森把系统科学特别是复杂巨系统科学和社会系统工程技术运用到国家宏观层次组织管理的科学技术基础。

如前所述，钱学森在提出经济的社会形态、政治的社会形态和意识的社会形态构成了一个社会有机整体的基础上，又从社会发展和文明建设角度进一步提出，对应于社会形态三个侧面也有三种文明建设，这就是：相应于经济的社会形态的经济建设，即物质文明建设；相应于政治的社会形态的政治建设，即政治文明建设；相应于意识的社会形态的思想和文化建设，即精神文明建设。

根据我国实际情况，钱学森提出了我国社会主义建设的系统结构：

①社会主义物质文明建设，包括科技经济建设和人民体质建设；

②社会主义政治文明建设，包括民主建设、法制建设和政体建设；

③社会主义精神文明建设，包括思想建设和文化建设；

④社会主义地理建设（含生态文明建设），包括基础设施建设、环境保护和生态建设。

四大领域九个方面中，科技经济建设是基础，也是中心。

由于社会形态三个侧面相互关联，也就决定了社会主义三个文明建设之间相互关联、相互影响、相互作用。社会系统外部环境即地理系统，它和社会系统也是相互关联、相互作用、相互影响的。

从系统科学角度来看，只有当社会系统内部之间及其外部环境相互协调和协同时，才能获得最好的整体功能。这就是说，上述三个文明建设以及地理建设之间，必须协调发展，形成良性循环，才能使我国社会主义建设的速度更快、效率更高、效益更好。

四大领域建设是一场伟大的改造客观世界的社会实践，是一项极其复杂的大规模工程。钱学森指出："我们可以把完成上述组织管理社会主义建设的技术称为社会工程，它是系统工程范围的技术，但范围和复杂程度是一般系统工程所没有的，这不只是大系统而是巨系统，是包括整个社会的系统。"

这里所说的社会工程就是社会系统工程。社会系统工程是组织管理社会系统，使四大领域协调发展，以获得长期和最好整体效益的组织管理技术。

为了把社会系统工程应用到国家层次上的组织管理，钱学森曾多次提出建立国家总体设计部的建议。1991 年 3 月 8 日，钱学森向当时的中央政治局常委集体汇报了关于建立国家总体设计部的建议，受到中央领导的高度重视和充分肯定。

2008 年 1 月 19 日，胡锦涛同志看望钱学森时指出，20 世纪 80 年代初，他在中央党校学习时就读过钱学森系统工程的报告，留下非常深的印象。其还记得钱学森这个理论强调，在处理复杂问题时，一定要注意从整体上加以把握，统筹考虑各方面因素，理顺它们之间的关系，很有创见性。现在强调科学发展，就是注意统筹兼顾，注意全面协调发展。

目前国内还没有这样的研究实体，有的部门有点像，但研究方法还是传统的方法。总体设计部也不同于目前存在的各种专家委员会，它不仅是个常设的研究实体，而且是以综合集成方法为其基本研究方法，并用其研究成果为决策机构服务，发挥决策支持作用。

从现代决策体制来看，在决策机构下不仅有决策执行体系，还有决策支持体系。前者以权力为基础，力求决策和决策执行的高效率和低成本；后者则以科学为基础，力求决策科学化、民主化和程序化。这两个体系无论在结构、功能和作用上，还是体制、机制和运作上都是不同的，但又是相互联系、相互协调，且两者优势互补，共同为决策机构服务。决策机构则把权力和科学结合起来，变成改造客观世界的力量和行动。

从我国实际情况来看，多数部门是把两者合二为一了。一个部门既要做决策执行又要作决策支持，结果两者可能都做不好，而且还助长了部门利益。如果有了总体设计部和总体设计部体系，建立起一套决策支持体系，那将是在决策与管理上的体制机制创新和组织管理创新，其意义和影响是重大而深远的。

一个单位、一个部门甚至一个国家的管理，都是不同类型系统的管理问题。系统管理的首要问题是从整体上研究和解决问题，这就是钱学森一直大力倡导的“要从整体上考虑并解决问题”。只有这样才能统揽全局，把所管理的系统的整体优势发挥出来，收到 1 + 1 > 2 的效果，这就是基于系统论的系统管理方式。我国航天事业的发展就是成功应用了系统管理方式。

在现实中，从微观、中观直到宏观的不同层次上，都存在着部门分割条块分立，各自为政自行其是，只追求局部最优而置整体于不顾。这里有体制机制问题，也有部门利益问题，还有还原论思维方式的深刻影响。这种基于还原论的分散管理方式，使得系统的整体优势无法发挥出来，其最好的效果也就是 1 + 1 = 2，弄不好还可能是 1 + 1 < 2，而后一种情况可能是多数。

综合以上所述，钱学森系统科学系统和科学体系特别是复杂巨系统科学体系，为国家管理和社会主义建设提供了一套科学思想、理论方法和实践方式。

朱镕基同志曾说，管理科学、兴国之道。那么从以上所述也可以说，系统科学、治国之方。

法国科学家安培在 1845 年发表了《论科学的哲学》一篇长文，曾给关于国务管理的科学取了一个名字——控制论，试图建立一门政治科学，但并没有实现。

钱学森说：“20 世纪 50 年代，我还没有回到祖国的时候，发现了这篇文章，我和我在学校工作的同事笑话他。他说，政府管理的学问，恐怕不能建立像自然科学那样严密的科学。安培的设想是很高尚的，可惜是空的。但安培的理想在社会主义国家，尤其是在我们社会主义的中国是可以实现的。这是因为我们是讲科学的，是不搞鬼的。”

这段话说明了钱学森研究和建立社会主义建设科学的一些原始创新思想。钱学森关于国家管理和建设的系统科学思想、理论方法与技术以及实践方式，要比安培的理想深刻得多，也丰富得多，而且紧密结合我国国情，具有重要的现实意义。

钱学森的系统科学成就与贡献，不仅充分反映出他的科学创新精神，也深刻体现出他的科学思想和科学方法。从科学视野来看，钱学森是一位难得的科学帅才、科学大师、科学泰斗和科学领袖，也是一位极富远见的战略科学家。

钱学森的科学成就与贡献，来自他具有坚定的信仰与信念，具有高尚的情操与品德。钱学森曾说：“我作为一名中国科技工作者，活着的目的就是为人民服务。”钱学森的一生就是为此而奋斗的一生。从人民视野来看，钱学森是一位名副其实的人民科学家。

一代宗师，百年难遇。钱学森是中国现代史上一位伟大的科学家和思想家，是中华民族的骄傲，也是中国人民的光荣。

第二章　科学预见二次文艺复兴在中国

钱学森说："我们现在面临的问题实际上是第二次文艺复兴，这是件大事。第一次文艺复兴发生在16世纪，它打破了中古时代的愚昧，开辟了近代科学发展的道路。我刚才说的这些，无非是说还有许多东西在束缚着人们的头脑……我们就是要打破这个，使我们认识客观世界和改造客观世界，来一次更大的总的飞跃，这难道不是第二次文艺复兴吗？"

一、西方文艺复兴的前生今世

起源于意大利，发生在14世纪中期至16世纪末前后的文艺复兴运动充分提供了这样一种力量——这一股强大的社会力量，把人们从中世纪的黑暗中拯救出来，使人们摆脱了麻木的、不求奋进的精神状态。用弗·卡约里的话来说，文艺复兴运动是"人们的思想从古代的停泊处解开缆绳，在广阔的探索求知的海洋上起航前进"。只经过几代就产生了充满好奇心、热爱生活和有自信心的人，他们探索自然界的热情和对精神抽象的关注终于使知识界完成了从中世纪的精神状态向科学革命的过渡。在文艺复兴前后，科学在不断地前进发展着，科学的发展证明了圣经不是不可更改的。

钱学森认为16世纪在西欧的“文艺复兴”是一次文化革命，讲的是文化，并非仅指文艺。汉译者为突出文化复兴的代表人物如列奥纳多·达·芬奇、米开朗基罗、但丁等大师在艺术的显著贡献上，而选择了“文艺复兴”一词，自有其历史的合理性。但有历史合理性的东西必有历史局限性的一面，随着历史车轮的转动，时过境迁，非普适的一面就会显露出来，显得不合于新的历史条件。所谓文艺复兴，本质上是文化创新，复兴是路径和标志，回到古代是为了创造新文化。今天人们讲文艺复兴主要是一种借用，看重的是它的全面历史价值，而不局限于文艺。

文艺复兴解除了禁锢人们的精神枷锁，西方的先哲一步步地在探索自然和科学的道路上前进。自然科学的大发展促进了工业革命的快速到来。这场革命完整地改变了欧洲资本主义经济的技术基础，实现了从手工业到机器大工业的转变，创造了巨大的生产力，带来了资本主义经济的繁荣，加剧了资本的自由竞争，同时也加速了自然科学的发展。一言以蔽之，工业革命改变了世界的面貌和人类的生活。

至此，人类完成了从人文科学到自然科学的转轨。但是，在此次转轨中，是欧美抓住了机遇，于是其强大起来。由于资本的罪恶，欧美主导的近代变革造成了社会政治经济的不平等，给自身带来了巨额的收益，而给人类带来了巨大的灾难。至今，欧美仍是世界的主宰。正是从文艺复兴到工业革命的进程中，西方国家认识到了自然科学在当时及未来起的重大作用，所以大力发展自然科学，一跃成为世界之巅。

二、二次文艺复兴的中国战场

第一次文艺复兴的发动者和推动者是欧美发达国家，其他国家是被迫卷入的。其中，亚洲只有日本抓住了机遇，从被动变为主动。第二次文艺复兴需要的理论和技术中有许多也是在发达国家首先产生的，但中国成为第二次文艺复兴的主战场也是中华民族自己努力奋斗得来的。

首先，第一次文艺复兴所启动的世界历史进程使繁星闪耀的古代文明几乎都被中断，只有中华文明例外。这绝非偶然幸存，应看作人类历史的一种必然，表明中华文明在深层次上具有西方文明骨子里没有的优势。虽然它对建立工业——机械文明用处不大，但是却包含着创造人类未来新文明必不可或缺的积极因素和力量。资本主义文明固有的根本性缺陷令它即使发挥全部优势也不足以打断中华文明的命脉，而保留中华文明，也就保留了诸多克服资本主义现代化带来的严重弊病的妙方良药。这种必然性只有当两大矛盾发展得足够充分之后才开始被人们意识到。历史学家汤因比（英国）、复杂性科学家普利高津（比利时）对此都有中肯的评价。古希腊文明的特质是形式逻辑，文艺复兴时期的特质是复兴古希腊文明，古中国文明的特质是辩证思想。

古希腊文明时期先后出现了苏格拉底、柏拉图、亚里士多德这几位伟大的科学家。而文艺复兴时期有被誉为“近代科学之父”的伽利略，是意大利文艺复兴后期伟大的天文学家、力学家、哲学家、物理学家、数学家，也是近代实验物理学的开拓者；有哲学家黑格尔；有把社会学称为科学的马克思和把自然哲学称为自然科学的恩格斯；还有 20 世纪上半叶最伟大的科学家爱因斯坦。而古中国文明出现了孔子、孟子、老子、庄子。“文艺复兴的时代，那时的西方世界将科学从神学中解放了出来，最为典型的是莱布尼茨提出‘理由充足率’，复兴古希腊亚里士多德的‘同一律、排中律、矛盾律’，从而形成 400 年来，自然科学中‘充分必要条件’的求证路线，这实际上是‘一义序’或者称为‘二分法’的思维，还原论的形式逻辑 400 年来一直统治着科学。”“而事实上，中国传统的‘易’、‘儒’、‘道’、《黄帝内经》，讲的就是‘二极序’或者称为‘一元论’的思维、整体论的辩证法。中国人熟知辩证法，如何将辩证法上升到辩证逻辑，如何将复杂性科学从哲学中提炼出来，发展到辩证数学，能与 400 年来的科学技术并驾齐驱，甚至更高一筹，这就是第二次文艺复兴的核心问题。”

其次，第二次文艺复兴所涉及的是地球人类现代化的历史过程，亦即人类世界从非系统到系统的演进，应该从世界系统的形成和演化来看待第二次文艺复兴的联系和异同。其理论根据是艾什比关于系统的自组织原理：系统生成演化过程分为两大步：第一步是从无到有，先生成的是一个坏系统；第二步是从坏系统演变为好系统。在持续数千年的传统社会中，由于生产力和文化水平极其低下，地球人类只能以非系统的方式存在和运行，不能形成系统的整体涌现性，因而进步缓慢。现代化必须以地球人类的系统化为前提条件，举全人类之力方能建成。西方现代主义和后现代主义所讲的现代性和现代化都是不完整的，完整的现代性包含两个要素：一是全球性，整个地球人类实现现代化；二是可持续性，能够持续的现代性。全世界实现现代化无疑是一种非线性动力学过程，它的目的是建立全球范围的、可持续的生产模式和生活模式，不达此目的，现代化进程绝不会结束。根据艾什比原理，地球人类完全现代化的过程包含两大阶段，第一阶段的历史任务是少数国家通过建立资本主义文明首先富起来，达到现代化。资产阶级以殖民主义和频繁发动战争这种极其野蛮残忍的手段促成地球人类系统化，罪行累累，却也起到了“恶的历史作用”，为全人类走向现代化创造了必要的前提条件，总体上是历史的巨大进步。地球人类的系统化就是当今热议的全球化，这一历史进程开始于500年前，自发地进行了400多年，19世纪才被人类真正意识到，《共产党宣言》的发表即其标志。从此以后，世界系统化转变为人类的自觉行为。此一进程最终完成于19世纪末，主要标志有农业文明最发达的中国以半殖民地身份被整合进资本主义的世界体系。

中国成为20世纪各种重要矛盾齐集汇聚之地。伴随着各种强势文化的纷纷进入，中国各种思潮相互博弈、激荡，因而成为世界民族解放运动的先锋，民族革命的实践又赋予它新的品格和创造新文化的客观基础。这样的民族最需要也最具有产生一次新的文艺复兴的社会基础。

中国成为第二次文艺复兴的主战场也是中华民族自己努力奋斗得来的。我们不是历史宿命论者，客观可能性只有跟主观能动性相遇并有机地联系起来，方可成为现实的必然性。20世纪的中国做到了一点：中国与世界的长期互动，中国人民卓有成效的奋斗，终于赢得第二次文艺复兴主战场的历史重任。

在提出第二次文艺复兴概念后不久，钱学森就指出它的“整个过程是充满了矛盾和漫长的，中间会有许多曲折”。高度发达的农业文明使中华民族背负沉重的历史包袱；现代科学技术和产业日新月异的发展令国人应接不暇；帝国主义亡我之心不死，步步紧逼；中华传统文化中的糟粕诱使一些中国人（包括部分知识精英）期望苟活在殖民体系下享受现代化生活。这四方面汇集在一起，产生了一股历史车轮的制动力，与第二次文艺复兴以建立社会主义和共产主义为最终目标之间形成了极为尖锐的矛盾。它注定中国的文艺复兴是一种空前曲折、复杂、漫长的非线性动力学过程，波涛起伏，是一种倾向掩盖着另一种倾向，有种种不确定性，存在诸多岔路，系统在岔路口上都有步入迷途的危险。

从时间维看，中国的文艺复兴不能一鼓作气地完成，而是一场历史接力赛，一波接着一波，大波中嵌套着小波，近乎一种分形结构。从空间维看，可能分不同波段，每一波都是群峰并峙，学派林立，不同主义、理论、诉求竞相争夺总进程的主导作用，但只有一个主峰、主将。每一波都不能单独考察，要放在中国文艺复兴的全过程中，把握其中一以贯之的大道。这种大道就是以下三点的有机统一，它规定着每一波的主峰和主将：现代性，以中国社会的现代化为目标，向世界先进文明学习；主体性，坚守中华文化的根脉和主线，是复兴中华文化，而非以外来文化取代之；可承续性，每一波与其前后波是接力关系，既能接住前一棒，又能传棒给后一波。

人类文明的交汇已走到量变到质变的临界点，人类危机呼唤人本主义在否定之否定的意义上继承和发扬。一场新的文艺复兴——新的文明复兴，已躁动于时代的母腹，呼之欲出：它要把过度膨胀的人还原为和谐的人，要建设人与自然和谐、人与社会和谐、人与人和谐的和谐世界。

中华民族实现民族复兴的伟大进程，肩负着推进一场新的文明复兴的时代使命。迎接这场并不逊色于历史上的文艺复兴的、新时代的“文艺复兴”，中国应该有所作为。中华民族的文化传统，应符合这个时代要求。英国的历史学家汤因比说：“避免人类自杀之路，在这点上，现在各民族中具有最充分准备的，是两千年来培育了独特思维方法的中华民族。”

钱学森在20世纪末发出“将在社会主义中国出现第二次‘文艺复兴’”的豪言壮语，为我们提供了正确解读晚年钱学森的一条思路。1986年，钱学森指出，第一次文艺复兴是在500年前发生的，历史前进到今天，“它那一套已经不行了，应该再来一套新的，就是第二次文艺复兴。”钱学森站在世界历史全局的高度，把两次文艺复兴联系起来，将其作为一个横跨千年的历史过程中前行后续的两大阶段的思考问题。

实现新的文明转型，建立新的文明形态、新的文化基础，需要新的文艺复兴。而这次中国将担当人类第二次文艺复兴的责任，起点在哪里呢？钱学森认为起点就在中国20世纪80年代。

钱学森从科学技术发展的角度考察两次文艺复兴的历史性联系。“从Copernicus、Kepler、Descartes、Galileo、Bacon到Newton奠定的以还原论为‘科学方法’的近代科学，是文艺复兴，创造了资本主义文明。我们要用定性与定量相结合的综合集成法为契机，以马克思列宁主义毛泽东思想为指导，开创又一次新的文艺复兴，创造社会主义、共产主义文明。”这段话言简意赅地指出两次文艺复兴的不同和历史联系。

两次文艺复兴的比较

纬度	第一次文艺复兴	第二次文艺复兴
方法论	还原论	系统论
新文化	近现代科学	新型科学
文明形态	资本主义文明	共产主义文明

把恩格斯的论述与钱学森的论述综合起来，结论是：第一次文艺复兴为资本主义文明奠定了文化基础，将历史的进程结合自己的思考、研究，综合放在中华民族乃至人类的整体发展中，以世纪为尺度衡量一切，选择研究方向。

钱学森不是第一个提中国文艺复兴的人，但他是真正认清中国文艺复兴之世界历史意义的第一人。他不是偶尔提及第二次文艺复兴的，而是从多方面反复论及这个主题。他在谈到文艺复兴时并非只顾及当下情况，就事论事，而是回头看到欧洲的文艺复兴，向前看到共产主义的远大目标。他既考察了第二次文艺复兴，又考察了中国现代化全过程的多次产业革命。

三、战略预见并勾勒产业革命

钱学森沿着“社会关系归结于生产关系，生产关系归结于生产力”的思路，总结了人类历史上已经完成的四次产业革命，准确预言了当前正在发生的第五次产业革命，为即将发生的第六次、第七次产业革命做了理论准备。钱学森认为：“科学革命是人认识客观世界的飞跃，技术革命是人改造客观世界的飞跃，而科学革命、技术革命又会引起全社会生产体系和经济结构的飞跃，即产业革命。”他以生产力决定生产关系的变化为依据，进一步论述了产业革命可以引起社会制度的变革——社会革命。钱学森较系统地阐述了不同历史时期科技革命的基础、社会生产体系的变革、社会制度的转变之间的内在联系以及演化过程。

第一次产业革命：大约发生在一万年以前的石器时代。科技革命的基础是：火的发现与使用；社会生产体系的变革是：人类从狩猎、采集野果为生，发展到开始从事农业、畜牧业、渔业等；社会制度的转变是：原始社会向奴隶社会转变。

第二次产业革命：大约发生在公元前1000年至200年的青铜器时代。科技革命的基础是：铁的发现与使用；社会生产体系的变革是：农、林、畜牧、手工、采矿、冶金业得到发展，产品有了剩余，出现了商品和商品交换；社会制度的转变是：奴隶社会向封建社会转变。

第三次产业革命：发生在18世纪下半叶至19世纪初。科技革命的基础是：开始于英国的蒸汽机技术革命；社会生产体系的变革是：以机器为基础的近代工业兴起，如机器制造、纺织工业、建筑业兴起等；社会制度的转变是：封建社会向资本主义社会转变。

第四次产业革命：发生在19世纪末到20世纪初。科技革命的基础是：物理学革命、电磁理论的建立、电动机的发明；社会生产体系的变革是：促进了电机制造、电讯、交通航海、运输、国际贸易、金融等的发展；社会制度的转变是：资本主义从自由竞争向垄断资本主义发展，生产日趋社会化与私有制矛盾尖锐。

第五次产业革命：发生在第二次世界大战后至今。科技革命的基础是：以相对论、量子力学等科学革命为先导，一大批高新技术（核、激光、航天、生物工程等）为动力的信息技术革命；社会生产体系的变革是：科技业、咨询业、信息业迅速发展，全球一体化的生产体系出现，体力、脑力劳动差别逐渐缩小；社会制度的转变是：开始形成包括各种不同国家政体、不同经济发展状况、不同意识形态为主导，打破地区界限的各国联合体——世界社会形态。

第六次产业革命：即将到来。科技革命的基础是：以微生物、酶、细胞基因等科学成果为代表的生物科学与生物工程技术飞速发展；社会生产体系的变革是，以太阳光为能源，利用生物、水、大气，农、林、草、畜、禽、菌、药、渔、沙、海于一体的生产体系。城乡差别逐渐消失（第一产业逐渐变成第二产业，第二、第三、第四产业相互促进）；社会制度的转变是：形成从资本主义向社会主义过渡的世界社会形态。

第七次产业革命：将于21世纪的后50年开启。科技革命的基础是：以人体科学（包括医学、生命科学等）为主导，带动各种科学技术飞速发展；社会生产体系的变革是：人的体质、功能、智能大大提高，先进的科学技术与设备促成组织管理革命，必将引发新产业革命，工业、农业将无差别；社会制度的转变是：叩响共产主义大门，开创世界大同的人类新纪元，同时建立综合集成医学的核心措施，利用第五次产业革命发展起来的信息技术，建立医疗卫生信息网络。利用这个网络可以做到：

（1）收集古今中外医案，按病人的身体测试数据及病情、性别、年龄等分类，建立信息资料库；

（2）能根据输入的病人情况，给出治疗方案的建议；

（3）能与临床医生进行人机对话，以便确定治疗方案。

这个网络可以对病人进行完整、有效、快速的测试，医生则可以用人机结合方法，对病人实施综合治疗。

在建立和利用这个网络的同时，还要不断使网络扩充和改进，吸收新的医疗经验，加强它的功能。同时，还要培养、培训新型医生，即能与医疗卫生信息网络进行人机对话的“综合医生”或“全面医生”，他们能依据人机对话结果确定治疗方案（包括采用中药、西药、手术、针灸、按摩、推拿等各种手段）。显然，按照这样的医疗方式，就必须改造现有医院的组织体系结构，建立新型医院和新的医疗卫生体制。这就为医疗卫生事业的革命开辟了新的道路。

钱学森认为，即将到来的第六次产业革命，是第二次文艺复兴的先导性实践。钱学森将其明确为“是以生物技术为核心引发的大农业革命”，其关键是太阳能的颠覆性利用。钱学森认为，传统农业是以太阳光为直接能源，以植物的光合作用为基础，进行产品生产的生产体系。限于水和肥料供应、光合作用所需的二氧化碳、植物本身的能力，太阳能只有很小的一部分（不到1%）转变为产品。一年中，太阳能光照辐射到我国960万平方公里的土地上，产生了相当于燃烧16 000亿吨煤的能量，假设其中的1/4能量用于农业和林业，每个人就会多出产5吨以上的农业、林业产品。关键在如何实现太阳能利用的革命。钱学森预见性地提出，伴随化石能源的日渐枯竭，一个以取之不尽的阳光为直接能源，通过光合作用进行产品生产的知识密集、技术密集的大农业生产体系将要出现。就是“以太阳光为能源，利用生物、水与大气，推动知识密集型产业革命，这一革命的主战场不是在富裕的大城市，而在比较贫困的田野、山林、草原、海疆和沙漠。”钱学森还将第六次产业革命的作用提升到了消灭“农业与工业、城市与乡村、脑力劳动和体力劳动的差别”上，即通过“光合作用产物的深度加工，创造‘第二个农业’、‘第三个农业’，使农业人口年均产值达万元以上，就一定能在21世纪的中国消灭三大差别。”他自信地展望：“我们要在总结历史经验的基础上，有远见之明，看到建党100周年！看到由现代生物技术引起的又一次产业革命——第六次产业革命。”钱学森以其常人所不及的世界眼光、真知灼见，从产业革命消灭“三大差别”的角度，为“两个百年”奋斗目标的实现指明了现实路径。钱学森按人类在地球表层开展经济活动的空间资源，把大农业分为农业、林业、草业、海业和沙业五大类；按农业产业活动的基本特点（利用光合作用固定太阳能），并按农业生态系统良性循环的要求，发展多种经营，“不是农林牧副渔五业并举，而是十业并举：农、林、牧（养家畜）、禽、渔、虫（蜜蜂、蚯蚓）、菌（蘑菇）、微生物（沼气池、单细胞蛋白这些东西）、副、工（加工业）等十业”。

钱学森发表的《创建农业型的知识密集产业——农业、林业、草业、海业和沙业》一文，突破传统农业的思路，为知识密集型大农业的发展指明了方向。

按照建立知识型农业的发展道路，农村与城市同时建设，农业与工业协调发展，第六次产业革命可预见的前景是无限光明的："农村的生产要变成一个高度知识密集的、技术密集的、高效能的大农业、综合农业体系。"这将大大消除工农差别、城乡差别。这种知识型农业是未来大农业的新构架，它依靠人工能源，不受气象限制，可常年在工厂大规模生产，节土、节水，不污染环境，资源可以循环利用，是我国农业改革中切实可行的路子；钱学森预言，以知识型农业的兴起为标志的第六次产业革命，将在中国大地兴起。

中国农学会对我国农业现代化建设的战略思想，曾经做出如下表述："农村现代化的实质是科学化，特征是商品化，方向是集约化和高效化，关键是知识化"。显然，钱学森提出的知识型农业与之不谋而合，因为知识型农业就是科学化、集约化、高效化、知识化的农业，它是实现中国农业现代化思想的战略措施。

第七次产业革命将是针对人体本身的科学研究，人的全面发展将迎来新的历史进程。这是钱学森开辟的科学研究新领域，钱学森关于人体科学的基本思想与基本观点可以概括为：人体科学研究的对象，是人（开放的复杂巨系统）和人与整个宇宙环境的关系（开放的复杂超巨系统）。

在人类社会发展史上，人始终是科学技术的创造者、使用者与传播者，对人的研究应该摆在头等重要的位置上，但"人类对自身的了解和研究，至今仍不全面、不彻底，还不能全面地了解人体复杂的整体功能"。人体科学研究大大落后于物质、能量、信息与生命的科学。其主要原因之一是人体科学研究的难度最大，因为人与其他生物的区别在于：人有精神，有意识，因而对人体的研究必然要涉及物质与精神、客观与主观、大脑与意识的辩证关系。钱学森提出，第七次产业革命的研究观点主要包括两方面。

1. 在哲学上，要用辩证唯物主义观点来指导，因为物质与精神、客观与主观、大脑与意识的辩证关系是哲学的基本问题。所以，研究“首先是要唯物的”，要坚持“物质是第一性的，意识是第二性”的观点；“其次，要辩证地看问题，不是机械唯物论”。这就是说，要承认意识对物质的反作用，承认物质可以变成精神、精神可以变成物质这样日常生活中常见的飞跃现象。

2. 在科学上，指导思想是“整体论与还原论的结合，辩证的统一”、宏观与微观辩证统一的系统论，把整体与局部、综合与分析辩证地统一起来。此外，由于现代的机器（包括计算机在内）已经成为人类增强自身能力与改造周围环境的必不可少的工具，故有必要从人—机—环境这个大系统去研究。

从研究方法来看，钱学森认为，首先要“多做实验，少谈理论”。马克思、恩格斯指出，“科学是实验的科学，科学就在于用理性方法去整理感性材料。”因此，钱学森认为，理论探讨固然重要，但现在更重要的“是科学实验这方面的工作”。我们要“老老实实地做观察实验”，“不急于去找机理机制的、物理的解释”；其次要“敢于否定自己，勇于创新”，“敢于跟旧的东西脱钩，用新的概念”，因为科学的本质就是创新，没有创新科学就没有生命力，没有创新，科学就不能前进；最后要将“解放思想与严格的科学态度相结合”。

按照钱学森论述的从实践到认识的过程，第七次产业革命的科技体系研究可以划分为四个层次：

（1）马克思主义哲学，人天观是马克思主义哲学与人体科学的桥梁；

（2）人体基础科学，即人体学、生理学、心理学、脑科学、精神学等；

（3）人体技术学，即中医学、西医学（病理学、药理学、免疫学、寄生虫学）、人一机工效学等；

（4）人体工程学，即实用科学，就是关于人本身的，即第一医学（治病）、第二医学（防病）、第三医学（康复）、第四医学（提升人体机能潜在能力）。

钱学森认为，发展第七次产业革命要“与现代科学相结合”。“研究人……很重要的就是把现代科学的各个方面综合起来”。不能只从生物学、生理学这些方面去做文章，可以从脑科学、心理学、仿生学、神经行为学、血液流变学、电磁生物学、生物磁学、航天医学、分子调整学（波林提出的）等方面进行研究。在钱学森的指导与关怀下，中国科学家在这些方面进行了大量的工作。同时，中国还创立了以马克思主义哲学为指导的方法论。人的全面发展是一门研究开放复杂巨系统的科学，沿用简单性科学的方法是难以解决问题的，必须在方法论上有重大的变革和发展。钱学森运用辩证唯物主义的观点与方法，总结了生物科学认识史上的方法论。他认为，在生命科学研究中，长期以来沿用的还原论方法对生命科学的发展虽然起过十分重要的作用，促进了分子生物学的产生，并应用于生物工程，对人类做出了重大贡献，但是，单纯用以分析为主的还原论并不能解决人体的整体功能问题。从唯物辩证法的观点来看，必须用简单与复杂、分析与综合辩证统一的系统科学的理论与方法，简言之，就是从定性到定量的综合集成法。古代整体论有综合，没有分析；现代还原论有分析，没有综合；要在复杂性科学的基础上用辩证的观点把两者结合起来。

在近代史上，第一次文艺复兴“打破了中古时代的愚昧，开辟了近代科学发展的道路”，而“人有没有潜力？有多大潜力？”这是第七次产业革命的核心问题。在研究过程中必然会遇到各种各样的困难，因为这是新的、未知的研究领域，“旧的东西接受不了，就会给你制造各式各样的困难，甚至把你消灭掉”。要打破这种束缚人们头脑的东西，使人的智力，使我们认识客观世界和改造客观世界的能力，“来一次更大的总的飞跃，这难道不是第二次文艺复兴吗”？

从历次产业革命演进规律来看，技术由低级向高级发展，产业同样由低级向高级演进，其实质是解决人类生命体的生存与延续。如果说前五次产业革命是满足人类生命体本身的维持需求，那么第六次产业革命，将主要满足延长生命体周期的需求。未来的产业革命，仍然是围绕维持与延长生命体的物质与精神需求，不断向高级发展。

古典政治经济学的奠基人亚当·斯密曾说过，“一切生产的最终目的都是满足人的需求”。然而，人的需求是有层次和差异性的。著名社会学家马斯洛提出了人的“需求层次理论”，即由低级向高级发展的层次决定论。每一次产业革命的爆发，人类欲望将得到巨大的满足。然而，人类欲望的无限性，决定了产业革命和产业变迁将是无止境的。

“第二次文艺复兴是指第五次产业革命、第六次产业革命和第七次产业革命后，体力劳动将大大减轻，人们将基本上转入脑力劳动、创造性劳动，从而人类文化发展将空前加速。我们研究这个题目是为了全人类。”钱学森不是把第二次文艺复兴仅仅当作客观现象来研究，而是按照其历史使命给自己的学术研究进行定位，钱学森将两者看成同一历史进程的不同侧面，搞文艺复兴是为完成中国产业革命和社会革命做文化准备。

四、肩负引领人类飞跃使命

中国文艺复兴兴起之时，世界科学整体上作为系统已进入新的转型演化期，即还原论科学的主导地位被复杂性科学所取代这一历史进程的初期。有学者认为，“当前我们正处于二次文艺复兴，其特质是复兴古中国文明。钱学森的大成智慧引起了世界的二次文艺复兴，也就是在全世界范围内复兴古中国的文明。”

钱学森是最早把握这一历史趋势的中国科学家。其实，他还在美国时就已经从单纯的自然科学转向了系统科学，迈开了走出还原论的步伐，而后，领导中国航天工程的实践最终使他全面深入地掌握了系统思维。此后的钱学森首先是系统科学家，然后才是自然科学家。系统科学本质上属于复杂性科学，系统思维是复杂性研究必需的思维方式。所以，当复杂性科学成为世界科学前沿的热点后，钱学森立即紧紧跟上，并且以中国文化为基础、以马克思主义哲学为指导开展复杂性研究，创立了复杂性科学的中国学派。在现代科学发展史上，科学前沿出现了中国学派，这还是第一次，意义是重大的。

中国现代化必须为社会主义建设确立全面的科学基础，做到一切工程都跟着理论走，杜绝凭热情办事。钱学森率先领悟到这一点，并努力给出理论阐述，同时开始用整体观来认识现代科学技术，强调发展技术科学，以求现代科学技术成为一个层次结构完整的体系，在社会主义建设中充分发挥它的整体优势。钱学森明确提出了现代科学技术体系的概念，花费很大精力构建这个体系，目的是在现代科学技术体系的基础上构建“研究社会主义建设的大战略，创立社会主义现代化建设的科学”。在这一历史时期，没有现代科学技术体系思想的人可能成为某个领域的学术大师，却不可能成为中国文艺复兴的主将。

钱学森晚年的一系列思想文化贡献是“创世纪”的，却没有进入这一时期的主流意识形态，他洞悉这种情形，公开表示自己的新思想要在 50 年后才可能被接受。这一矛盾所表现的正是在中国文艺复兴全过程的特殊复杂性。改革开放以来，中国知识界如饥似渴地向西方学习，一切领域都在全面引进西方文化，并视其为金科玉律，这有其必然性。

中国人在科学技术上应不满足于跟着外国人跑，学习外国是为了自家创新，这一点在青年钱学森身上已有充分的表现。面对劲吹的“西风”，晚年的钱学森不仅对其进行了高调批评，而且以身作则，用自己的创造性工作来抵制。恩格斯关于文艺复兴有这么几句话：“文艺复兴是人类前所未有的最伟大的进步的革命，是一个需要而且产生了在思想能力上、热情上和性格上、多才多艺和学识广博上的巨人的时代。”榜样的力量是无穷的，系统科学能够做到独创，其他十大部门当然也能够做到。钱学森已经展现了其独创性，一定还有更多的中国人展现出来。

正如钱学森讲的话："我最近引用鲁迅先生劝郁达夫的诗，意思就是不要贪图安逸，再困难也不要怕。诗句是'平楚日和憎健翮，小山香满蔽高岑'。前一句的意思就是说，风平日暖的气候，一个真正能够高飞远翔的鸟是不喜欢的。下一句是小山开满了花很香，你要在那里就看不见后面的高山了。我想，我们也是这样，我们干的这些事情一定会带来一个第二次文艺复兴，这是人类历史的再一次飞跃。"

第三章　用总体设计部思想打造钱学森智库

一、钱学森智库思想的形成

国防建设是一项艰巨、复杂的社会系统工程，由于特定条件下的国际形势及国内发展状况，新中国成立后我们面临的问题呈现出多层次、多子系统、非线性、不确定性与风险性等特点，必须要依据科学的方法。中国的航天事业就是在这样的形势下，起步于“一穷二白”的社会主义建设时期。当时，中国各项基础设施都比较落后，没有大型企业管理技术经验。如何在科技基础薄弱、西方技术封锁、苏联中止援助、管理技术极其缺乏等困境中开启中国航天事业，是摆在中国人面前最大的问题。为了给国家安全发展提供坚实的硬件条件，在钱学森同志的带领下，中国航天运用系统工程的理论方法，通过航天型号大协作研究出一套处理复杂性问题的新方法，它的核心是“从定性到定量综合集成法”。实行这个方法的机构是总体设计部，也就是智库的早期形态。它实际上就是民主集中制工作厅，是辩证思维的体现，是党和国家的咨询服务工作单位。它负责系统的总体设计，主要是宏观谋划指导与系统的设计、运筹、控制和管理。

系统工程理论方法为国家安全发展奠定了国防硬件基础。

为了赢得国家安全发展的机会，钱学森提出了中国发展导弹武器工业的设想。这是一个需要成千上万的研究人员和技术人员共同完成的复杂的系统工程，需要将各系统及各子系统中的人协同起来，并将技术、时间、性能融合于一体达到最优的实际系统。借鉴人民军队指挥革命战争胜利的伟大经验——大协作，就是统一指挥、行政管理和作战技术管理相结合的经验，为航天组织管理方法的创立提供了借鉴，从而创造了一套组织领导两弹工作的方法，这在新时代有很大意义。钱学森以战略科学家的眼光从大处着眼，以技术科学家的缜密思维从细处着手，精心策划和组织实施了这一规划。他认为，创建中国的导弹事业，最大的难题不是技术，而是匮乏的专业人才和薄弱的工业基础。他用中国第一代导弹圆满完成的奇迹，雄辩地证明了中国航天实践出的这套组织管理的办法是成功的。

（一）系统思维谋划国防尖端武器研制的战略远景

1956 年 2 月 17 日，钱学森向国务院报送了《建立我国国防航空工业的意见书》（以下简称《意见书》），提出中国发展导弹武器工业的设想。这是集研究、设计和生产全面铺开、同步进行的国防工业发展战略。当时，为保密起见，用“国防航空工业”这个词代替火箭、导弹和后来的航天科技。《意见书》主要分四个部分：

（1）航空工业的几个部门：健全的航空工业，除了制造工厂外，应该有一个强大的为设计而服务的研究和试验单位，还应该有一个做长远及基本研究工作的单位；

（2）航空工业的组织：领导机构、科学研究、设计研究和生产工厂；

（3）国内研究现状：在航空工业的基础、航空工业材料、航空研究、人力等方面指出我国在这些方面存在的不足；

（4）发展计划：如何从约15个高级干部和50个青年干部的人才队伍中，以最迅速的方法，建立起我国国防航空工业的三大部分——研究、设计和生产。原则是研究、设计和生产三面并进。开始时，重在生产，然后兼及设计，然后兼及研究。最后，钱学森提出了四个方面的具体步骤。

在《意见书》中，钱学森第一次系统地提出了发展我国火箭和导弹技术的重要意见。他就国内航空工业和人才建设现状进行了详细分析，对发展导弹技术的组织方案、实施计划和具体措施，发表了精辟的见解，并提出了由近程到中程、再到洲际导弹的长远发展规划。他还提出，要“以最迅速的方法，建立起我国国防航空工业发展的三部分：研究、设计和生产”。他的建议如下：

（1）立即在国防部成立航空局，实施全面的规划和领导；

（2）从全国调配力量，组建队伍；

（3）争取苏联及其他兄弟国家的援助。

《意见书》是中国导弹事业的最早蓝图，受到了党和国家决策层的高度重视。一个在美国学习、生活了20余年的著名科学家，回国才不到半年时间，就对党的各项方针政策、国内科学技术、工业基础和人才状况有如此详尽的了解，并在此基础上细致地提出开创我国航天事业的意见，足以体现其系统工程理论思想方法的实践应用。

1956年春，钱学森参与制订我国《1956年至1967年科学技术发展远景规划纲要》，并担任综合组组长。他还主持完成了该纲要第37项《喷气和火箭技术的建立》规划的制订，在他的倡导下，火箭和导弹研制被纳入国家长远规划中①。1956年3月14日，周恩来亲自主持召开中央军委会议，决定筹备组建导弹研究的领导机构——航空工业委员会，下设设计、科研和生产机构。一个月后，直属国防部的航空工业委员会正式成立。国务院任命聂荣臻为主任，钱学森等为委员。1956年10月8日，中国第一个导弹研究机构——国防部第五研究院（今天中国航天科技集团公司、中国航天科工集团公司的前身）正式成立，钱学森任院长，这一天恰好是他回国一周年的日子。在周恩来、聂荣臻的领导下，钱学森肩负起我国导弹和航天器研制的技术领导重任。

在1959年7月10日的特发函中，上海机电设计院（当时的火箭设计院）的党委书记在《上海机电设计院发展建议》中明确指出：大型火箭的设计和制造是一个十分复杂的，具有高度综合性的事业，需要庞大的高级技术队伍，需要国家的大量投资。因此，在当时科学技术落后的中国，决不能同时建立两个设计和制造系统。在大型火箭方面，只有国防部的设计系统。可以说，他认为在大型火箭的制造过程中必须设立一个火箭总体设计部，才能保障该项工程的成功完成。

（二）航天型号大协作模式奠定国防事业物力基础

众所周知，20世纪40年代，美国研制原子弹时，参加这

① 上海交通大学钱学森图书馆资料。

个研究工作的人一共有1.5万人。到了60年代美国研究登月飞行的时候，参加制造火箭、飞船整个活动的有42万人。可以想象，要指挥规模如此之大的社会劳动（已上升为社会劳动，非个人活动），靠一个总工程师或总设计师，是不可能的。他们探索出了一条总工程师、总设计师相结合，并组织了一个几十人、几百人的集体，来承担起复杂的工作，这就是总体设计部的成功经验。中国在20世纪50年代的后期，开始搞国防尖端技术，也就是在研究原子弹、氢弹、导弹的时候，同样碰到了这个问题。

有着丰富的航天实践经验的钱学森在充分调研国防建设现状之后强调，“设计研究单位，其任务是生产新型产品，包括试制及试飞阶段内，这是一个很大的复杂的机构，在整个系统完成时应有技术人员6 000人。”而“生产工厂是航空生产的一系列工厂，包括金属及非金属原料工厂、各种零件制造厂、电器制造厂、燃料工厂，最后才是飞机及飞弹制造厂。”当然，这些工厂所需的人数要比研究单位的人数还要多许多倍。面对人才资源严重匮乏的难题，中央军委召开专题会议，专题研究并通过了聂荣臻元帅提出的《关于建立我国导弹研究工作的初步意见》，认为当前最重要的问题是广揽各种人才，组建大规模的人才队伍。随后，在国家高层领导的大力助推下，在聂荣臻元帅的带领下，我国调集了各地的科技工作人员参与到国防工业建设中，这样人才基础条件才得以不断完善。到1960年国防部第五研究院从最初的200多人猛增到上万人。同时，如何将成千上万的人组织起来，大力协同完成导弹武器这项复杂的系统工程成为当时最大的问题。

在实践中，老一辈领导人把解放战争时大兵团作战的有效经验应用到国防尖端技术的研制上，并结合了当时国家的各种储备基础。事实证明，这套经验对国防事业的发展具有极大的效用。钱学森曾回忆：“我国搞导弹、原子弹、氢弹、人造卫星都是周总理领导的。那是大规模的科学技术研究，要成千上万人的协作，组织十分庞大的。那时周恩来总理挂帅，下面由聂荣臻元帅具体抓，这个经验从前中国是没有的。我想，他们把组织人民军队指挥革命战争那套经验拿来用了。当然很灵，从而创造了一套组织领导‘两弹’工作的方法。这在新时代有很大意义。”

“大兵团作战”是运用司令部统一指挥与作战技术相结合的组织管理方法的作战方式。“大兵团作战”是指人数规模较大、战事复杂多变、战术灵活变化，歼敌数量较多的大型战役。这样的“大兵团作战”不仅需要战术，更需要战略，特别是敌方在数量上、装备上具有明显优势的情况下，只有将作战思想、作战指挥和灵活应战技术进行综合集成，才能增加赢得战争胜利的可能性。“大兵团作战”模式的主要特征有五个：一是特别重视司令部的建设和工作模式，并保证司令部的指挥思想能够顺畅地传达到作战区；二是作战中必须配备参谋机关，它是军队行动的“发动机”，同时做好大兵团行动的后勤保障工作，充分依靠战区党的统一行政领导；三是战区指挥员要总揽战争全局，从战略高度来考虑战役问题，还要将战区的目标与整个战场的战略意图相结合，指挥员还要及时有效地传达司令部的指挥命令；四是综合考虑兵力、武器、地形、外援、行动意图、敌我力量对比等作战因素，正确选择攻歼目标、作战技术和总体原则；五是集中兵力攻坚，作战中要针对重点区域和战役的发展变化，适时调转兵力进行集中打击和连续作战。

航天型号研制是一个需要成千上万的研究人员和技术人员共同完成的复杂系统工程，需要将各系统及各子系统中的人协同起来，将比较笼统的型号研制要求逐步地变为成千上万个具体参与人员的实际工作，并最终将技术、时间和性能融合于一体，形成最优的实际系统。大协作就是统一指挥、行政管理和作战技术管理相结合的经验，为航天组织管理方法的创立提供了参考。在这项系统工程的运行中，老一辈航天人对型号需求、设计原则、技术系统、系统方案进行总体设计，在加强技术指挥的同时，还加强了行政指挥的作用，实现了统一领导、两套指挥保障系统（技术与行政）相结合的互动灵活管理模式。老一辈领导人的军事智慧赢得了中国革命的完全胜利，这笔财富后来也为中国国防事业的起步、发展奠定了方法论基础。

“大协作”在大规模国防尖端科学技术研究上也有所应用。马克思说，许多人在同一生产过程中，或在不同的但互相联系的生产过程中，有计划地一起协同劳动，这种劳动形式叫作协作。马克思又说：一切规模较大的直接社会劳动和共同劳动，都或多或少地需要指挥，以协调个人的活动，并执行生产总体的运动——不同于这一总体的独立器官的运动——所产生的各种一般职能。在集体劳动时，就有职能的分工，在一切规模比较大的工程技术里面，都有所谓总体，就是把复杂的工程体系里面的各个部分协调好，使得最后的体系能够达到所要求的性能。总体就是指挥各个具体的组成部分如何设计，使得最后联系起来的整体能够更好地工作。在“两弹一星”工程中，成千上万人大协作，组织十分庞大；每次试验时全国的通信线路都要被占用将近一半；在载人航天工程中，直接参与的单位有几百家，还有几千家配套的单位，参与的人员也多达四十几万人。

钱学森在1956年所做的《关于现代火箭和导弹问题》的报告中就指出关于火箭的研究、设计、制造及运用问题，需要对燃料进行研究，对火箭推进机本身进行研究，对空气动力学进行研究，对冲击式喷射推进机本身研究，对控制系统进行研究，对控制元件进行研究，对运用学研究。针对设备比如燃料研究当然需要燃料实验室，同时如果发现适用的燃料，还须设法制造，这就要有中间工厂等。众多问题都需要多方协作，人力、物力、财力、智力的融合才能完成一项系统任务。

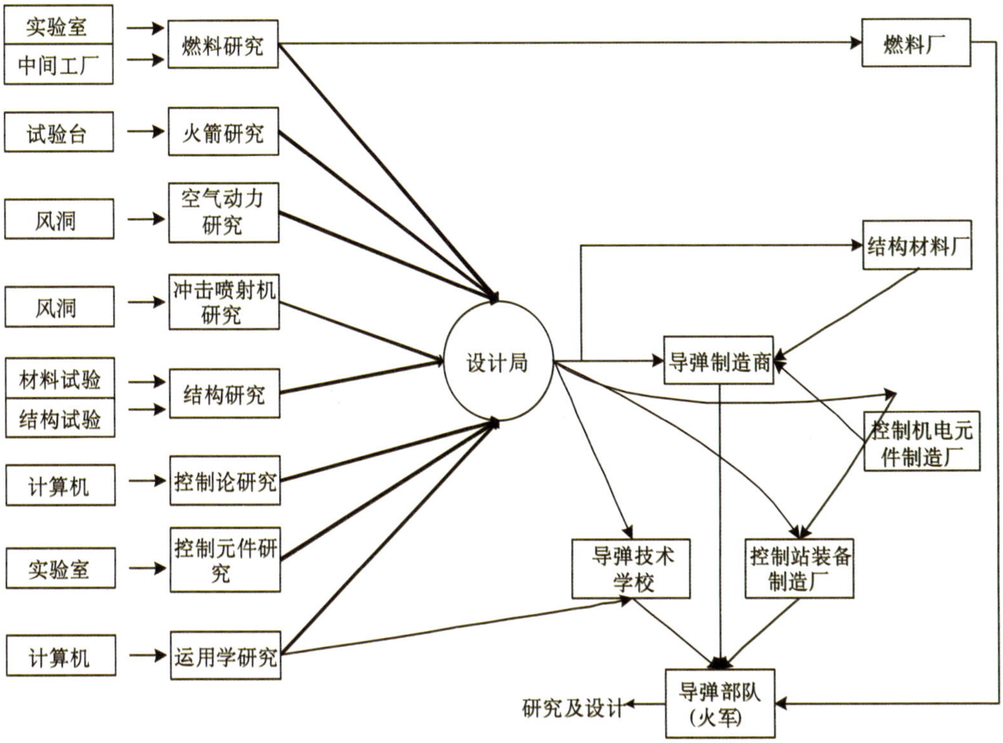

火箭生产大协作示意图

在中国“集中力量办大事”“举全国之力”维护国家安全的特色系统思想指导下，国防科学技术研究与实践中的大协作模式发挥了不可替代的关键性作用，也为后来的国民经济社会建设提供了思想、方法、理论、技术、工程等全面的支撑。

（三）建立科学技术委员会，为国防事业提供科学决策

1961 年 7 月 12 日，钱学森向聂荣臻建议成立由专家组成的国防部五院科学技术委员会，作为五院的技术“高参”，研究型号发展技术途径、技术发展方向和技术上其他的有关问题，为党委和行政领导提出建议和咨询。经聂荣臻批准，1962 年 2 月 2 日，国防部五院科学技术委员会（以下简称科技委）成立。钱学森任主任委员，副主任委员有任新民、庄逢甘、吴朔平、屠守锷、梁守槃、蔡金涛 6 人；秘书长为耿青。科技委下设 16 个专业组，重要的专业组组长都由科技委副主任兼任。专业组根据型号任务的需要，制订本专业的科研规划，安排预先研究项目。149 名院内外各专业的专家学者，被聘为科技委委员，其中的几十名著名专家学者，如沈元、林同骥、陆士嘉、郭永怀、吴仲华、陆元九、屠善澄、严东升、杨嘉墀、卢庆骏等，被聘为特邀委员。科技委经常把大家汇聚在一起，讨论、制订航天技术的近、中、长期发展规划和预先研究专题。科技委的建立，使党政领导耳聪目明，科学决策、民主决策有了有效的途径，又加强了预先研究，为进入型号工程研制提供了充分的技术储备。

1963 年 4 月 2 日，首届科技委年会召开，会议研究了《对地地导弹技术发展途径的意见》《对地空导弹技术发展途径的

意见》和《对海防导弹技术发展途径的意见》，并上报国家。这些意见最终汇入国防部五院的规划，并得以贯彻实施。通过一大批航天型号的设计、试制、飞行试验的锻炼，培养了一大批年轻的技术骨干，实现了出成果、出人才的目标。在这些骨干中，获得国家最高科学技术奖的有王永志和孙家栋两人，至于入选两院院士的，数量之多更是居各工业部门之首。

20 世纪 80 年代初，根据国防科委张爱萍主任的指示精神，航天各院各型号、各专业中年龄偏大的如屠守锷、梁守槃、杨南生、梁思礼、王卫、庄逢甘、陆元九、张履谦、陈怀瑾、史长捷、黄敞、张贵田、崔国良等十多位老专家，全部被聘请为航天部科技委常委，有的人的组织关系调入航天部机关，在机关集中办公，协助航天部领导把握型号、专业的大方向。科技委常委们经常在一起研究型号和各专业技术发展方向等问题，一切重大的科技专题、发展规划、型号立项，都必须经科技委常委集体研究同意，经部领导批准，才能报国防科委。而具体型号研制中的技术问题，则交由新中国培养起来的年轻的技术骨干来处理，他们都是在实际工作中培养、锻炼的人才。各研究院也都相应成立了院科技委。

经国防科委张爱萍主任极力推广，科技委这一组织形式一直沿用至今，不仅航天系统，核、航空、电子、船舶、兵器等国防科技工业系统，以及部队的科研试验单位，连政府部门和公司企业也逐渐建立了这个机构。在航天事业的奋斗过程中，钱学森扮演了一个特殊的角色。他既是规划者，又是实施者，既是领导，又是老师。他带领航天人将不可能变成可能，虽然过程是困难重重的。“八年四弹”规划是中国航天发展史上第一个目标明确、阶段清晰、时间跨度较长，最终得以全面完成的长远规划。钱学森以战略科学家的眼光从大处着眼，以技术科学家的缜密思维从细处着手，精心策划和组织实施了这一规划。他用中国第一代导弹的成功圆满完成了这个奇迹，雄辩地说明，在尖端技术的发展途径上，必须由追赶型转变为赶超型。因为，追赶者的路径是由先进者主导的，两者之间的差距可以缩小却永远无法消除；而赶超者是独辟蹊径的，它完全可以主宰自己的命运，以扬长避短的方式勇立科技前沿的潮头。

二、总体设计部的创立

总体设计部的概念和实践起源于 20 世纪 50 年代后期我国开始发展导弹、原子弹的大规模科学技术研制工作的现代化组织管理。实践已经证明，从这里发展起来的一套方法，不仅是组织管理方法的创新，也是组织管理体制的创新。

（一）新中国成立初期的国情催生航天型号总体设计部

我国的国防工业起步晚，进步却很快，这源于党中央的统一领导和钱学森对国防事业从领导、科研、设计、生产等方面的总体设计。20 世纪 50 年代末 60 年代初，中国掀开了独立自主发展国防尖端技术和大规模科研工作的大幕。鉴于当时急需快速提升中国的国防实力，所以需要在最短的时间内，以最少的人力、最少的物力完成各项国防大型科研建设。刚回国不久的钱学森专程前往北京医院探望彭德怀元帅，他们达成一致意见，认为中国必须在最短的时间内造出自己的导弹，从试制短程导弹开始。钱学森还特别指出美国军方第一枚导弹成功试制大约花费了十年的时间，中国具有“集中力量办大事”的优势，应该比他们更快些，大约五年的时间就可以完成。在国防部第五研究院正式成立之后，中国开始了如火如荼的大型尖端技术——火箭和导弹的研制。研制工作最主要的制约因素是人才和资源的缺乏，但当时国家各项建设都处于起步期，调配人才和物资全力支撑国防工业建设还是阻力重重。面对这种情况，周恩来总理做出指示，由聂荣臻元帅召开会议为国防部五院选调技术骨干。这样，在中央的统一领导下，中国导弹和火箭的摇篮——国防部五院很快建立了一支由许多专家骨干组成的队伍。钱学森曾总结出，社会主义最大的优势就是能够在党的领导下，充分发动各方力量来做一项大型尖端技术研制。对导弹的研制主要是从仿制开始，并运用系统工程理论方法对型号进行组织、管理、分工、集成，并形成全局性的思路和思想。在具体的国防型号任务中，从项目总体提出如何分工、如何集成的整体思路，以及如何组织与管理实现整体思路的组织与管理的策略工作。这个总体设计团队在中国国防事业中发挥了不可磨灭的作用，在较短的时间内出色地完成了“两弹”任务和航天卫星任务等。

在我国航天事业初创时期，型号研制的各级领导对于科学管理的重要性的理解不够，在我国中近程导弹首次发射失败以后，各级领导对于科学管理的重要性才有了深刻的认识，在此基础上，制定科研工作规范成为型号研制工作中的当务之急。1962 年《国防部第五研究院暂行条例》（以下简称《条例》）颁布，把以前在型号研制中形成的行之有效的规章制度，譬如型号总体设计部、两条指挥线（以总设计师为首的技术指挥线和以行政总指挥为首的行政指挥线）、科研生产计划协调管理系统等，经过进一步完善后写入《条例》。1963 年，根据钱学森的建议，国防部第五研究院又将所属的各分院从专业研究院转型为型号研究设计院。型号院的建立，使之成为适合我国国情的政治、行政、技术、经济统一的组织结构，使型号研制的两条指挥线运行得更加畅通。通过钱学森和航天人的探索和实践，一种崭新的科研管理体制、一套科学管理模式开始形成，并在型号研制中发挥了重要作用，从而为我国航天事业健康发展提供了坚实保障。钱学森曾经称赞道：“我们的这套办法，就是把人民解放军大兵团作战的那套办法，有效地用到了科学管理上来了，把成千上万的科技大军组织起来了。”

1962 年 11 月 8 日，《国防部第五研究院暂行条例》（以下简称《条例》）颁发试行。《条例》分为总则、型号研制与设计工作、研究工作、试制工作、试验工作、科学技术队伍、技术责任制与科技委员会、组织计划与条件保证、政治工作、党的组织与工作十部分，共 70 条。《条例》中很多规定，如将工程项目的研制阶段分为方案阶段、初样阶段、试样阶段（或称正样阶段）、试制试验阶段和定型阶段五个阶段，每个阶段转向下一阶段，都必须经过评审、鉴定、批准，方能向下进行的规定：对产品设计技术文件的编制、批准手续和产品试制、试验与鉴定程序的规定；研制方与靶场试验方，谁为一岗、谁为二岗，相互之间的交接和责任的规定等。这些规定至今仍在坚持，成为航天系统工程管理的宝典。为了充分听取意见，统一大家对科学管理的认识，《条例》草稿印发人手一册，人人可动手修改，阐明修改理由，修改意见稿汇集起来摞在一起有两米之高。钱学森作为国防部五院技术总负责人，这些文件他都一条一条、逐字逐句地精心进行了修改。《条例》鲜明地体现了钱学森航天系统工程管理的思想，它的核心内容有以下三项：

1. 建立健全两条指挥线

两条指挥线指的是，以总设计师为首的设计师系统和以行政总指挥为首的行政指挥系统；前者专注工程研制，后者负责指挥调度。这两个系统组成了一个既相互协调、相互支持，又分工明确、相互制约的工程组织管理体系。这是钱学森和广大航天工程技术人员在计划经济的条件下，探索出来的适用于大型航天工程研制的一种较为成功的组织管理结构。

设计师系统通常分为总设计师、副总设计师、主任设计师和主管设计师四层。总设计师是整个工程的技术总负责人，负责重大技术问题的决策和协调，制订研制计划，保证工程质量；副总设计师协助总设计师，分工负责部分技术决策和协调工作，或是工程某一分系统的技术最高指挥；主任设计师是工程分系统工作的组织者和指挥者；主管设计师则是某项课题或仪器设备研制的技术负责人。每一个型号都设立相应的设计师系统，各级设计师都有明确的岗位责任制，形成的是一条纵向的技术指挥线。

行政指挥系统通常分为三个层次，即战略决策层、决策管理层和组织实施层。对于一般的工程，只需要组织实施层，该层分为行政总指挥、行政指挥和基层行政指挥三级，由各级行政领导、计划管理部门和指挥调度部门构成，总指挥是整个工程的行政组织者和指挥者，负责人财物的保障，科研生产的调度和计划的落实，检查、协调、考评承制单位和人员的工作以及思想政治工作等，对工程整体的计划、经费、质量负责。当时，行政指挥系统要同时负责几个型号的组织指挥调度工作。

钱学森后来总结道：现在科学试验的一个突出特点是大集体性。因此，首先要抓总体。一个武器系统，抓住总体是非常重要的，要有统一指挥，不能允许各个单位随意去干，那样非失败不可。这也就提出了组织纪律的重要性、指挥员的重要性。所以，要有技术指挥员，要有技术指挥线，与技术指挥线密切相关的是行政指挥线，即组织调度工作。大规模科学试验的多变交错关联，一个项目变了，可能牵动全局。因此，组织调度工作是非常繁重的，大规模科学试验的计划及调度比生产中的计划及调度还要繁重，这就是计划协调之类的技术是在大规模科学试验中产生，而不是在工业生产中产生的原因。

2. 总体设计部

1964年以来，国防部五院组建了若干型号研究院，按照“以型号为目标，以专业为基础”，建立了科研与生产相结合的管理体制，每个型号研究院都无一例外地设置了总体设计部（简称总体部）。

东风二号导弹试验的失败，无论是直接的技术原因还是组织管理方面的原因，都与总体工作的薄弱有关。钱学森和五院党委一班人通过总结经验教训，对航天工程的综合性、复杂性，对分系统与总体之间“牵一发而动全身”的紧密联系，都有切身的体会，从而对总体设计部在导弹工程中极其重要的地位和作用有了更深刻的理解。

钱学森指出，这样复杂的总体协调任务不可能靠一个人来完成，因为他不可能精通整个系统所涉及的全部专业知识，他也不可能有足够的时间来完成数量惊人的技术协调工作。这就要求以一种组织、一个集体来代替先前单个的指挥者，对这种大规模的社会劳动进行协调指挥。在我国国防尖端科研部门建立的这种组织就是总体设计部（或是总体设计所）。他们不是几十个人，而是成千上万学科配套、专业齐全、具有丰富研制经验的高科技队伍。

总体部设计的是系统总体方案，它以实现整体优化为目标，协调分系统之间及其与总系统之间的关系。各个系统，乃至各分系统都有总体设计，形成一个纵向的技术体系。从技术体系上保证总体部提出的所有目标、方案、要求，均符合整体优化目的。总体部是实现总目标、研制过程各阶段目标和实施飞行试验的技术核心。通过多年的实践，总体部的主要任务可概述如下：（1）科学地确定各级总体方案；（2）严格控制技术状态；（3）确保系统优化和整体优化。

钱学森针对总设计师和总体设计部的关系，有过一段总结性的话：

干我们这一行，一己之见多得很，有道理，可不见得全面。但是在我们这儿有一条，最后是总设计师拍板。总设计师听了各种意见之后，经过分析平衡，最后拍板。总设计师也不是一个人，他还有一个总体设计部，还有一个大班子，用现在的话说就是系统工程的班子。他们运用系统工程，衡量各种因素，选择最优方案。总设计师听了各方面的专家意见，又看了总体设计部的报告，最后下决心拍板。拍了板，谁再有意见也不算数了。

我国“两弹一星”的成功实践证明，建立总体设计部是一种非常有效的管理思想和方法。对于这一成功经验，周总理生前曾希望把它推广到国民经济的重大工程建设上去。

3. 建立科研生产计划协调管理系统

在钱学森的倡导下，五院建立了总调度室，统管科研生产计划协调管理。如果说总体部是总设计师的“大办公室”，是航天工程总体概念、方案、设计和技术协调措施科学性的体现者，那么总调度室就是总指挥的日常办事和执行机构，是航天工程计划与协调措施的科学性和人、财、物调度权力的体现者。

最初，国防部五院在科研管理中使用的是简单的线条调度管理图，这种图示方法虽然直观，但只能反映预期的静态状况，不能反映全局性的关键和主次任务之间的联系。在千头万绪、错综复杂的型号研制工作中，如何使其合理、有序和协调地运行呢？1962年，钱学森提出将美国海军特种计划局于1958年年底研制北极星导弹核潜艇武器系统时探索出来的新型管理方法——PERT，应用于国内的导弹总体研制工作。看见总调度室学习PERT，很快就把导弹这样一个复杂的系统，用几张系统关系、技术流程和计划流程网络图画出来，钱学森很高兴，要求他们好好利用数学和计算机技术加以总结、提高，并亲自把这套管理技术的名称定为“计划协调管理技术”，还把几个年轻人推上中央电视台去讲课。

为了理清导弹武器系统各个组成部分相互之间的联系，使人一目了然，钱学森提出从总体、分系统、子系统直至单机与部件组件等的承制单位，都要制订自己的网络流程图，将任务的整个过程画在一张图上，并表示出它们之间的分工、关系、时间要求和完成的情况。下一级的流程图必须与上一级的流程图接轨，确定“接点”任务的完成时间和技术指标要求。网络流程图的制订，为两条指挥线提供了按型号研制规律办事的依据，成为两线合力、推进工作的优质纽带。

按照流程图，各系统直到单机设备，层层分解任务，责任分明；既可对“短线”明察秋毫，又可对长线产品的潜力了如指掌，便于合理配置设施、物资、经费、人力，降低成本，确保质量。1963 年，国防部五院在远程导弹制导系统的地面计算机制造过程中，试用 PERT 管理方法，结果发现，凭直觉被认为是短线产品的铁芯体，其实并不“短”；而被认为是长线产品的电源才是设计制造中的“短线”。后来在研制生产中及时调整对策，取得了又好又快的成果。

随后，在钱学森的积极倡导下，在航天部门的许多计划和工程部门的墙上，都挂起了按照技术上和组织上的各种时序联系和逻辑联系的网络流程图，大家习惯称之为“苹果树”图。该技术在我国洲际导弹、潜地导弹和卫星通信工程的研制中发挥了重要作用。

钱学森对组织管理体制的归纳是：两个各有专职的系统，技术指挥系统和调度指挥系统，两个系统、两组指挥员都向部门的领导负责，在部门领导的领导下亲密协作，搞好一个型号、一个产品的研制工作。这就是我国通过国防尖端技术、导弹核武器和人造地球卫星研制工作逐步形成的大规模科学技术研制工作的现代化组织管理体制。这一套组织是科学的，是具有中国特色的，是符合中国实际的，是中国土生土长的。

（二）“一个总体部，两条指挥线”模式

随着中国航天事业和航天队伍的不断壮大，面临落后的工程管理水平，钱学森借鉴人民解放军“大兵团作战”的管理办法，将指挥部的思想加上航天事业的特点，创造性地发明了“一个总体部，两条指挥线”的管理模式，使得航天事业在合理有序中逐步得到发展。

总体设计部的概念和实践起源于20世纪50年代后期我国开始发展导弹、原子弹的大规模科学技术研制工作的现代化组织管理。实践已经证明，从这里发展起来的一套方法，不仅是组织管理方法的创新，同时也是组织管理体制的创新，是把解放战争“大兵团作战”的好经验用到了科研、国防尖端技术上。结合当时中国的现状，钱学森在此基础上探索出在科研部门建立“总体设计部”（或“总体设计所”）的经验，最终形成了“一个总体部，两条指挥线”的科学组织管理方法。

火箭、导弹、航天器系统的研制，是一项大规模的航天工程。从研制内容来看，包括了研究、设计、试制、试验和定型、生产和交付使用；从科学技术角度来看，涉及多种学科、多种专业。每研制一个型号都需要采用一些新技术，这些新技术往往是多次研究实验才能成功的。同时，还要有试制和生产的车间与工厂；从研制过程来看，包括预先研究、型号研制、正式生产三个阶段。对每类型号都要同时有一个型号正在生产阶段，有一个正在研制阶段，还有一个正在预先研制阶段，这就是“三步棋”的安排；从投入角度看，这样大的工程需要投入大量的人力、物力和财力。

1. 航天系统工程方法

面对这样复杂的大规模工程，如何进行组织管理才能研制出技术上合理可行、经济上合算、研制周期短、质量可靠又能满足系统指标要求的实际产品呢？那时我国的科学技术还很落后，更没有从事这种大规模研制工程的经验，一切都要从头开始。从研制工作初期，通过实践逐渐形成了组织管理这套系统的方法，这就是后来被称为航天系统工程的方法。

（1）由总体设计部对航天工程进行科学的技术管理。总体设计部由熟悉这个工程大系统各个方面专业的技术人员组成，并由知识面比较宽的专家（称总设计师）负责领导。根据任务要求，总体设计部设计的是系统的总体方案，是实现为整个系统的技术途径。总体设计部把系统作为它所从属的更大系统的组成部分进行研制，对它的所有技术要求都首先从实现这个更大系统技术协调观点来考虑；总体设计部把系统作为若干分系统有机结合成的整体来设计，对每个分系统的技术也要求首先从实现整个系统技术协调的观点来考虑；总体设计部对研制过程中分系统之间的矛盾、分系统与系统之间的矛盾，都首先从总体协调的需要来考虑，进行总体分析、设计和协调，并采用建模与仿真技术，包括数字仿真与半实物仿真，以实现系统方案的整体优化。把这样设计的总体方案和技术途径，作为决策机关决策时的科学依据。

（2）管理机关用管理信息系统对航天工程实行科学的计划管理，制订和实施工程的各项计划，并进行动态调整。计划管理与协调是以技术管理为基础的，而技术管理所确定的总体方案和技术途径要通过计划管理来实施，合理使用人力、物力和财力，确保完成任务。这就是航天系统工程中的两条指挥系

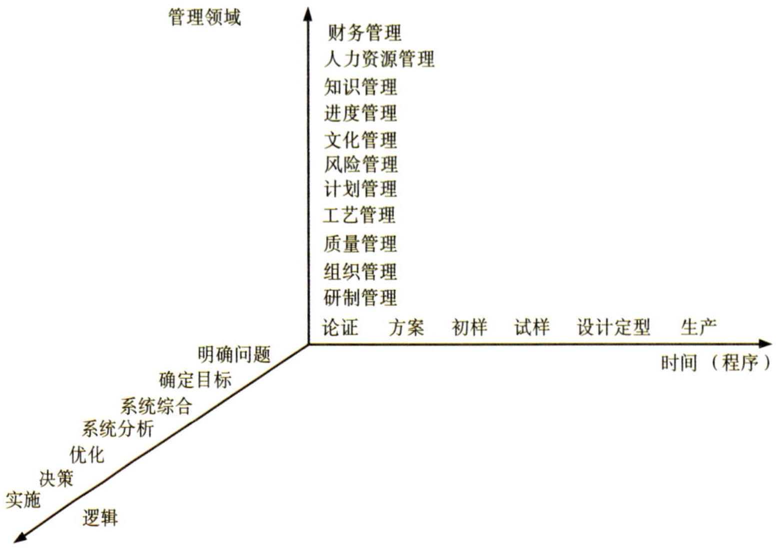

航天系统工程管理的结构体系示意图

统，它是一种新的组织管理体制与机制，前者体现了以科学技术知识为基础的技术决策参谋和咨询作用，以保证决策的科学化与民主化，采用的是系统工程方法；后者则体现了以权力为基础的决策执行作用，以保证决策实施的有效性（效率和效益），为此，也要采用系统工程方法。决策者或决策机构把知识和权力结合起来，变成了改进客观世界的力量。

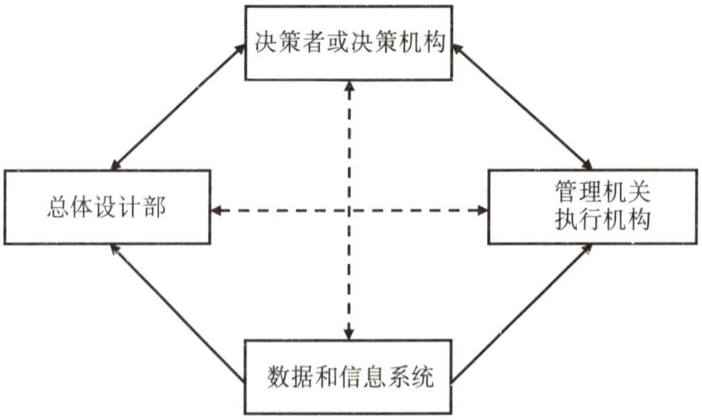

用管理信息系统对航天工程实行科学的计划
管理框架示意图

从图中可以看出：在决策机构下面的两套系统的作用和功能是不同的，但它们是相互协同和协调的。总体设计部是科学决策的支持系统。它是从整体上研究和解决问题，并应用工程系统工程方法给出系统的总体方案和技术途径，这就是总体设计部所体现的科学方法和遵循的系统科学原理。执行机构是一个决策执行系统，而数据和信息系统是对这两个系统的技术支持。

2. 以系统工程理论为指导建设总体设计部

以系统工程原理为指导，在建设研究院、基地的同时，重点进行航天型号系统工程的技术组织机构——总体设计部的建设，这是我国航天型号科研工作在技术和管理实践中创造出来的行之有效的宝贵经验，是中国航天自力更生、实现跨越式发展、跻身世界先进行列、取得举世瞩目重大成就的关键所在。

（1）总体设计部的管理体制和职责

①总体设计部的管理体制。总体设计部是型号研制工作的龙头，是型号研制工作的总体设计、技术抓总、总体技术协调以及技术决策的核心单位。能否明确界定总体设计部的责权利，能否优化总体设计部的组织结构和职能，能否实现总体设计部与院、基地或型号总承包单位利益的高度一致，取决于总体设计部的管理体制，关系到航天型号任务的全局。

②总体设计部的主要职责。总体设计部负责航天型号与系统总体相关的基础研究、探索研究和预先研究工作。组织开展航天型号系统总体及相关技术的概念研究、方案研究、可行性论证、关键技术攻关、演示验证试验和项目的技术抓总工作。参与型号质量保障体系、产品保证体系的建设，并在其中发挥

系统总体的技术支持、技术咨询、技术服务及技术协调等作用。

总体设计部是航天型号发展战略规划和市场开发的技术中心，负责跟踪研究和掌握国内外航天技术发展的动态和需求，开展型号发展战略和发展规划研究，提出航天型号和总体相关技术领域的发展战略及规划；负责开展型号技术创新和专业规划研究，牵引型号各系统的专业发展方向；开展与总体技术相关的核心技术、支撑技术、基础技术的研究。参与型号的市场开发工作，并负责其中的技术抓总、技术支撑等工作。

总体设计部是型号“两条指挥线”决策的技术支撑机构，负责航天型号系统的总体策划、方案论证、总体设计、技术抓总（含任务书制定和下达）、技术协调；参与分系统定点工作和二级合同签订工作，对总体方案的正确性和型号达到的战术技术性能指标及使用要求负责；负责总体与分系统、各分系统之间的界面和接口技术协调工作；优化总体技术方案，为型号两总决策提供技术支撑。

3. 总体设计部在航天型号研制中的主要职责

在型号立项起步以前的规划阶段，总体设计部要依据技术的发展趋势、国家政治军事策略目标，提出航天型号系统的方案及其发展途径、技术指标，为立项提供依据；进入方案探索阶段后，要进行系统要求分析、方案研究，进行系统层的初步设计，提出备选方案，由用户选择确认；在方案论证与确认阶段，要进行系统优化、系统综合和系统要求的描述设计，细化功能分析，确定系统结构和技术状态，把顶层的技术要求向下分解为各子系统的硬件和软件的技术要求，并进行系统初步方案的计算机演示验证和初步设计分析；在全面发展阶段即进入实物化阶段，要进行总体技术设计，向下层发出设计要求，进行产品和系统试验与鉴定，完成全系统的试验与评估；在生产使用阶段，要为系统的生产认可确定技术状态，完善技术文件，编制使用文件。

总之，航天型号发展离不开总体设计部的协调、修改、调整。总体设计部在不断分析、决策、描述的迭代过程中，使系统从设想走向完美的现实。

4. “两条指挥线”的历史、现状与发展

在航天型号系统工程研制发展过程中，建立“两条指挥线”的组织管理体系，经历了实践、认识、再实践、再认识的深化过程。在航天事业发展初期，由于缺乏管理经验，加之仅从事仿制工作，对设计师系统的重要作用重视不够，采用的是党委领导下的行政首长负责制，即行政指挥线。

在仿制苏联 P－2 导弹取得进展的基础上，航天型号研制转入了自行设计阶段，仅仅依靠行政指挥员决策的组织体系越来越多地暴露出诸多不足。特别是在 1962 年第一个自行设计的“近程运载火箭”首次飞行试验失败后，广大航天科技工作者对航天型号研制的特殊性以及其内在规律进行了认真总结。在此基础上，1962 年 11 月，《国防部第五研究院暂行条例》出台。该条例对设计师系统的建立与职责进行了明确规定，确定了由各级设计师组成的技术指挥线，再加上原来的行政指挥线，形成了“两条指挥线”的原型。

这一管理体制经过多年实践逐步完善，成为当时贯彻落实工程项目研制中的技术责任制、提高工作效率、加快研制进度的重要组织保证。张爱萍同志主持原国防科工委工作以后，“两条指挥线”在国防科技工业部中得到推广应用。特别是在1984年4月，国务院、中央军委发布了《武器装备研制设计师系统和行政指挥系统工作条例》，将“两条指挥线”以法令的形式加以确定。该条例对加强研制工作技术责任制，提高研制管理工作效率，缩短研制周期，节约研制经费，保证质量，加速我军武器装备现代化建设起到了重要作用。同时，该条例对设计师系统与行政指挥系统的组成、各自职责以及两个系统之间的工作原则和工作关系都进行了明确规定。

5.“两条指挥线”的组成

（1）“两条指挥线”的结构。“两条指挥线”是指以行政指挥系统（即行政指挥线）与设计师系统（即技术指挥线）为主干的航天型号系统工程研制组织管理体系。为加强型号研制的质量管理和工艺控制，在系统组成中设置质量师系统和工艺师系统，管理关系随着型号和单位的习惯不同而不同。在有些型号中，质量师系统与工艺师系统由行政指挥系统领导，另一部分型号中，质量师系统与工艺师系统由设计师系统领导。

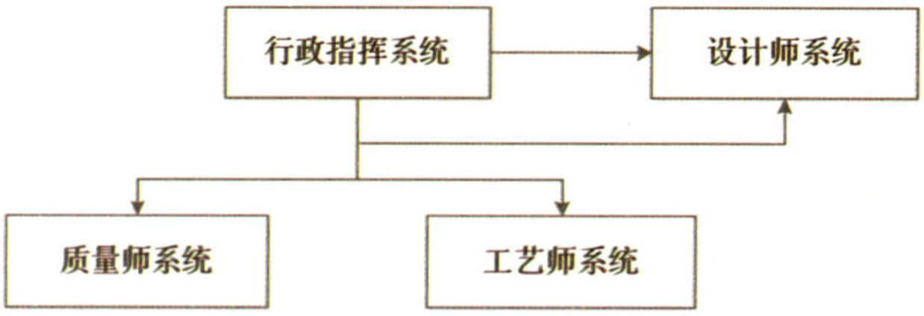

“两条指挥线”结构示意图

（2）在“两条指挥线”和谐运行中需要正确处理的几个关系。根据系统工程原理与型号研制系统特征，“两条指挥线”在工作中必须正确处理以下关系：

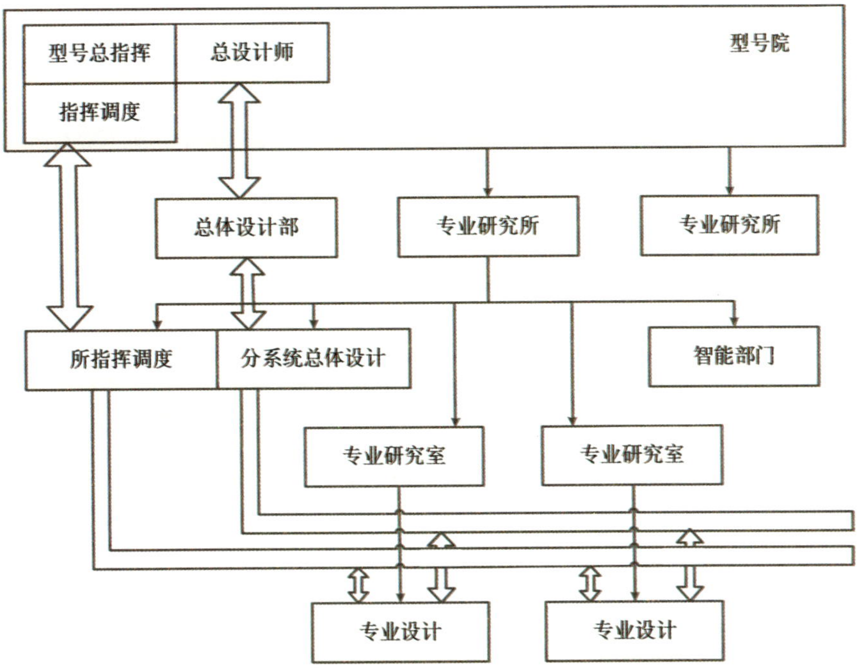

航天型号管理的“两条指挥线”示意图

①局部与全局的关系。局部要服从全局。完成型号研制任务是全局，两个系统都要从全局出发，紧密配合，努力实现型号总体要求。

②技术状态的稳定与技术改进的关系。产品研制的过程是多个阶段、多个分系统研究、设计、试制、试验，不断完善，最后达到定型要求的过程。“两条指挥线”要严格按型号研制程序和计划完成各阶段的研制任务，只有完成本阶段研制任务，才能转入下一阶段。

③技术民主与集中的关系。制定总体和各级产品设计方案、处理重大设计问题时，均应请有关单位参加，并充分发扬技术民主，共同进行分析论证，总设计师要集中大家的意见，做出决定；对协调不一致的技术问题，总设计师做出决定后，

各级均应认真贯彻执行。

④先进性与合理性的关系。各级设计师都要保证型号总体的先进性和全局的合理性，从考虑产品设计先进性和全局的合理性出发，在满足任务及要求前提下，尽量采用成熟的先进技术和已定型的产品，不能片面追求局部的先进性。

⑤研制进度与质量的关系。在研制工作中坚持质量第一的方针，严格遵循研制程序，不片面追求进度；也不得无意义地增加试验数量，贻误研制进度。在质量与进度发生矛盾时，坚持进度服从质量、以质量保进度、以质量促进度的原则，在保证质量的前提下，努力满足进度要求。

⑥设计与工艺的关系。设计单位和生产单位应紧密配合，共同保证设计方案的实施。各级设计师要充分注意设计中所提工艺要求的先进性、经济性、合理性，尽可能避免因工艺、操作上的问题使产品性能下降或失效；工艺部门必须认真按照设计要求进行工作，从工艺上保证产品符合设计要求。对设计中考虑不周或难以实现的工艺要求，工艺部门应当提出意见；设计与工艺发生矛盾而影响试制时，设计师应当与有关人员共同协商解决，或报请上级设计师研究决定。

⑦“两条指挥线”与使用部门的关系。“两条指挥线”在制订研制方案时，应当充分听取使用部门的意见。战术技术指标和研制方案一经上级批准，不得轻易变动；确需改动的，须经双方充分协商后，报原批准机关批准。

⑧继承与创新的关系。在型号研制中坚持走“基本型、系列化”的道路，这是一条多快好省的型号研制之路。即使是基本型，也应当尽量继承现有的研究成果。同时，型号研制是为

了满足未来使用要求，要大胆采用经过试验验证的先进技术，以保证型号系统性能的先进性。几十年来，中国航天科技工业管理体制历经调整变化，研制任务不断更新换代，而以强调总体设计为核心的系统工程一直是中国航天系统研制与管理实践不变的主旋律，是航天弹、箭、星、船研制成功的保证。航天事业的成功实践，证明了系统工程的科学性和有效性，中国航天事业的成功也是系统工程的胜利，钱学森在航天事业中实践所产生的思想也恰恰是系统工程思想形成的本源，所以，系统工程应当是集结了人类一切的资源和成果才能取得的成就。

三、总体设计部发展

航天工程实践中的总体设计部方法是系统工程理论方法的集中体现，也是钱学森智库思想的核心内容。钱学森从航天工程一线回到心爱的书桌后马不停蹄地将总体设计部思想方法进行了系统归纳和总结，并投入社会治理工程实践中。

（一）从定性到定量综合集成的实体机构

钱学森认为，综合集成方法的运用是专家体系的合作以及专家体系与机器体系合作的研究与工作模式。具体来说，是通过从定性综合集成到定性、定量相结合，再到从定性到定量综合集成这样三个步骤来实现的。这个过程是循环往复、逐次递升的发展进程。这个过程是综合集成研讨厅的研讨流程，也是研讨厅中的机器体系的设计思想和技术路线。

总体设计部运用综合集成方法包括定性的综合集成、定性定量相结合的综合集成、从定性到定量的综合集成三个主要内容和步骤。

1. 定性的综合集成

综合集成方法以问题为出发点，既可以研究理论问题，也可以研究应用问题。复杂巨系统问题的提出并形成经验性假设都必须由相关专家来执行，所以最先需要的是专家体系。专家体系是由与所研究问题相关的不同学科、不同领域的专家构成。每个专家都有自己掌握的科学思想、理论、数据、经验、知识以及智慧。专家们参与研讨，将思想方法和智慧等进行碰撞，相互启发与激活，从不同方面、不同角度去研究复杂巨系统（包括社会系统）的同一问题，就会获得全面认知。这个过程体现了多学科、多领域、多部门、多专业的交叉融合研究，是一种社会思维和工作模式。

无论是工程系统还是社会系统，都是复杂巨系统，其本身所涉及的各方面知识也是相互联系、交织多变的，需要专家体系支持。通过专家体系合作，就把多种学科知识用系统方法联系起来了，统一在系统整体框架内。通过研讨对所研究的问题形成定性判断，提出经验性假设。专家体系经过研讨所形成的问题和经验性假设也不止一种，可能有多种，在这种情况下就更需要多层次、科学的论证。从思维科学角度来看，这个过程以形象思维为主，是数据、知识和智慧的定性综合集成。这个经验性假设与判断，只能由专家体系提出，机器体系是提不出来的，但机器体系可以帮助专家体系去提出，如现在的数据挖掘、知识发现、智能决策等技术。因此，这一方法的下一步必然是实现人与机器的结合。

2. 定性定量相结合的综合集成

对于定性综合集成所形成的问题和提出的经验性假设与判断，需要把定性描述加以科学判定，并用定量的方式加以界定，同时，这种定量描述可以存在多种方式。实现这一步的关键是定性定量相结合的综合集成。在这里最重要的是利用机器体系，就是结合专家体系形成的经验性判定，利用机器体系定量处理信息的强大能力，通过建模、仿真和实验等方法与手段来完成这一步。

用模型和模型体系描述系统是系统定量研究的有效方式。从建模方法来看，有基于机理的数学建模、基于规则的计算机建模、面向统计数据的统计建模以及智能建模等。“对于复杂巨系统（包括社会系统），期望完全靠数学模型来描述，目前还有很大困难。一方面需要发展新的数学理论，另一方面也需要新的建模方法。计算机软件技术、知识工程、人工智能以及算法等的发展，使基于规则的计算机建模有了很大发展，这类计算机模型所能描述的系统更广泛，也更逼真。把数学模型和计算机模型结合起来的系统模型，则尽可能地逼近实际系统，其逼近的程度取决于所要研究问题的精度要求。如果满足了精度要求，那么这个系统模型是完全可以信赖的，就可以应用这个模型来研究我们想要研究的问题。复杂巨系统（包括社会系统）的建模，一方面需要真实的统计数据，另一方面必须紧密结合系统实际，基于对系统的真实理解，建模过程是科学和经验相结合的过程。在机器体系支持下，根据数据与信息体系、指标体系、模型体系、方法体系和算法体系等，专家们对定性综合集成提出的经验性假设和判断进行系统仿真和实验。从系统结构、环境和功能之间的输入—输出关系，进行系统分析与综合。这就相当于用系统实验来验证和证明经验性假设与判断的正确与否。不过这个系统实验不是系统实体实验，而是在计算机上进行的仿真实验。这样的仿真实验有时比系统实体实验更有优越性。例如系统未来发展趋势预测，对系统实体来说是不能预测的，因为它还没有运动到那个时刻，但在计算机仿真中是可行的。这个过程中可能要反复多次，以便把专家们所能想到的各种因素，以及他们的知识和智慧，都融进系统仿真和实验之中，从而观测到更多定量结果，增强对问题的定量认识。通过系统仿真和实验，对经验性假设和判断给出整体的定量描述，如评价指标体系等，这就增加了新的信息，而且是定量信息。”

3. 从定性到定量的综合集成

通过定性定量相结合的综合集成获得了问题的整体定量描述，专家体系需再一次进行综合集成。在这一次综合集成中，由于有了新的定量信息，专家们有可能从定量描述中，得到了验证和证明经验性假设和判断正确的定量结论。如果是这样，也就完成了从定性到定量的综合集成。但这个过程通常不是一次就能完成的，往往要反复多次。如果定量描述还不足以证明或验证经验性假设和判断的正确性，专家们会提出新的修正意见和实验方案，再重复以上过程。这时专家们的知识、经验和智慧已融进新的建议和方案中，通过人机交互，反复比较，逐次逼近，直到专家们能从定量描述中证明和验证了经验性假设和判断的正确性，获得了满意的定量结论，这个过程就结束了。这时的结论已从定性上升到了定量，不再是经验性假设和判断，而是经过严谨论证的科学结论。这个结论就是我们现阶段对客观事物认识的科学结论。如果定量描述否定了原来的经验性假设和判断，那也是一种新的认识，又会提出新的经验性假设与判断，再重复上述过程。

综合以上所述，从定性综合集成提出经验性假设和判断的定性描述，到定性定量相结合的综合集成得到定量描述，再到从定性到定量的综合集成获得定量的科学结论，为决策提供了从经验性的定性认识上升到科学的定量认识。

复杂巨系统（包括社会系统）问题都是非结构化问题，但目前计算机只能处理结构化问题。从上述综合集成过程来看，虽然每循环一次都是结构化处理，但其中已融进了专家体系的科学理论、经验知识和智慧，如调整模型、修正参数等。实际上，这个过程我们是用一个结构化序列去逼近一个非结构化问题，逼近到专家们认为可信时为止。这一点不能由机器体系去判断，机器体系可以帮助专家体系去判断，这也体现了人机结合、以人为主的技术特点。应该强调的是，应用这套方法必须有数据和信息体系的支持，这就为复杂巨系统（包括社会系统）的统计指标设计和系统观测方式提出了新的要求。以社会系统为例，有些社会系统问题用这个方法处理起来困难，往往不是方法本身的问题，而是缺少统计数据支持，机器体系中也不会有这部分资源。就我国统计指标来看，只有经济方面的统计指标比较多，其他方面统计指标很少，有些还没有统计指标。

在现代科学技术向综合性整体化方向发展过程中，我们始终面临如何把不同科学技术部门、不同学科以及不同层次的知识综合集成起来的问题。对于这种矩阵式结构的知识综合集成，综合集成方法可以发挥重要的方法论和指导作用。从方法论和方法特点来看，综合集成方法本质上就是用来处理跨学科、跨领域和跨层次问题研究的方法论和方法。运用综合集成方法所形成的理论就是综合集成的系统理论，钱学森提出的系统学，特别是复杂巨系统学，就是要建立这套复杂巨系统理论。国外关于复杂性的研究，实际上也属于这个范畴。同样，应用综合集成方法在技术层面上也可以发展复杂巨系统技术。在这方面比较典型的是系统工程技术的出现和发展，这也是钱学森一直大力倡导和推动的。

系统工程是组织管理系统的技术。它根据系统总体目标的要求，从系统整体出发，运用综合集成方法把与系统有关的科学理论方法与技术综合集成起来，对系统结构、环境和功能进行总体分析、总体论证、总体设计和总体协调，其中包括系统建模、仿真、分析、优化、设计与评估，以求得可行的、满意的或最好的系统方案并付诸实施。由于实际系统不同，将系统工程用到哪类系统上，还要用与这个系统有关的科学理论方法与技术。例如，用到社会系统上，就需要社会科学与人文科学等方面的知识。从这些特点来看，系统工程不同于其他技术，它是一类综合性的整体技术、一种综合集成的系统技术、一门整体优化的定量技术。它体现了从整体上研究和解决系统管理问题的技术方法。

系统工程的应用首先是从工程系统开始的，用来组织管理工程系统的研究、规划、设计、制造、试验和使用。实践已证明了它的有效性，如航天系统工程。直接为这类工程系统工程提供理论方法的有运筹学、控制论、信息论等，当然还要用到自然科学等有关的理论方法与技术。所以，对工程系统工程来说，综合集成也是其基本特点，只不过处理起来相对容易一些。当我们把系统工程用来组织管理复杂巨系统和社会系统时，处理系统工程的方法已不够用了，它难以用来处理复杂巨系统的组织管理问题。在这种情况下，系统工程也要发展。由于有了综合集成方法，系统工程便可以用来组织管理复杂巨系统和社会系统了，这样，系统工程也就发展了，现已发展到复杂巨系统工程和社会系统工程阶段。

（二）社会系统工程实践

钱学森提出了复杂巨系统的概念和“从定性到定量的综合集成方法”，并在国家经济面临重大挑战的时刻应用到宏观经济调控问题以及计划生育等政策的科学论证等诸多问题，在社会经济建设的各个方面做出了卓越的贡献。周恩来总理曾经建议他把航天工程“一个总体部，两条指挥线”的方法运用到社会建设的其他领域中。钱学森提出航天系统工程是一个简单系统工程，社会系统是一个复杂系统工程，因为人的参与使系统变得复杂了，它需要用综合集成的方法去解决。比如，有一个时期中国出现了农业越丰收、财政补贴越多的现象，致使国家财政收入增长速度明显低于国民收入增长速度、财政收入占国民收入比例逐年下降的极不正常的经济状态。财政补贴产生的这些问题，引起国家的极大重视。原航天部710所运用“从定性到定量的综合集成方法”来解决这个问题，组织了经济学家、管理专家、系统工程专家等依据他们掌握的科学理论、经验知识和对实际问题的了解，共同对上述系统经济机制进行了讨论和研究，明确问题所在，明确问题的症结所在，对解决问题的途径和方法做出了定性判断，并从系统思想和观点把上述问题纳入系统框架进行系统分析和研究。

在此重点介绍一下钱学森的系统工程理论方法是如何在当时财政补贴政策的制定上发挥作用的。

1. 案例背景

我国的改革开放首先从农村开始，然后转向城市。1979 年以来，为了提高农民生产积极性，在农村实行了农副产品收购提价和超购加价政策，其结果不仅促进了农业发展，也提高了农民收入水平，但当时的零售商品（如粮、油等）的销售价格并未进行相应调整，而是由国家财政给予补贴的。随着农业生产连年丰收，超购加价部分迅速扩大，财政补贴也就越来越多，以至成为当时中央财政赤字的主要根源，这样财政收入增长速度明显低于国民收入增长速度，财政收入占国民收入的比例逐年下降。这就严重地影响了国家重点工程的投资，也制约了国民经济发展的增长速度。

财政补贴产生的这些问题，引起了中央领导的极大重视，因为它已是关系到经济改革与发展的全局问题，有关部门也曾提出通过调整零售商品价格来逐步减少以至取消财政补贴的建议。但提高零售商品价格，又必须同时提高职工工资，否则会影响到人民生活水平，影响到安定团结的大局，而这又涉及财政负担能力、市场平衡、货币发行以及银行储蓄等问题。这就是当时概括为“变暗补为明贴”的改革思路，这虽然是个价格、工资调整问题，却涉及了整个国民经济中的生产、消费、流通、分配各个领域。问题的复杂和困难还在于，究竟零售商品价格调整到什么水平，工资提高到什么水平，才能取消财政补贴，同时使人民实际收入水平至少不降低。对此，仅有一般思路显然是不够的，须定量研究才有可能回答这些问题，从而为决策提供科学依据。

2. 研究进程

工作始于20世纪80年代初，当时的航天部710所在经济学家马宾的具体指导下，完成了财政补贴、价格、工资综合研究以及国民经济发展预测工作。这是当时经济体制改革中提出的热点和难点问题。

马宾不仅是位经济学家，还是当时国务院经济研究中心的副干事长。他很清楚，仅靠经济学家难以回答这些问题。马宾非常赞赏钱学森大力倡导和推动的系统工程，并希望用系统工程方法来解决这些问题。但仅靠系统工程专业人员也解决不了问题。实践的需要，促使经济学家、各有关部门的管理专家、系统工程专业人员等走到一起，相互结合，以致融合，从没有共同语言到互相“心领神会”，从实际的经济体制、运行机制、管理体制与机制等各个方面，进行研究和讨论，以明确问题的症结所在，找出解决问题的途径，从而形成对这个问题的定性判断。这种定性判断已综合集成了各方面专家的科学理论、经验知识和智慧，但它毕竟还是经验性判断，因为这种判断是否正确，是否可行，还没有用科学方式加以证明。即使如此，这一步也是非常关键的，它是准确把握问题的实质和定量研究的基础。

为了用系统工程方法处理这个问题，需要用系统科学来界定有关概念。在这个课题中，财政补贴、价格、工资以及直接或间接有关的各经济组成部分，是一个相互关联、相互影响，并且有某种功能的系统。调整价格和工资实际上就是改变调整这个系统组成部分之间的关联关系，从而改变系统功能，特别要使它具有我们所希望的功能。这样就把问题纳入系统框架中，进而界定系统边界，明确哪些是系统环境变量，哪些是状态变量、调控变量（政策变量）和输出变量（观测变量）等，为模型设计、确定模型功能提供定性基础。

系统建模既需要理论方法又需要经验知识，还需要真实的统计数据和有关信息资料。对结构化强的系统如工程系统，有自然科学提供的各种定量规律，系统建模较容易处理。但对这类非结构化的复杂系统，并没有像工程系统那样的定量规律可循，只能从对系统的真实理解甚至经验知识出发，再借助于大量的实际统计数据，去提炼出系统内部的某些内在定量联系，然后据此借助于数学或计算机手段，将系统描述出来。这个系统建模所需的数据量近万个，而且还要克服数据口径不一，时间序列不完整的困难。所有这些都是这类复杂系统定量研究的难点所在。模型是对经济实体的近似描述，不可能也没必要把实体的所有因素都反映到模型中，只要抓住主要矛盾去建立模型并满足所研究问题的精度要求，这个模型就是可以信赖的。

这个系统建模是以市场平衡为中心建立的。在结构上分为两大部分，一部分是国民收入分配和零售市场；另一部分是各产业部门的投入产出关系。前者由 115 个变量和方程所描述。其中，有 44 个发展方程、7 个时序模式和 64 个关系模式，包括 14 项环境变量和 6 项调控变量，用来体现外部环境和调控政策。后者是 237 个部门的产业关联矩阵。

14 项环境变量分别是：轻工业产值；重工业产值；生活服务费用价格指数；国家对农村社队企业贷款额；农业总产值中队办工业产值；烟、酒、茶类价格指数；全民所有制企业新增职工人数；农村和城市人口总数；农业生产管理变量；城镇集体企业职工人数；全民所有制企业退、离休职工人数；集体企业职工退休人数；外贸政策变量；全民所有制工业企业职工劳动生产率。

6 项政策变量为：粮食零售国营牌价；全民所有制职工工资总额；衣着类价格指数；日用生活用品价格指数；农业生产资料价格指数；食用植物油零售牌价。

4 项输出变量（观测变量）为：财政平衡；市场平衡；货币发行与储蓄；人民收入水平。

这个模型可以进行政策模拟，也可以做经济预测，其平均模拟误差和预测误差都在 3% 以内，满足经济研究中的精度要求。

运用建立起来的系统模型，按照不同的国力条件（环境变量）、不同的调控变量（价格与工资）、不同的调整起始时间、不同的调整幅度、不同的调整方法（一次调整到位或多次性调整），在当时的大型数字计算机 B6810 上进行了 105 种政策模拟，并以市场平衡、货币流通与储蓄、职工与农民收入水平为度量标准（评价指标），寻求最优、次优、满意和可行的调整政策，以定量的方式回答了同时调整价格与工资能否解决财政补贴问题、调整的效果如何、何时调整为宜、如何调整最为有利等问题。

这样的定量结果，再由经济学家、管理专家、系统工程专家等共同分析、讨论，充分发扬学术民主，畅所欲言。与开始时的定性判断相比，这一次增加了新的定量信息。在专家们进行新一轮的综合集成时，其结论可能是：这些定量结果是可信的，也可能是不可信的，或者还有什么地方需要改进。如果需要改进，则修正模型并调整参数，再重复上述工作。第二次测算结果再请专家评议，这个过程可能要重复多次，反复比较，逐次逼近。用计算机语言来说，就是用结构化方法逼近一个非结构化问题，直到各方面专家认为这些结果是可信的，再做出结论和提出政策建议，这时的结论已不再是定性判断，而是有足够定量依据的科学结论，实现了从定性认识上升到定量认识。

经过上述步骤，当时选择了五种政策建议上报中央，供领导决策时参考。后来的实践也证明，这项研究成果对当时的物价改革起到了积极的推动作用，受到中央领导的高度评价，也证明了钱学森从定性到定量综合集成方法的科学性与有效性，这是原航天部710所作为中国最初智库的最有力的实践证明。

四、总体设计部的功能

源自研究制造原子弹、氢弹和导弹事业的总体设计部是一个在党和国家领导下，由总设计师、副总设计师负责的实体机构。在航天型号研制工程中承担总体设计的功能，并负有对分系统的设计的任务，它是实体存在物。可以说，总体设计部是一个承担实际工作的实体机构。这一机构在实践中产生并随着实践的发展得以逐步完善，应用于社会系统工程建设中。总体设计部在国家运行系统的任何一个层级都可以存在，也可以存在于运行项目的各个节点中，这样就构成了总体设计部体系。

将这一机构运用到国家治理中就必须讲清楚“What”“Who”“How”的问题，也就是对其功能定位（Function）、组织架构（Organization）、运行机制（Operation）进行界定。运用基于“功能定位”“组织架构”“运行机制”（FOO）的分析方法来分析总体设计部，不仅能够更全面、更准确地理解总体设计部，而且能够为总体设计部及其体系的全面实践提供原理基础。

功能定位是一类组织存在的根本原因及最终目的。从狭义上来说，就是组织机构的战略目标，就是组织为什么而存在以及组织达成目标的途径。任何一个机构在成立之前都应对其所能发挥的职能进行定位，并综合考虑外部环境因素以及内部控制因素，选择最适合自身使命及发展需求的功能。总体设计部作为总体分析、总体设计、总体协调、总体规划系统的中枢机构，是集系统设计、统一领导、协同创新、咨询服务、科学决策五大功能于一体的实体机构。

（一）系统设计职能

众所周知，设计是对系统的设想和计划，通常指有目标和计划的行动与创造，主要是指预先在载体上创造出结果的样式、结构及形象等。从某种意义上来说就是一种有目的的创作行为，同时设计的过程是要经历数据的采集、归集、处理及应用，再整合不同的数据信息。系统设计是指将所设计的各种简单或复杂的产品、设备等看成一个系统，运用系统工程的方法设计不同层级系统之间的相互关系，包括输入、处理（设备）、输出、反馈“四要素”，并按照有目标、有规划、有组织、有保障、有规则、有效果的“六步骤”，系统控制全生命周期进程。系统设计运用的最根本的技术是系统工程理论方法，因此，系统设计要以需求为出发点，要求所设计的系统具有合适性。系统设计阶段的主要目的是根据已通过审核的系统方案，考虑实际的技术、经济和运行环境等条件，并确定系统的物理模型。系统设计包括系统总体设计和详细设计两个主要部分。

系统的总体设计在需求分析的基础上，从程序设计的角度出发将一个复杂的系统按功能划分成各子系统的层次结构，确定系统与子系统、系统与系统、子系统与子系统之间的关系。总体设计和顶层设计是一对孪生胎，两者共同作用，为系统详细设计提供指导思想和奠定方法论基础。总体设计和顶层设计就是要求对系统既要把握宏观，也要掌握微观，两个既有联系也有区别。总体设计侧重于整个系统总体目标及全生命周期，就是以找准需求、规划合理目标和内容、明确组织实施程序、制定组织管理规则、理清边界规则、预计效果“六大步骤”为核心；而顶层设计则是从整体上对系统或者子系统的功能结构、技术体系、资源信息等进行统一设计。“顶层设计侧重在清理并规范各业务体系的管理流程，如工作流程、职能和管理权限等共性的规律，设计出应用系统的总体框架。总体设计还要对数据的信息资源进行规划与设计，从而确定数据资源的表现形式，并将用户的需求细化和‘定型’，规划设计统一的信息资源数据标准。”系统详细设计是以总体设计为基础，以处理流程为依据，将总体结构中的模块逐步分解、细化；选择合适的方法论和技术，加强系统研发人员与系统运行人员的相互沟通及联系；针对不同的情况（包括系统的内外环境、系统的软硬件平台、系统研发周期等）采用不同的技术手段。

总体设计部主要职能之一是对系统进行总体设计，就是对整体系统进行“最高层次”的设计，而不是上一级对下一级系统进行的设计，是系统最高层对整个全局的设计。总体设计部设计的是如何组织、如何管理、如何分工、如何集成、如何形成、如何完成全局性运筹帷幄的思路或思想。总体设计部要对它所服务的系统进行设计，要以有目标、有规划、有组织、有保障、有规则、有效果“这六个有”为顶层设计原则，以系统需要为导向进行总体设计和顶层设计。系统设计职能是总体设计部的根本内容，是基础部分，是任何层级的总体设计部都必须强化的职能。

（二）统一领导职能

总体设计部的领导职能主要表现在统一思想、统一标准、统一规则、统一力量和统一行动，这五个部分是一个系统。总体设计部以这“五个统一”为抓手对系统进行全面领导。

统一思想是保障系统整体提升的基础。在系统工程项目中需要在新的理论、新的认识、新的目标、新的观念的基础上达到新的统一，是要用更加符合事物发展客观规律的认识来取代不合时宜的认识和观念。统一思想是一个长期而艰巨的任务，每个阶段、每个里程碑，都必须围绕中心工作展开，都要有统一思想的目标和任务；统一标准是系统提升的重要支撑，统一标准就是对各子系统的技术标准进行总体设计，在标准化统一的情况下，系统与子系统、子系统与子系统之间能够形成总体效应、全面联动和综合集成的效果。只有统一标准，各系统才能紧密相连、相互协调，整个系统才能更加完善、更加高效。统一标准的目的是实现系统运行的制度化、规范化、程序化。同时，统一标准并不是机械地执行一套固定不变的体系，它应该是灵活的，在行政和技术两条路线上进行分别设计。总体设计部的统一领导也正体现在对标准进行系统设计、灵活完善上，这一过程是动态的平衡；统一规则是系统提升的保障，没有规则就不成方圆，系统内统一的规则有利于系统的协调与协作，能够维护系统内的团结，保障系统的整体提升。总体设计部为整个服务系统提供咨询及协调，以维护集体的利益为目标，保障整个系统有序健康运行必须制定出各个系统成员都遵循的规章和条文；统一力量是总体设计部的重要职能，是系统运行的力量源泉，将系统及子系统中的元素统一起来，能够发挥整合作用。总体设计部掌握整个系统的资源信息，对各系统的数据信息结构更是了如指掌，所以它能够统一系统力量，将资源进行合理分配和有效利用，也可以协调信息沟通不畅造成的资源浪费；统一行动是系统运行的重要保证。在项目设计及运行中必须依靠、服从总体设计部，自觉接受组织安排和行动，这样才能保证按照既定方案逐步推进完善系统。

（三）协同创新职能

协同创新多为系统内部形成的思想、理论、方法、技术、工程等的共享机制，特点是各独立的创新主体拥有共同的目标、内在动力，可直接沟通，依靠现代信息技术构建资源平台，进行多方位交流，多样化协作。它实现系统从无序态向有序态的转移，即系统的综合提升。协同创新是一个融合沟通交流、组织协调、整合创造的过程，是系统提升的过程。它需要一个实体机构来进行运行，而总体设计部可担此任。总体设计部执行协同创新职能在于它能够整合各种资源，是大跨度各专业、各领域的综合体，以信息、知识和智慧的综合集成和产生增值为核心。

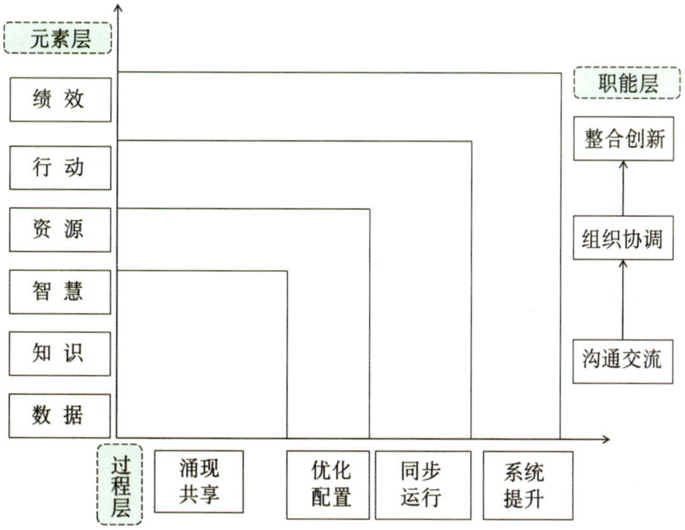

协同创新框架示意图

协同创新职能的重要内容是组织协调，指根据工作任务，对资源进行分配，同时控制、激励和协调群体活动过程，使之相互融合，从而实现组织目标的能力。总体设计部协调各方利益主体，集成各方优势，提升系统能力。社会系统是开放的复杂巨系统，由几百到成千上万的变量组成，每一个变量在系统运行中都发挥着不可替代的作用。系统元素之间的相互关系及协作方式在很大程度上决定了系统运行的成败。正如钱学森在工程控制论中指出的“将不可靠的元器件组合成可靠的系统”，其中不可靠的元器件就是系统元素，也就是社会系统中的成千上万的变量。如何将这些系统元素整合起来，集成各方优势，协调子系统的协作与沟通至关重要。总体设计部作为从总体上把握系统，对系统各元素进行整合的实体机构具有协调的必要性和可能性。正如钱学森指出：“国家的功能是一个整体，大概可把它分为八个方面：物质财富的生产、精神财富的创造、后勤服务方面即第三产业、政府行政组织管理、法制、国际交往、国防及生活环境。这八个方面是相互关联的，是一个整体，我们必须认识到，一个国家是一个整体，不可分割。”如何治理好国家系统是人类一直以来的追求，社会系统工程研究的对象是整个社会系统，这个系统极为复杂，运用社会系统工程方法的总体设计部能够协调各系统之间的关系及各子系统内部元素之间的关系，为系统有效运行创造条件与环境，促进系统的整体提升。正因为总体设计部设计的是系统的总体，规划的是整个系统，所以在实践中必须具有综合考虑各方因素的协调功能。

总体设计部作为系统中提供决策咨询的顶层，具有融合各项组织机构的优势，能够联合研发创新型技术，实现利益共享和风险共担，具有避免由于单方面违约造成的重大损失的独特优势。协同创新源自信息爆炸的新时代，数据的急剧增长使得数据已经成为决策的重要支撑，数据处理创新技术的研发与应用是提升整个国家创新体系的重要内容。由于大数据的复杂性，在理论基础和处理技术上就更需要如企业、高校以及科研单位等组织的创新、共享与互补，以节省成本，提供效率。所以，协同创新是一项复杂的系统工程，需要运用系统工程理论方法进行研究与推进。总体设计部作为系统工程理论方法技术的实现机构，在推进协同创新中必然能够发挥不可替代的作用。

（四）咨询服务职能

总体设计部的核心职能是咨询服务，提供资讯与建议，解决问题，为科学决策提供前期基础。钱学森曾明确指出，“总体设计部本身就是一项咨询服务工作。总体设计部中的一些工作人员是知识技术咨询服务工作者。”为决策提供参谋和服务性工作的社会活动称之为咨询。

总体设计部对系统的总体进行设计，就能够在总体上把握系统的全部，能够准确地定位系统的发展，判断系统提升的方向。总体设计部的组织具有系统科学的理论基础，具有系统工程的科学方法和丰富的经验和学问。它的组成人员不仅包括跨专业、跨学科、跨领域的融合型专家学者，还包括具有极高的专业素养的技术专家。这一组织具有高瞻远瞩的战略眼光和谋略，针对一些重要的发展规划，总体设计部能够提供较为客观、科学的多种论证方案。同时，方案被采纳后，尽管该方案是在定性与定量全面、科学的分析方法下完成的，但它在实践中也会出现不同程度的偏差，因为总体设计部的工作不可能做到完全的正确。针对这些偏差反馈在模型中就需要作必要的控制和调节，所以总体设计部在提供多种方案咨询的前提下，还具有反馈调节的功能。总体上说，总体设计部在实践中应发挥咨询服务的重要作用。

（五）决策支持职能

决策作为一种认知过程，是综合各项因素的推理做出的抉择和策略。“决策过程的理解是建立智能决策支持系统的基础。目前，对人类决策过程的理论不仅限于具有明确过程性和可计算性的部分，而且对更高级的人类决策过程还缺乏明确的认识。”因此，决策支持系统对决策过程的高效辅助起到至关重要的作用。决策支持就是在人机交互系统、模型库系统和数据系统中相互作用。总体设计部的技术基础是从定性到定量的综合集成研讨厅，就是人机结合、人网结合、以人为主的信息、知识和智慧的综合集成技术。它的实质就是把专家体系、数据、信息与知识体系以及计算机体系有机地结合起来。可以说，总体设计部的技术核心也是决策支持系统。这一方法技术随着数据挖掘技术、分布式处理、机器学习、软计算、计算智能化和人机人网交互技术的发展也在持续创新，趋向于智能化、更科学化。

总体设计部作为解决实际问题的决策咨询机构，其重要职能就是提供决策支持。在大数据时代的背景下，这一职能将更加重要，需要总体设计部不断创新综合集成型决策支持系统的方法技术，融合智能决策支持系统、分布式决策支持系统，基于数据仓库、联机处理与数据挖掘的决策支持系统、群/组织决策支持系统和职能、交互式、集成化的决策支持等方法技术，充分发挥好决策支持作用。

通过对总体设计部的功能概述可以看出，总体设计部是系统设计、统一领导、协同创新、咨询服务、决策支持的综合集成体，具有纵览全局、把握方向、系统整合的优势，是保障系统、综合提升的唯一的实体性机构。

五、引导总体设计部思想在社会建设各领域中的应用

总体设计部理论在工程系统和社会系统实践中不断发展与完善，钱学森持续引导总体设计部思想在各领域的应用，构想出社会主义国家总体设计部及其运行框架，并积极推进应用。

（一）践行总体设计部思想的应用

从科研一线转入学术研究的钱学森不遗余力地将总体设计部思想推广应用到各种工程实践中。1978 年钱学森曾在某基地的讲话中指出，要将某基地建成世界一流的、现代化的气动力研究基地，需要运行系统工程。第一要素是党的领导。党的领导来自两方面，一个是机关，另一个就是总体部门技术参谋机关。以前是简单的科技任务，采用的方式是由总工程师抓总。总体设计部实际上是总工程师的扩大。由于任务复杂性的大幅度提高，一个人承担不了抓总工作，需要专业部门搞这项工作。由专业部门提出工作方案，然后由领导决定，在实施过程中遇到问题，具体由计划部门协调，机关来完成。总体设计部就是抓总的，是把各部门、分系统的工作综合、协同起来，完成完整的任务。总体部不管别的分系统专业部门管的事情。

某基地工作有两方面需要设置总体设计部：一是型号单位委托的吹风工作。型号外形需要气动数据，这类任务是基地的

一个重要方面，工作量大。上面要组织好，应设立接受型号研制单位委托任务的气动力总体设计部门，简称为总体设计部。接受型号研制单位的任务后，由这个部门考虑完成任务的各项设备，具体承担哪部分任务，各所的风洞设备，哪一座风洞为这项任务做具体工作，有何需求，提供什么数据；由计划部门下达给各所的设备。这是开头的技术组织工作。各所完成任务后，数据汇总到总体设计部进行分析研究，分析研究后写出委托任务试验报告，报告中还应有作为某基地提出的型号设计建议，供其参考。另一个是设备设计的总体设计部。为了将来发展气动力工作，基地还需不断地增加新的试验设备。新设备设计与建成是个大任务，把基地各设备设计集中起来，负责总体任务，明确总体单位工作如何协同测量系统，如何进行气动方面的试验。设备设计还需建立全基地的检测网。这些系统设计，由设计所考虑，但是设计所不应插手具体检测工作。

1984 年 6 月，在参加航天工业部科技委员会召开的“七五”规划和长远设想论证会上，钱学森指出要进一步开发新的科技领域必须完善管理工作，需要继承与创新管理模式。他说：“美国的科技人员与科技管理人员的比例是一比一。现在中央也在强调管理工作的重要性，因此要下决心改组我们的队伍，使部分科研人员转到管理工作上来。首先，理论工作。这里所指的理论工作不是脱离实际的理论工作，而是在实际工作中，用计算的方式代替试验的工作。这是一个花费小、收效大的工作。国外很重视这个工作，计算方法发展很快，现在提出这个问题是可行的，因为我们已经掌握了客观事物的规律，计算方法也较成熟了，也有计算设备。其次，关于质量可靠性问题。先要抓人的因素，因为只有科技人员的兢兢业业、一丝不苟，才谈得上质量可靠保障。在这个前提下，我们要建立一套严密的可靠性质量管理体制，从原材料器件，到生产过程、工艺加工等要建卡登记，有了这样一个严密的管理系统，才能堵塞漏洞，做到对质量问题心中有数。再者，加强管理。航天部的管理已经有一定的基础。今后在管理工作上要借助于电子计算机，用系统工程的办法加强管理，这可以大大提高系统效率，使领导决策有数量依据。最后，生产设备、工装和实验设备要革新，要现代化。要用电子计算机控制加工生产系统。另外，实验设备要革新，工厂要有个抓工艺的总体设计部，专门考虑这个问题。这是我们迎接新的技术革命所需要的，是我们前进所需要的”。

（二）社会主义总体设计部思想的形成及推广

依据航天事业的成功经验，钱学森继续探索国家总体设计部的科学性与可行性。党中央对航天型号研制的顺利开展表示出极大的热情和关注，老一辈领导人曾将已经在航天领域取得成功的方法、经验介绍到国家建设的其他方面。如周恩来总理在一次中央专委会上曾讲过这么一句话：“我们这套东西将来也可以民用嘛！三峡工程就可以用这个。”这套东西是指在国防事业中取得成功的组织和指挥大规模科学技术研究、生产的一套组织管理办法。带着党和国家的重托和对中华民族伟大复兴的使命，钱学森于 20 世纪 70 年代开始竭尽全力地推广国家总体设计部的思想并推动建立总体设计部机构。1978 年，钱学森在《组织管理的技术——系统工程》一文中指出：“总体设计部的实践，体现了一种科学方法，这种科学方法就是系统工程。”1979 年，钱学森提出了建立国民经济总体设计部的具体建议。1983 年 11 月 16 日，钱学森在国家经济体制改革委员会做的报告中讲到：“为了把系统工程用于国民经济的管理，我国需要建立国民经济和社会发展的总体设计部。现在各方面提出的发展战略很多，有这个战略、那个战略，各说各的，但没有一个综合性的总体发展战略。因此，需要成立总体设计部，作为一个国务院的实体，而不是专家座谈会。这个实体要吸收多方面的专家参加，把自然科学家、工程师和社会科学家结合起来，收集资料，调查研究，进行测算，反复论证，使各种单项的发展战略协调起来，提出总体设计方案，供领导决策。总之，国民经济和社会发展的总体设计部是党中央、国务院决策的参谋机构，在实施我国计划体制改革中，千万不要少了这步棋。”1984 年，钱学森在中央党校做了题为《新技术革命的若干基本认识问题》报告。报告指出：“我国已有一大批长期从事经济工作的专家和有关的科技人才。我们相信只要我们把人、机器组织起来，就能建立一个为党和国家的领导当参谋的实体机构，根据党和国家制定的方针、政策，根据国内外的实际情况，提出社会主义建设总体设计和规划的方案，供领导决策。”1987 年，钱学森受邀到中国人民大学举行的吴玉章学术座谈会上做了题为《社会主义建设的总体设计部——党和国家的咨询服务工作单位》的学术报告。报告从国家整体功能以及改革的整体性出发，提出建立社会主义建设的总体设计部及其体系的思想。随着改革的深入以及社会主义建设实践的发展，1991 年 3 月，钱学森在中央政治局常委会议上专门汇报了建立国家总体设计部体系的建议。该次汇报得到了中央领导同志的充分肯定和高度评价，要求进一步明确总体设计部的应用功能、组织形式、工作方式，并要求对组织实施条件方面进行可行性研究，提出一个总体设计部的设计方案。总之，通过综合集成方法和研讨厅体系、总体设计部体系和社会系统工程紧密结合，就会形成科学、技术、实践三个层次相互联系的研究方法和解决社会系统复杂性的一整套方法论，它为国家和社会提供了科学的组织管理方法与技术。这也是钱学森在系统科学理论和应用方面的巨大贡献。

第三部分

寻梦精神

钱学森不仅是“两弹一星”元勋、中国航天事业的奠基人，更是一位思想家、科学家、教育家、战略家，是时代的楷模，永远的丰碑！钱学森不仅为国家留下了宝贵的科学成就和深邃的科学思想，更为后人留下了永恒的科学精神！本部分通过思想先驱、科技泰斗、育人导师、做人楷模四章，彰显了钱学森精神与民族时代精神的高度统一、其科学精神与人文精神的高度统一。钱学森精神是航天、民族精神的生动体现，是国家民族寻梦的精神追求。

第一章　思想先驱——一生为复兴之路前进

中国近现代历史表明，中国特色社会主义是实现中华民族伟大复兴的必然选择。党的十八大报告的一个核心思想，就是坚定不移地沿着社会主义道路前进。中国特色社会主义道路开创于改革开放新时期，其思想、理论和实践的源头可追溯到更早。社会主义思想从提出到现在已经有 500 年了，经过了从空想到科学、从理论到实践的过程。可以预见的是，随着时代的变迁和我国社会主义现代化建设的继续前进，中国特色社会主义道路上的新情况、新问题将不断涌现，我们需要在社会主义思想中不断补充新的元素，融入新的血液。人民科学家钱学森从学习到积累，从理论到实践，形成了一套完整的钱学森系统科学思想体系，在建设中国特色社会主义道路上，在实现中华民族伟大复兴的征程中，将发挥跨时代的重要作用。

一、思想灯塔引领复兴航程

实现中华民族伟大复兴，是全体中华儿女的伟大梦想和共同愿望，也是中国近现代史的主题。党的十八大报告首次明确提出要将实现社会主义现代化和中华民族伟大复兴作为总体任务，告诫“全体中华儿女携手努力，就一定能在同心实现中华民族伟大复兴进程中完成祖国统一大业”。

对于中国，没有哪个目标比中华民族伟大复兴更具有诱惑力和想象空间的。在漫长的历史长河中，中华民族创造了令世界瞩目的辉煌成就，长时间走在世界前列，对人类文明做出了不可磨灭的贡献。近代以来，封建专制统治和西方列强的大肆侵略使中国日渐衰落。具有优秀民族精神的中国人不愿看到民族沉沦。因此，近代以来，实现中华民族伟大复兴成为中国人民的夙愿。改革开放以来，党领导全国各族人民坚持和发展中国特色社会主义，取得了举世瞩目的成就，中华民族伟大复兴展现出前所未有的光明前景。

当前，我们比历史上任何时期都更接近中华民族伟大复兴的目标，比历史上任何时期都更有信心、有能力实现更为远大的目标。

大国复兴当有利器，实现中华民族伟大复兴召唤科学思想引领。实现中华民族伟大复兴是一项光荣而艰巨的事业，需要一代又一代中国人为之努力，需要科学的思想武器保驾护航。当前，我国在深化改革道路上，面临一系列突出矛盾和挑战，面临各种困难和问题，如发展不平衡、不协调、不可持续问题依然突出，科技创新能力不强，产业结构不合理，发展方式仍然粗放，城乡区域发展差距和人民收入分配差距仍然较大，环境污染比较严重等。

二、科学实践缔造时代创举

思想产生和形成的基础是实践。中国共产党领导的革命和建设的实践，是毛泽东思想产生的理论实践基础。毛泽东思想正是在我国新民主主义革命、社会主义革命和社会主义建设的实践过程中，在总结我国革命和建设正反两方面历史经验的基础上，逐步形成和发展起来的。科学思想的产生和形成的基础是科学实践，典型的科学思想包括数学科学中的极限思想、自然科学中的互补思想、生命科学中的进化思想、社会科学中的和谐思想、思维科学中的系统思想、哲学科学中的转化思想。实现中华民族的伟大复兴的中国梦就是要实现国家富强、民族振兴和人民幸福，必须要走中国道路，弘扬中国精神，凝聚中国力量。而所有这些都需要思想武器的指导与护航。自 20 世纪 80 年代以来，钱学森的系统科学思想不断在中国大地传播，在实现中华民族伟大复兴的关键时期，更具有重要的实践价值和科学意义。

钱学森系统科学思想是当代最伟大的创新思想之一。良好的家庭成长环境、相伴一生的文化艺术熏陶、铁道航天救国的教育经历、艰苦卓绝的航天实践等，使钱学森思想之活跃、涉猎领域之广泛、原始创新性之强，在学术界十分罕见。今天来看，中国航天是在当时的客观条件下，把科学技术创新、组织管理创新、体制机制创新有机结合起来，实现了综合集成创新，从而走出了一条我国航天事业自主创新和协同创新的发展之路，使我国航天事业一直在持续进步[①]，处于世界领先水平。20 世纪 80 年代初，钱学森从科研一线领导岗位退下来以后，将多年的航天实践与一生的科学积累，投入到学术研究之中。

① 于景元：“从系统思想到系统实践的创新——钱学森系统研究的成就和贡献”，《系统工程理论与实践》，Vol. 36，No. 12，2016：2993～3002。

钱学森以“系统学讨论班”的方式开始了创建系统科学的工作，从1986年到1992年的7年时间里，钱学森参加了讨论班的全部学术活动，广纳各方意见，相继提出了复杂巨系统理论、人机结合且以人为主的理论，以及对六次产业革命的设想，在取得这些成就的过程中，形成了钱学森系统科学思想。

三、大师精神光耀民族复兴

钱学森不仅是一位科学家，还是一位思想家，是中国现代创新思想之先驱。“多难兴邦，殷忧启圣。”为寻找一条光明的复兴之路，无数仁人志士抛头颅，洒热血，前赴后继，他们不为官，不为钱，不怕苦，不怕死，只为心中信仰、心中祖国、心中人民①。人民科学家钱学森是众多民族之星中最闪亮的那颗，在祖国最需要他的时候，他不顾层层阻挠，毅然回到祖国并投入科研一线，他的知识跨结构学科、跨领域、跨层次，是一位难得的帅才。钱学森的科学精神与品德、科学思想与方法、科学成就与贡献，给我们积累了宝贵的知识财富、思想财富和精神财富。他是中国现代史上一位伟大的思想家、科学家、科学大师和科学泰斗，也是一位远见卓识的战略科学家和科学领袖。钱学森勇于担当、爱国爱民、求真务实、淡泊名利、自强不息的爱国情怀，正是全面深化改革、实现中华民族伟大复兴关键时期需要让全国人民学习和弘扬的一种精神，是中华民族的骄傲，是中华民族伟大复兴的支撑。

---

① http：//finance. chinanews. com/gn/2016/11－12/8061079. shtml.，中国新闻网，2016年11月12日。

钱学森系统思想来源于实践，而且服务于实践。辩证唯物主义观点认为客观世界是普遍联系的，正如马克思所说，“世界是普遍联系的整体，任何事物内部各要素之间及事物之间都存在着相互影响，相互作用和相互制约的关系”。钱学森将其与科学实践紧密结合，创建了系统学，提出了开放的复杂巨系统及其方法论，开创了复杂巨系统科学与技术这一新的科学领域，在系统思想的基础上，提出了总体设计部思想。所有这些成就标志着钱学森系统思想、系统理论、系统方法和系统技术与系统应用有了新的进展，达到了新的高度，进入了新的阶段。同时，从系统思想到科学实践的整个创新链条上，从工程、技术、科学甚至哲学的不同层次上，钱学森都做出了开创性的贡献。他不仅建立了系统科学和复杂巨系统科学体系以及综合集成方法体系，还将系统工程从工程系统工程发展到了复杂巨系统工程和社会系统工程，在开办广纳各界人才的 7 年系统学讨论班过程中，他已将系统工程渗透到更广泛、更复杂的社会各领域实践之中。

实现中华民族伟大复兴系统科学思想、实现中华民族伟大复兴的关键是发展科技，提高生产力。“科技兴则国兴，科技强则国强”，如果 20 世纪 60 年代以来，中国没有原子弹、氢弹，没有发射卫星，中国就不能被称为有重要影响的大国，就没有现在这样的国际地位。“工欲善其事，必先利其器。”大国复兴，当有利器。科技是当今世界发展之利器、强国之利器，实现中华民族伟大复兴必须建设科技强国。高科技成果能反映一个国家的科技发展水平和综合国力，影响它的国际地位。1988 年，邓小平明确指出：“如果 60 年代以来，中国没有原子弹、氢弹，没有发射卫星，中国就不能叫有重要影响的大国，就没有现在这样的国际地位。这些东西反映一个民族的能力，也是一个民族、一个国家兴旺发达的标志。”的确，中国“两弹一星”和载人航天事业的发展实现重大跨越，极大地增强了我国的综合国力，振奋了民族精神，并为我国的大国地位打下最坚硬的基石①。在我国，经济发展进入新常态，进入发展迈向新高端的关键时期，科学技术在生产力系统中的作用和地位越来越突出，越来越重要。“不谋万世者，不足谋一时；不谋全局者，不足谋一域。”面对日益复杂的国内外环境，我们必须形成集中力量办大事的新机制，采取人力、物力、财力等资源集中配置、高效整合的方式，形成合力，发挥最大力量。钱学森的《工程控制论》中曾写道，用多个不可靠的元器件经过有序组成，可形成一个可靠运行的系统，这也正是钱学森系统科学思想的精髓。钱学森的系统科学思想将在实现中华民族伟大复兴的关键时期发挥了无可替代的关键作用。

许多年来，中华民族历经磨难，自强不息，实现中华民族伟大复兴的中国梦不是一蹴而就的事情，只要我们坚持党的领导，紧密团结，万众一心，用钱学森系统科学加强顶层设计思想，我们将在全面建成小康社会、全面深化改革、全面推进依法治国、全面从严治党、实现“两个一百年”目标的新征程上阔步前进，中华民族伟大复兴中国梦一定能够早日实现。

---

① http：//cpc. people. com. cn/n1/2016/0927/c69113 - 28744611. html，人民网，2016年9月27日。

第二章　科技泰斗——始终为强国之路探索

浩瀚时空，辽阔宇宙，每个自强不息的民族都有着它的航天梦。从玉兔登月、大运首飞，到高超音速飞行器定型、重型火箭发动机研制、神十一对接、最大推力——新一代运载火箭长征五号升空、“天宫二号”成功发射……一项项傲人的成就向世界展现着中国智慧、中国精神、中国力量！

伴随航天事业的光辉历程，中国在政治、经济、文化和社会建设等方面都取得了举世瞩目的伟大成就。然而，这些成就的取得离不开一代代群星般闪耀的杰出人物的重大贡献。在这灿烂的群星之中，有一颗最为耀眼，他就是伟大的人民科学家——钱学森。中国人民解放军总后勤部原政委张文台上将曾说：“钱学森值得我永远学习，他是思想的先驱、科技的泰斗、育人的导师、做人的楷模。”

一、竭力点燃强国科技之梦

中华民族的伟大复兴梦启于中国共产党带领全国各族人民推翻“三座大山”、迈向社会主义的历史新纪元。新起点带有无限的希望，但也充满了艰辛与苦难。20 世纪 50 年代中期的中国百废待兴，外敌虎视眈眈，面对严峻形势，中国领导人清醒地认识到，唯有强大的军事与科技实力才能保障国家的安危和民族的富强。

钱学森就是抱着航空救国的梦想，踏上了赴美求学的道路。在美国20年的学习和研究，钱学森成为著名的空气动力学专家、航空推进专家和世界数一数二的航天专家，并为反法西斯战争和人类的和平做出了卓越的贡献①。当中国人民政府成立的号角划破天际，在海外游子们心中响起时，钱学森兴奋地意识到："该回国了！"1955年10月，钱学森历尽艰辛万苦，冲破美国政府的重重阻挠，终于回到了祖国的怀抱。在举国上下面临缺钱、缺人、缺技术的大困境中，陈赓大将问："我们中国人能不能搞导弹？"钱学森却依然自信满满地回答道："有什么不能的？外国人能造出来的，我们中国人同样能造出来。难道中国人比外国人矮一截不成？"

自此，钱学森在毛泽东、周恩来和聂荣臻等老一辈无产阶级革命家的领导下，带领中国科技工作者在一穷二白的基础上创建了中国航天事业，成功研制了中国自主设计的导弹武器，并在1966年成功完成"两弹结合"实验，中国从此拥有了真正的国防尖端武器。

在复杂的世界格局中，中国依靠战略威慑武器取得了和平发展的国际环境，这个效应一直延续至今。1970年，钱学森领导中国航天科技工作者研制的"东方红一号"卫星成功发射升空，"两弹一星"的成就奠定了中国的国际大国地位。20世纪

① 汪长明："钱学森的中国梦"，《中国井冈山干部学院学报》，2014，7（3）：56～62页。

70年代末以来，钱学森在诸多学科领域进行了不懈的探索，特别是在社会科学、系统科学、思维科学等领域做出了开创性贡献。他倡导的系统工程、总体设计部、综合集成方法等为中国的社会管理与经济建设做出了重要贡献。

作为享誉海内外的杰出科学家和中国航天事业的奠基人，钱学森以其出色的才华与杰出贡献享誉世界，深受众多国际友人、华夏各界由衷的赞赏。美国著名航天工程学家、钱学森的导师冯·卡门对这位弟子极度认可："他是一个毋庸置疑的天才，他的工作大大促进了高速空气动力学和喷气推进科学的发展。我发现他非常富有想象力，他具有天赋的数学才智。人们都这样说，似乎是我发现了钱学森，其实，是钱学森发现了我。"美国火箭专家克拉克评价道："中共的归国学人当中，无人重要性能出钱学森其右。"中国工程院院长路甬祥亦是认为："钱学森院士作为'两弹一星功勋奖章'获得者和唯一的'国家杰出贡献科学家'，既是一位杰出的科学家，也是一位伟大的爱国主义者，始终将个人的前途与祖国的命运联系在一起。"钱学森的学生、院士、国务委员宋健说："钱学森是我们的民族英雄！"而中国科技协会副会长庄逢甘更是认为："中国的火箭事业始于钱学森。若非钱学森，中国的科技还要落后20年。我们的太空发展就不可能有今天的成就。他既是首席科学家，也是最高权威。"

在举国上下为雄壮伟丽、装备精良的"国庆阅兵"而倍感自豪之际，名为"东风"的钢铁雄师，让中国人民挺直脊梁，这一令全世界瞩目和敬畏的国之重器正是肇始于人民科学家、战略科学家——钱学森先生。60年前，他留学海外学有所成时，原本可以在美国过优越的生活，但他心系苦难中的祖国，即使被抄家、被禁止参与研究甚至被投入监狱，也不能让他屈服。他历尽千辛万苦，终于回到祖国怀抱。他为世界反法西斯战争的胜利、为祖国傲立于世界做出了重要贡献。中国航天系统科学与工程研究院薛惠锋院长对其发出由衷赞叹："钱学森为祖国争光，为世界添彩，更为中国人长脸！他代表中国在世界科技前沿说话；他在茫茫宇宙中为中国人标注了迈向航天的高度；他始终把人民珍藏在滚烫的心间；他让一个曾经缺钙的民族有了争气的脊梁。高挂在太空上的'钱学森星'永远照亮华夏儿女的征途，钱学森的名字永远矗立在中华民族丰功伟业的历史长河之中！"

二、科学精神攻克巍峨高山

伟大的精神造就伟大的人物，伟大的人物成就伟大的事业。钱学森的人生是一段精彩的传奇，钱学森的成就是一座巍峨的高山。而作为一代科技之泰斗，钱学森的精神更是一笔无可替代的宝贵财富。面对错综复杂的国内外形势，中国航天事业要继续攻坚克难，每一位华夏儿女都要为早日实现民族之复兴"中国梦"而不懈努力，这就需要凝聚以钱学森精神为代表的不可撼动之力量。

学习钱学森，不仅要了解其生平事迹，更应该学习他高贵的精神品质，让科技泰斗之精神、品质成为最广大人民群众的学习资源。同时，还要深入挖掘其精神本身的形成规律，探索出培育这种精神的科学途径，而这也正是在一定程度上求解

“钱学森之问”所要考虑的重要方面。

（一）勇于担当、不图己荣的爱国情怀

2008 年 2 月，感动中国组委会授予钱学森“感动中国 2007 年度人物”的颁奖词中这样评价：“在他心中，国为重，家为轻，科学最重，名利最轻。5 年归国路，10 年两弹成……他是中华民族知识分子的典范。”钱学森从小立报国之志，赤心报国，始终把自己的命运与国家的命运紧密相连，每一次人生选择无不充满了报国情怀。矢志报国，源于对伟大祖国的深厚感情。科学无国界，但科学家有自己的祖国。钱学森是在旧中国积贫积弱、千疮百孔的情况下赴美求学的，虽然美国科技很发达，条件很优越，但他清楚地知道，那里只是他人生的一个驿站，遥远的祖国才是他的家。怀着对祖国的深厚感情，他选择了航空救国的人生道路，发愤苦读，志在报国。在美国 20 年，他时刻准备回国，没有买过一美元的保险；在将风洞原理应用于风车发电的实例计算时，他选取的条件就是和祖国一样的自然条件。“我的事业在中国，成就在中国，归宿在中国”，这句话生动地诠释了钱学森真挚浓烈的赤子情怀。他百折不挠，源于对民族自强的坚定信念。钱学森始终坚信中华民族有能力屹立于世界民族之林，并为此付出了全部激情和心血。在美国学习工作期间，他始终密切关注祖国的命运和时局的变化，无时无刻不考虑归国参加建设。正是在铁一般信念的坚强支撑下，无论是麦卡锡主义的威逼恫吓，还是金钱地位的利诱蛊惑；无论是身陷牢狱遭受迫害，还是受到监控失去自由，他都没有动摇归国的坚定决心，其崇高的民族气节可歌可泣。

（二）愿为公仆、永守誓言的爱党情怀

在中国政府反复交涉之下，美国政府不得不停止对钱学森的扣留，在他乘船回国途经菲律宾的马尼拉港口时，上来一个美联社记者，头一句话就问他是不是共产党。钱学森说：“共产党人是人类最崇高的人，我还够不上共产党员的资格呢！”回国后，钱学森目睹了祖国发展的新景象，看到党的各级领导干部廉洁奉公、全心全意为人民服务的形象，这位在旧中国度过漫长黑夜的科学家大为感动。在学习了党的知识以后，他深深地认识到，党的事业是非常伟大的，而他个人不管有多大本事，如果不依靠党组织，他所追求的祖国强大的梦想也无法实现。所以他回国不久就萌生了入党的愿望，他到当时的科学院党组书记张劲夫家谈了自己在美国的遭遇，并郑重提出入党请求。张劲夫对钱学森要求进步的动机给予了肯定和鼓励。无论是其长达 7 页纸的“思想检查”，还是长达 8 页的“交心”材料，都彰显了钱学森对加入中国共产党的渴望。对于入党，钱学森视其为“人生三大激动”之一，这正是一位科学泰斗对党、对祖国、对人民热爱之情的独特表达，也揭示了钱学森辉煌一生的根本所在。

（三）务实创新、为民服务的科学精神

1964 年，一位远在新疆生产建设兵团农学院的年轻人郝天护给钱学森写信，指出钱学森的一篇力学论文中的一处错误，并提出纠正意见。信发出后，郝天护惴惴不安。然而，几天后他收到了钱学森的亲笔回信：“我很感谢您指出我的错误。您

应该把您的意见写成一篇几百字的短文，投《力学学报》刊登，帮助大家。”他不仅会向他人承认错误，也会在真理面前与冯·卡门和冯·米塞斯这样的大师争得面红耳赤，因为他始终认为研究工作必须实事求是，坚持真理，勇于创新。正如钱学森所言：“我们不能人云亦云，这不是科学精神，科学精神最重要的就是创新。”

作为一位伟大的科学家，钱学森用自己的一生始终实践着一句看似平凡而伟大的诺言：“我作为一名中国的科技工作者，活着的目的就是为人民服务。如果人民最后对我的一生所做的工作表示满意的话，那才是最高的奖赏。”20 世纪 60 年代是中国国防科技事业发展关键期，而这时也是中国遭受三年自然灾害，全国人民生活十分困难的时期。为了保证科技专家的正常工作，党和国家想尽办法在生活上给以照顾，聂荣臻元帅特意送去一点猪肉并交代说，给钱学森补充营养。而钱学森面对炊事员为他做的一小碗红烧肉，厉声责问：“你们不是不知道，现在全国人民都很困难，连毛主席、周总理都不吃肉了，你们居然给我做红烧肉，党性到哪里去了？”他说，“我不能搞特殊，要和全国人民共渡难关。”

（四）艰苦奋斗、自强不息的进取精神

钱学森渊博的知识、敏锐的思维让很多后人羡慕不已，但是知识的累积、成就的取得更离不开他那份积极进取的精神。钱学森在积贫积弱、千疮百孔国情下赴美留学，然而迎来的是诸多欧美学生对中国轻蔑的眼光，对此钱学森义愤填膺：“作为个人，你们谁敢和我比成绩？”一次，有一个教授出了一套

很难的考题，全班大部分同学都做不出来，成绩不及格，这在学生中引起不满，决定找教授评理。当学生们来到教授办公室门口时，却发现钱学森的试卷被贴在门上，卷面书写清洁工整，每道题都完成了，于是学生们再不敢去找这位教授了。怀着这份自尊、自强与自信，钱学森潜心研攻，其仅用一年的时间即获得了麻省理工学院航空工程硕士学位，35 岁就成为麻省理工学院的终身教授，世界知名的火箭喷气推进专家、美国空军科学咨询团成员、美国海军炮火研究所顾问。回到祖国，年轻的共和国工业门类残缺不全、人才奇缺、资金困难、科研条件几近于零，但钱学森依然坚信“外国人能造出来的，我们中国人同样能造出来”。新中国的导弹和航天事业就在这一穷二白的状态下迈开了它的第一步，归国不久的钱学森也开始谱写他长达近三十年艰辛而又辉煌的中国航天事业创业史。

（五）淡泊名利、甘为人梯的奉献精神

钱学森的一生为党、为祖国、为人民勤恳工作，业绩斐然，功勋卓著，但是他从不居功自傲，对于别人的赞誉总是说“不敢当”，“我个人仅仅是沧海一粟，真正伟大的是党、人民和我们的国家”。对于金钱地位他从来都是淡然处之，常说“我姓钱但不爱钱”。为了潜心科研，主动辞去了国防部五院院长的职务。涂元季说：“钱学森一辈子为名所累，就想非常低调地做人做事。在日常工作中，他对自己的生活规定过很多‘不’，包括不题词，不为别人的书写序，不参加任何成果鉴定会。退出一线工作以后不去外地出差，不出国，不参加任何应景的活动，不担任任何荣誉职务。”时任美国总统科学顾问的基沃斯来华邀请钱学森访美，由总统或副总统授予他国家科学勋章，钱学森毅然拒绝了。他说：“如果将来我死了以后，中国人民说我钱学森还为党、为国家、为人民办了点事的话，那才是最高的奖赏。”所以，感动中国推选委员阎肃、陈章良分别这样评价钱学森：“大千宇宙，浩瀚长空，全纳入赤子心胸。惊世两弹，冲霄一星，尽凝铸中华豪情，霜鬓不坠青云志。寿至期颐，回首望去，只付默默一笑中。”“他不仅以自己严谨和勤奋的科学态度在航天领域为人类的进步做出卓越的贡献，更以淡泊名利和率真的人生态度诠释了一个科学家的人格本质。”

（六）敏锐洞察、未雨绸缪的远见卓识

钱学森参与撰写的美国军方和美国国防部高技术报告《迈向新高度》，被誉为奠定第二次世界大战后美国取代德国在航空史上领先地位的理论基础之作，成为第二次世界大战后美国火箭、导弹、飞机长远发展的重要蓝图。归国后的钱学森肩负祖国导弹和航天器研制的技术领导重任，他始终站在世界科技的前沿，以自己的远见卓识对中国国防科技和科学技术发展做出战略性、全局性思考。“中国共产党人要看到国家的未来，考虑50年后、100年后，以至1 000年后的中国与世界。”在新中国第一个十二年科学规划制订中，他主持和参与提出了6个紧急项目，后来成为影响我国科技发展全局的关键点和生长点，特别是他主持提出和实施的喷气与火箭技术的建立，为我国现代国防事业的发展奠定了重要的技术基础。他于1956年提出用于风力发电的“风洞风车”的构想，比国外提出同类型装置要早10多年；他起草的《建立我国国防航空工业的意见

书》，第一次系统地从领导、科研、设计、生产等方面提出了发展中国火箭和导弹技术的重要意见；他主持的《我国地地导弹发展途径的意见》，科学规划了中国中近程、中程、中远程和洲际导弹的长远发展。他向中央提出的中国人造卫星研究计划及卫星发展的三步走策略，描绘了中国空间技术发展的宏伟蓝图。晚年，钱学森还心系国家未来发展，特别是针对杰出人才的培养向党和国家领导人建言献策。

（七）信念执着、信仰坚定的赤子情怀

钱学森曾说过，“懂得哲学的人才是真正思想解放的人”，“马克思主义哲学是智慧的源泉”。他以科学家的理性精神学习研究马克思主义理论，尤其是马克思主义哲学，坚信马克思主义理论是迄今最科学的社会科学理论，马克思主义的世界观是科学的世界观。他认为思想解放必然带来科学的革命，科学革命必然带来技术革命，技术革命带来产业革命，产业革命带来社会变革。如万众创新、大众创业、创客丛生，必然使群众的智慧充分发挥出来，使社会的创造力充分激发出来，使物质充分涌流出来，达到国家富强、民族复兴、人民幸福的目的。

三、不朽精神辟除强国荆棘

钱学森是科技界的一面旗帜，也是知识分子的一面旗帜，是中国共产党人的一面旗帜，也是中华民族的一面旗帜。科技泰斗之精神作为钱学森的精神禀性，是民族精神的集中体现，是中华民族宝贵的精神财富，曾经为社会主义中国的发展做出

了不可磨灭的贡献，当前和今后，它仍将为中国特色社会主义的发展发挥积极作用。在当代中国，市场经济快速发展，改革开放不断深化，科技发展日新月异，经济全球化浪潮汹涌的背景下，学习培育钱学森精神，对于我们今天建设中国特色社会主义、推动科学发展、促进社会和谐、建设社会主义核心价值体系，更具有重要的现实意义。

（一）弘扬钱学森精神是推进航天强国建设的应有之义

最新编制的航天发展“十三五”规划指出，“十三五”期间，将着力打造新一代运载火箭谱，基本形成主体功能完备的国家民用空间基础设施，满足各领域主要业务需求，完成载人航天和探月工程三步走任务，形成较完善的卫星及应用产业链。可见，新时期国家对建设航天强国倍加关注，而航天所要承担的任务也更加艰巨。对此，只有秉承钱学森老一辈航天人自力更生、自主创新的优良传统，充分发扬“特别能吃苦、特别能战斗、特别能攻关、特别能奉献”的载人航天精神，客观而冷静地对待当前国内航天发展与国际航天强国的差距，以此为动力源，增强自身的责任感与使命感。与此同时，在追求航天快速发展过程中，要坚持钱学森留下的系统工程管理的理念。几十年来，中国航天科技工业管理体制历经调整变化，研制任务不断更新换代，而以强调总体设计为核心的系统工程一直是中国航天系统研制与管理实践不变的主旋律，是航天弹、箭、星、船研制成功的基本保证。尤其是载人航天工程，堪称中国在20世纪末期至21世纪初期规模最庞大、技术最复杂的航天工程。这项工程的最终产品本身就是个复杂的系统，它包罗许多组成部分，每个部分又由许多仪器、组件构成，每个仪器和组件又由许多单元、元件所组成，它们互相紧密联系在一起，构成一个能完成给定任务的实际系统。面对这样的复杂系统，就需要依据其实际动态发展情况，不断创造性地运用系统工程理论与方法，完善组织管理体系，保障航天工业的跨越式发展。

（二）弘扬钱学森精神是自觉践行社会主义核心价值观的基本保障

正如爱因斯坦在追念居里夫人时所说，“第一流人物对于时代和历史进程的意义，在其道德品质方面，也许比单纯的才智成就方面还要大。即使是后者，他们取决于品格的程度，也远超过通常所认为的那样。”钱学森的事业成就也是与他的道德品质密不可分的，他的高风亮节与他的丰功伟绩同样不朽。钱学森精神是社会主义中国宝贵的精神财富，它充分体现了社会主义核心价值观的要求，是践行社会主义核心价值观的光辉典范。第一，钱学森作为一位伟大的马克思主义者，以坚贞不渝的情怀信奉马克思主义，以与时俱进的思想研究马克思主义，在马克思主义哲学的指导下，在事业上取得了卓越的成就。第二，钱学森始终坚持中国特色社会主义共同理想，一方面他以自己辛勤的劳动，几十年如一日投身社会主义现代化建设，为社会主义中国的国防现代化、科技现代化，做出了突出的贡献；另一方面，他持之以恒地学习中国特色社会主义理论，晚年以耄耋高龄仍在认真学习新世纪、新阶段党的创新理论。第三，钱学森精神是以爱国主义为核心的民族精神和以改革创新为核心的时代精神的绝佳典范。自强不息、厚德载物、谦虚谨慎、勇于担当等中华民族的优秀品质，都在钱学森精神中有很好的体现，尤其是钱学森的爱国主义更是广为人知。自从钱学森回到祖国，他几乎就是中国爱国知识分子的代名词，他的爱国主义精神一直是激励人们精忠报国的动力。第四，钱学森的道德修养是崇高的，在社会主义荣辱观所倡导的各个方面，他几乎都可以成为道德模范，正如有人说的那样，钱学森的科学成就或许可以被超越，但钱学森的精神是难以逾越的，是永远值得人们珍视仰望的。

（三）弘扬钱学森精神是建设学习型、服务型、创新型马克思主义执政党的重要助推力量

党的建设对于推动与保障国家安全发展至关重要，面对国际与国内新形势，党的十八大报告中指出，“要建设学习型、服务型、创新型的马克思主义执政党”。该战略思想的提出与落实，对党的发展有着深远而重大的影响。如何贯彻落实其战略思想，是当前面临的一项重大课题。完成好这一历史课题，需要全社会的共同参与，需要从经济、政治、思想、文化、社会等方面协调配合。钱学森精神是站在全党战略高度，立足全国经济社会发展实际，为提出的科学合理论述，促进党的执政水平和执政能力再提高，推动执政基础更稳固提供了良好的精神动力、学习内容和智力支持。从一般意义而言，钱学森精神作为具有进步意义、人类宝贵的精神财富，它是学习型、服务型、创新型马克思主义执政党应该学习、研究、借鉴的宝贵资源。从具体内容而言，钱学森精神所蕴含的有关要素尤其值得认真对待。首先，建设学习型、服务型、创新型马克思主义执

政党，一项根本性的任务就是要研究和掌握共产党执政规律、人类社会发展规律、社会主义建设规律。然而，规律是客观的，也是隐蔽的，需要掌握科学合理的学习研究方法，树立良好的学风。钱学森精神中的务实创新、为人民服务的科学精神，愿为公仆、永守誓言的爱党情怀，及深谋远虑、未雨绸缪的前瞻意识等，都是建设学习型、服务型、创新型马克思主义执政党所不可或缺的。尤其是其“活到老、学到老”的学习型人生，更为人们树立了学习标杆。其次，建设学习型、服务型、创新型马克思主义执政党需要倡导终身学习、自我教育，但同时也离不开高素质的教育者，因此，钱学森精神中蕴含的淡泊名利、甘为人梯的奉献精神也是需要大力提倡的。

（四）弘扬钱学森精神是培养适应时代需求的杰出人才的客观要求

当今，国家与国家之间的竞争是综合国力的竞争，说到底是科技人才的竞争；一个国家、一个民族的发展和未来，最终依赖于高素质人才的培养；人类社会的一切发展，最终也是为了实现人的自由、全面、发展。当前，我们要建设社会主义现代化国家，实现国家富强、民族复兴，急需各类高素质的杰出人才。然而，问题正如钱学森在晚年经常思考与忧虑的那样：为什么中国现在出不了大师级人才？中国大学为什么培养不出创新型人才？在这个自由开放、人才辈出的年代，我们期盼的杰出人才却还是可遇而不可求。钱学森作为中国大师级人才的杰出代表，他本身就是值得我们深入研究的典范，他的精神品质就是我们今天试图培养杰出人才时需要认真学习、深入思考的要素。钱学森锐意创新的精神和能力，这是人们通常认为杰出人才所具备的突出特点。从钱学森本身而言，钱学森精神是一个有机的整体，离开其中任何一方面，钱学森就不是钱学森了。今天，学习钱学森精神也要从整体着眼。杰出人才就需要培养出实事求是、求真务实的科学精神，离开实事求是、求真务实，创新就没有了根基；杰出人才需要培养前瞻意识，没有前瞻性的眼光，就找不到创新发展的正确方向；杰出人才需要培养艰苦奋斗、自强不息的进取精神，天才从来都来自勤奋，缘于创造和拼搏；杰出人才需要培养开放包容的民主精神，闭门造车，故步自封，难以实现发展和进步，更不用谈创新了；杰出人才需要培养担当精神和奉献精神，这是发展进步的不竭动力；杰出人才需要有坚定的信仰和执着的信念，这是人生事业的精神支柱；杰出人才还需要培养谦虚淡泊的人格品性，“宁静以致远，淡泊以明志”，成大事者当不被名利所缚。因此，从培养具有创造性的杰出人才来说，钱学森不仅为我们贡献了他“大成智慧”的教育思想，他的精神本身就是我们学习研究的典型范例和资源宝库。

“未出土时先有节，待到凌云更虚心。”钱学森功勋卓著，面对法西斯德国的飞机与坦克让同盟国军队屡遭败绩的现实，他的研究成果成为扭转败局的关键；面对国外优厚的生活待遇和工作条件，他始终将祖国的发展需要与个人理想志向、民族利益与个人奋斗目标相结合，毅然决定回国；面对筚路蓝缕的祖国，他不畏艰险，冲破重重阻力，为中国航天事业殚精竭虑，为中国的科技进步、经济发展和社会和谐鞠躬尽瘁。而他对科学研究的孜孜以求，对马克思主义哲学的拳拳服膺，以及在此过程中体现的人格魅力，更是让我们铭记于心。在全国人民为实现中华民族伟大复兴的中国梦而努力奋斗的历史转折时期，我们有责任、有义务去挖掘和学习他的思想精髓，继承和发扬他的爱国、奉献、求真、务实、创新的精神，为实现“两个一百年”的奋斗目标和中华民族伟大复兴的中国梦做出新的贡献！

第三章　育人导师——点亮创新人才强国梦

《左传·襄公二十四年》云：太上有立德，其次有立功，其次有立言，虽久不废，此之谓不朽。这里所说的“三立”可以理解为人生境界的三个最高标准，即：修养完美的道德品行，建立伟大的功勋业绩，确立独到的论说言辞，就是做人、做事、做学问的理论概括。我国唯一的“国家杰出贡献科学家”、航天事业奠基人钱学森，也正是这样一位“三不朽”的育人导师。

在做人方面，钱学森主要讲究修养完美的道德品行，智慧之根在他的人生初期就逐步萌芽产生。在做事方面，他主要建立伟大的功勋业绩，智慧之根破土而出，茁壮成长为大树。在做学问方面，他独到的论说言辞，形成重要的科学理论，指导着后人继续开展科学技术研究，推动社会发展。

一、嘉言懿行，立品立德为源

古圣先贤把“立德”摆在“太上”之位置，因为“德是才之帅，才是德之资”。如今，“育人为本，立德为先”。在钱学森的人生历程里，“德为先、育人为本”是他毕生的信仰，是他立业之根本。

钱学森始终将个人理想与祖国命运相互结合。学生时代，他勤学精进，志在报国，树立“航空救国”的远大理想；留美期间，他潜心攻研，志在兴国，决心学成归国报效，将自己所学用于祖国的建设事业。钱学森到美国学习时，就下决心一定要把美国最先进的科学技术学到手后再回来报效祖国。在美国学习工作20年，使他深谙西方文明特别是现代科学技术的优势，他刻苦攻关，曾与冯·卡门一起合作进行的可压缩边界层的研究，揭示了这一领域的一些温度变化情况，创立了“卡门—钱近似”公式。回国前，他的导师冯·卡门高度评价他“你在学术上已经超过了我”，这与他做人做事方面，能正确立品立德有密切关系。

钱学森用毕生心血践行了自己的心愿，始终不改初衷。回国以后，他献身国防，志在强国，成就了“两弹一星”伟大事业。1991年10月16日，国务院、中央军委授予钱学森“国家杰出贡献科学家”荣誉称号和一级英模奖章，他表示“我作为一名中国的科技工作者，活着的目的就是为人民服务。”始终坚持全心全意为人民服务的宗旨，体现立品立德品行，使得钱学森建立了前所未有的伟大功勋。

钱学森对我国的教育事业同样也做出了巨大贡献。他不仅创立了力学研究所，而且创办了中国科学技术大学近代力学系，更亲自担任系主任一职，自编教材，亲自授课。我们从钱学森走过的航天岁月里窥视到他的育人机密。教书育人是什么？可以这么回答，不是习以为常的课本与教室，而是身体力行的“育人为本，立德为先”。钱学森以德为基，为人师表，是他为师的一个神圣使命，也是从古至今对师德最基本的要求。

钱学森始终懂得一个道理，人才培养离不开教育。于是，他在努力从事建设祖国的国防尖端武器研究的事业中，没有忘记培养相关领域的技术人才。他永远坚持，把理论运用到实践的同时再把实践回归到理论的重要思想，他认为，开展教育工作是推动国家科技发展的重要因素。对受教育者应进行德育、智育、体育、美育、劳育等多方面的教育，使之成为国家需要的人才资源，这就是教育的本质。钱学森时常告诫人们，导师的职责就是教书育人，就是把一棵棵幼苗培育成参天大树，就是为人类的未来培养品学兼优的人才。

进入晚年，他老骥伏枥，志在富国，为国家和人民的利益倾注了毕生心智。钱学森自幼深受中华传统文化的熏陶，深知东西方文明各自的劣势和局限性，回国后在党的领导下成功创立了我国航天伟大事业，使他更加清楚明白社会主义制度和中华传统文化的优越性。因此，他晚年的理想是将东西方文明的精华集结起来，创立认识客观世界、改造客观世界的知识体系。这不但会使中国出现“历史上从未有过的繁荣和强大”，而且综合集成了古今中外的优秀文明成果。这是“站在世界系统整体的角度看世界”，能够从总体上解决人类面临的现实问题，“更长远地为我们人民造福，为全世界，为全人类造福”。

二、实事求是，立志立功为本

钱学森的育人精神在“实事求是”这四个字上得到了最真

实的还原。他从一位世界反法西斯战争的坚强卫士，到为我国国防事业做出历史功绩的中国科技界的领军人物，再到他从更高层次思考科学技术的发展问题，深入学习和研究马克思主义哲学，他同时在多个领域提出了一系列新观点、新思想、新理论。他对整个科学技术的发展、中国未来的社会主义建设，以及应对人类社会面临的重大问题都具有更加长远的重要意义。

在从事建设祖国的伟大事业中，钱学森不接受任何新闻媒体的采访，潜下心来搞科研；不是到大学去做报告，而是克服困难，专心致志地为我国运载火箭、导弹的研制和发射做贡献，当被誉为“中国导弹之父”时却保持着沉默。在掌声和鲜花面前，他始终保持低调，从不张扬、不炫耀，无论自己事业有多么辉煌，无论成就有多么伟大，无论学问有多么渊博，他总认为自己只不过很平凡。在荣誉和地位面前，钱学森打心里明白，实事求是，刻苦钻研，才是取得成功的关键因素。

钱学森为世界反法西斯战争提升同盟国军队的战斗力、加速世界反法西斯战争胜利及推动人类和平与进步做出了重要贡献。在远赴重洋留美的 20 年间，他提出了若干重要概念、超前设想和科学预见，在航空工程、空气动力学、薄壳稳定性、喷气推进技术等方面取得了令世人瞩目的开创性成就。特别是在火箭与航空领域，以《工程控制论》的出版为标志，“用不可靠的元器件可以组成一个可靠运行的系统”，开创了一门崭新的技术科学。他还曾与郭永怀合作，最早在跨声速流动问题中引入上下临界马赫数的概念，研究成果十分显赫。这不仅是对自动化学科发展的重大贡献，也是对系统科学发展的重大贡献。

钱学森一向实事求是，努力拼搏，从航天工程实践中总结提炼出知识理论，将系统工程思想运用于总体设计部的构建，科学技术委员会的构建，为后来的中国系统工程发展提供了思想、理论、方法、技术、工程等方面的支撑。1978 年，钱学森等在《文汇报》上发表《组织管理的技术——系统工程》，第一次较为明确地定义了对中国系统工程的早期认识。论文描述了系统工程作为组织管理方法与技术，写了如何控制管理一项复杂的工程项目。书中举了很多实例，通过具体实例论证，确认对研究对象的系统化分析，然后运用系统工程管理方法与技术严格管控项目中每个重要环节。为进一步发展系统科学理论体系，在钱学森积极的倡议和主导下，在原航天部 710 研究所亲自主持和参与"系统学讨论班"长达 7 年半时间。他长期组织政府、军队、科研、教育等各个行业的人员进行集中研讨，开展学术报告。大家从不同的学科领域出发，用系统工程的视角来重新认识，并开创性地提出了"从定性到定量综合集成方法"及其实现形式"从定性到定量综合集成研讨厅体系"，这是钱学森系统思维和系统思想在方法论上的具体体现。讨论班的举办为中国系统工程发展做出了坚实的贡献，被誉为"中国系统工程的摇篮"。

钱学森在我国航天事业发展中的突出贡献，被誉为"中国航天奠基人"，被党中央、国务院、中央军委授予"两弹一星功勋奖章"。"两弹一星"研制成功是新中国由弱变强的标志，是新中国成立后最振奋人心、最为世界瞩目的事业。钱学森本人却把自己的贡献看得很淡。他曾多次表明："我做的只不过是党所领导的、有千万科技工作者参加的伟大科研系统工程中的一粒小芝麻，真算不上什么。一切成就归于党，归于集体。”原航天部710研究所的于景元研究员说：“钱学森在开创我国航天事业的同时，也开创了一套既有中国特色又有普遍科学意义的系统工程管理方法与技术。”

钱学森始终不辍地耕耘，他树立起的这一座座丰碑，无一不是通过对客观规律的深刻认识，指导实践改造世界，为了国家富强和人民幸福立志，将科学思想与实践和国家实际情况紧密关联，为祖国强大不断建立卓越功勋。在系统科学思想、“大成智慧教育”的理念、“山水城市”等理论方面，都已经在我国“四化”建设中发挥着重要的作用。他提出的第六次产业革命以知识密集型大农业为基础的理论，已经在中国西部地区实践中得到充分证明，让干旱无人的沙漠再次充满绿色生机，并让西部地区人民想富裕起来的愿望正在变成现实。人类历史上存在了几千年的“三大差别”必将随着第六次产业革命的实现而逐步消除。

三、追求真理，立身立言为先

钱学森是一位真正的育人大师，他身体力行，追求真理，最看重的是在科学理论上的创新。他在整个科学技术体系的系统性上做出了自己的创新性贡献。他淡泊名利、坚信科学、追求真理，在做人方面，他立身立言为先，注重个人言行和行为，起到了很好为人师表的表率作用，带领一大批科研工作者把科研工作、理论研究做得更加圆满。为中华民族的腾飞于世界，出了先导性和奠基性的卓越贡献。这不但推动了中国航天事业突飞猛进，而且为国家发展积累了强大实力。

随着现代科学技术的发展，以还原论为基础建立起来的现代科学技术部门越分越细，物理学对物质结构的研究已经到了夸克层次，生物学对生命的研究也到了基因层次，但认识了基本粒子并不能解释大物质构造，知道了基因也回答不了生命是什么。钱学森认为："这种只讲分不讲合的研究方法就有点机械唯物主义的东西在里面了，这样分得越细就越看不见全貌，你只见树木，不见森林嘛。一棵棵树看得很清楚，但整个森林是怎么回事就不清楚了。"这说明在还原论基础上发展起来的科学领域各自分隔，尚不成体系，无法从总体上回答一些复杂的系统问题，有着很大的局限性。此时此刻，还原论碰到了不能使用相关的理论知识，解决科学理论层面的整体性问题，这将严重阻碍着科学进步和发展。

钱学森将以分析为主的西方还原论思维和以综合为主的东方整体论思维辩证统一起来，开创了系统论思维，在此基础上建立的现代科学技术体系是一个不断发展的开放系统，使人类的智慧达到了新的高度。1979 年 10 月，在北京举行的系统工程学术讨论会上，钱学森在《大力发展系统工程，尽早建立系统科学的体系》一文中提出了现代科学技术体系。在这个体系中，不同领域、不同学科、不同层次的知识相互关联，相互影响，共居一体，并且将随着科学技术的发展而不断发展。现代科学体系的构想和框架，是一个开放的矩阵式纵横交错的系统，纵向分为三个层次：顶层次是马克思主义哲学，底层次是现代科学技术的 11 大部门，通过中间的 11 架"桥梁"把马克思主义哲学与 11 大科学技术部门连在一起。使辩证唯物主义建立在科学的基础上，他既可以指导科学技术研究，又随着科学技术进步而不断丰富和发展；既把哲学和科学统一起来了，也把理论和实践统一起来了。

系统思想是对客观事物的概括总结，表现为普遍联系及其整体性思想，也为辩证唯物主义哲学内容。系统思想从哲学思维逐步发展成为系统科学，这是整个建立的过程，形成的系统科学体系是一个十分复杂的体系结构。系统思想的逐步形成标志着系统工程已经逐步走向成熟，系统工程理论基础得到了整体延伸。

在20世纪末期，世界局势逐步走向和平共处和稳定发展的道路，各国家正面临社会发展带来的巨大压力。为解决社会中开放复杂巨系统问题，钱学森又提出了综合集成综合提升的方法理论。关于这方面的理论、方法和应用，很多学者都提出了不同的看法，各有利弊。但是，钱学森提出的综合集成综合提升的方法，具有很重要的参考价值。这种方法的系统结构采用了从定性到定量的研究方法，把专家系统、信息与知识系统和计算机系统有机结合起来，从而构成人机结合、人网结合的体系结构，对事物处理做到了总体分析、总体论证、总体设计和总体协调。实现步骤，从定性综合集成，到定性、定量相互结合的综合集成，再到定性到定量的综合集成。这是个循环往复、逐次逼近的过程，从而实现了对问题的解决。

从思维科学角度来看，他具有更强的创造能力和逻辑思维能力。这个系统体系，能发挥出综合性优势、整体性优势和智能性优势。这种方法实质是为了解决开放复杂巨系统问题。因此，他普遍存在跨学科、跨层次、跨领域的特点。这种高度集成的系统思想，体现钱学森对系统理论的客观认识，具有很高的理论和研究的价值。从某种意义上讲，这也是钱学森“大成智慧学”的综合体现。

钱学森在努力追求真理的过程中，始终坚持立身立言为先的做人原则，在系统科学领域、复杂巨系统领域取得了举世瞩目的成就，被誉为系统科学与系统工程的伟大创始人。“事理看破胆气壮，文章得意心花开”，这是钱学森最喜欢的一副对联，也是其一生品格的真实写照。钱学森多次说过，“我作为一名科技工作者，活着的目的就是为人民服务，如果人民最后对我的工作满意的话，那才是最高奖赏。”钱学森正是怀着这种崇高而伟大的思想，才取得这样辉煌灿烂的成就。

第四章 做人楷模——为“中国梦”崛起领航

马克思说：“人的感觉、感觉的人类性——都只是由于相应的对象的存在，由于存在着人化了的自然界，才产生出来的。”人类不断进步，科学技术不断发展，社会生产力大大提高，人类生活水平大大提升，社会思想不断进步。人类发展是世界上各个国家的各自发展构成的，各个国家之间发展的综合平衡构成世界人类的发展，最终实现全人类共同发展，共同进步。人类之魂包括国家之魂、思想之魂、民族之魂等等。钱学森是全中国甚至是全人类的一面旗帜，他在关键时刻发挥了别人无法替代的关键性作用，他光辉的一生是我们学习的榜样，是我们做人的楷模，他的思想和精神是我们国家的财富、人类的灵魂，将日月同辉，为世代敬仰。

一、睿智天赐，引领人类发展

发展往往伴随着新事物的出现、壮大和旧事物的灭亡。人是国家的真正财富，也是发展的根本目的，人类发展是要创造一个能够让人类过上有理由选择和看重的生活，人类发展理念强调均衡、协调的经济与社会发展，人类发展理念重视可持续发展，强调既要使人们的各种需求得到满足，又要保护资源与生态环境。人类发展的本质是要为全体社会成员创造一个能够充分发挥自身潜力，使全人类过上符合自身需要和利益的生活，并且形成有作为、有创造性的环境，使全人类对于自己认为有价值的生活方式有更多的选择空间，说到底，就是人的全面发展。

钱学森是一位自然科学家，同时又坚信马克思主义哲学，即辩证唯物主义和历史唯物主义，他认为马克思主义哲学是“科学的真理”，他在广泛学习自然科学知识的同时，也认真学习马克思主义哲学，并将其用于指导自己的科学研究和学术工作，做到了科学与哲学的融会贯通，辩证统一。他坚持“自上而下”用唯物辩证法指导科技文化研究及应用，又“自下而上”通过大量科技文化实践去认识和丰富唯物辩证法，对人类各方面的知识进行了统揽和前所未有的综合，而社会变革的核心是以经济利益和政治利益为核心诉求点进行的大范围内的利益调整。

第一次工业革命把人类带入了“蒸汽时代”，使真正意义上的近代工业迅速兴起，改变了社会阶级结构、政治关系、国际关系，也改变了人们的生活方式、思想观念和价值取向，加快了城市化进程，把资本主义取代封建主义的进步性充分体现在历史发展的趋势中。第二次工业革命把人类带入了“电气时代”，使资本主义的政治、经济模式日渐成熟，资本主义世界体系最终形成，同时，列强间政治、经济发展的不平衡性加剧，给世界的和平、稳定带来了严重威胁。第三次工业革命把人类带入了“知识经济时代”，前所未有的广度和深度，极大地促进了人类社会经济结构和社会生活结构的变化，促进了国际经济格局的调整。总的来说，工业革命对人类发展有着很大的影响，提升了人们的物质文明、精神文明和政治文明。

20 世纪 80 年代，钱学森在许多科学论述中都提到了“产业革命”的理念，对人类历史进程中产业革命的发展阶段进行了梳理，并富有科学预见性地提出，在信息技术发展引发的第五次产业革命之后，将迎来第六次产业革命，也就是农业型产业革命。第五次产业革命发生在第二次世界大战后至今，新的产业革命中，创立农业型知识密集产业将引起生产体系和经济结构的变革，在 21 世纪社会主义中国将出现第六次产业革命。

科技革命的基础是以微生物、酶、细胞基因等科学成果为代表的生物科学与生物工程技术的飞速发展；社会生产体系的变革是以太阳光为能源，利用生物、水、大气、农、林、草、畜、禽、菌、药、渔、沙、海业于一体的生产体系形成的；社会制度的转变是，从资本主义向社会主义过渡。钱学森的第六次产业革命理论有两个重要的立足点：一是立足于中国博大的资源，二是立足于以系统论为基础的产业化链式农业，不仅是产供销贸工农一体化，而且是包括生产、加工、经营、科教和管理的综合性大产业，完全不同于传统的以种养业为基础的农业，可以称之为工业化的新型农业。第六次产业革命将大大促进人与自然之间的协调发展，人口、经济、社会、资源和生态环境之间的关系将从对峙走向和谐并存，而中国也将借这次变革迅速进入可持续发展的崭新阶段。第七次产业革命将于 21 世纪的后 50 年开启。

不难看出，钱学森的科学预见是将科学、技术、产业有机联系起来，他认为科学就是用来认识世界的，技术是用来改造世界的。科学技术的发展是人类进步的基础，科学技术是一种推动历史发展的决定性力量。这与毛主席说的“有所发现、有所发明、有所改造、有所前进”是不谋而合的。

21 世纪，人类进入一个真正的高科技时代，科学技术发展将主导社会发展，科技发展能够极大地推动经济发展，为人类带来巨大的物质财富和精神财富。技术创新具有创新性、实践性、社会性、不确定性、历史性，是一种思维现象，本质上是一个社会历史过程，受社会历史条件的制约。技术创新促进人类发展，为人类创造坚实的物质基础，充实了人们的精神生活，推动了人的个性解放与发展，丰富和发展了人的社会关系。人类在不断的发展中取得了巨大的成就，科学技术不断发展，社会生产力大大提高，人类生活水平大大提高，社会思想不断进步。

钱学森始终以一种勇攀科技高峰的创新精神，站在世界科技学术前沿，从战略和全局的高度考虑我国科技发展的重大问题，体现了一位战略科学家的时代高度和创新品质。钱学森勇于向他人承认错误，也敢于在真理面前与大师争得面红耳赤，因为他始终认为，搞科研、做学问，必须要实事求是、勇于创新。钱学森曾这么说，科学精神最重要的就是创新。他所强调的创新，就是要敢于突破传统观念和思维定式，想他人不敢想的、做他人没做过的，要敢于研究别人没有研究过的学术前沿问题，不断探索求新。

二、高风懿范，凝聚人类英魂

钱学森是我国伟大的人民科学家，是航天事业的开拓者和奠基人。他赤胆忠诚的爱国情怀、卓尔不群的科学品质、无私无畏的价值追求，成为后人不断学习的榜样、做人的楷模。他引领中国航天人走出了一条独立自强、自主创新的发展之路，他胸怀科技报国之梦，取得了一个又一个举世瞩目的成就，为推动人类和平进步做出了无法替代的重要贡献。有人说，伟人与大师几百年甚至上千年才出一位，但钱学森是真正的一代宗师，百年难遇，他用自己的一生践行着人类强大的梦想，他的功勋卓著，享誉世界。

钱学森拥有良好的智商、知商、意商，他的思想紧随时代需求，是我们的思想之魂。钱学森拥有脚踏实地、不畏艰难、务实创新、为人民服务的科研精神。他学识渊博、思路开阔，对工作极端负责。对“进行我国第一种自行研制的运载火箭的总体设计工作”不怕风险，不畏艰难，指导科技人员突破德国人和苏联人火箭发动机设计的常规，在火箭技术的心脏动了手术，使得飞行试验取得圆满成功。钱学森常说：“别人讲不清楚的问题，我们应当讲清楚，我们也能够讲清楚，因为中国人并不笨。”

钱学森十分注重理论联系实际，经常深入到科研、生产的第一线。20 世纪 70 年代末，我国第一代洲际弹道导弹的一次重要的飞行试验在我国西部大戈壁进行。弹着点在远离居民区的茫茫戈壁，生活条件极其艰苦，连生活用水都需要从远处运进去，为了能够及时掌握试验的第一手资料，年近 70 岁的钱学森仍然亲赴连火箭设计技术人员都很少去的火箭弹着区。他一路风尘仆仆，身先士卒，不畏艰难，深入弹着区的每一个测量点，为科技人员树立了一位人民科学家的生动形象。

钱学森肩负祖国导弹和航天器研制的技术重任，始终站在世界科技的前沿，以自己的远见卓识对我国国防科技和科学技术发展做出战略性、全局性的思考。他在 1956 年提出的“风洞风车”构想比国外早十多年。《建立我国国防航空工业的意见书》第一次系统地提出了发展中国火箭和导弹技术的重要意见，《我国地地导弹发展途径的意见》科学规划了我国中近程、中程、中远程和洲际导弹的长远发展。

钱学森以国为重，爱国爱党，甘为公仆，始终把自己的命运与国家的发展紧密相连，是我们的民族之魂。科学无国界，但科学家有自己的祖国。钱学森从小立志报国，他对自己前途命运的每一次选择都取决于他根深蒂固的民族气节和对祖国人民的无限忠诚。他选择交大的铁道专业，是因为想学詹天佑铁路救国，后来经历了“一·二八”上海大轰炸事件，看到日本飞机轰炸上海，他觉得中国拥有自己的空军部队更重要，继而选择了航空专业。他到美国学习 20 年，取得了世界前沿的科学成就，为了给自己的祖国做出贡献，即使美国许以优厚待遇，即使在归国过程当中遇到重重阻碍，即使当时国内的研究条件一穷二白，他仍然毫不畏惧，义无反顾地回到祖国的怀抱。“我的事业在中国，成就在中国，归宿在中国”，生动地诠释了钱学森真挚的赤子情怀，他拥有民族自强的坚定信念，并始终为祖国能够屹立于世界民族之林付出了自己全部的激情和热血。

三、助推发展，继承中国之梦

引领社会变革需要运用总体设计部思想。在中国社会改革的初期，全党和全国人民都有改革的冲动和愿望。党的十八大报告指出："加强社会建设，必须加快推进社会体制改革。"这对于坚持和拓展中国特色社会主义道路，开创中国特色社会主义事业新局面，具有十分重大而深远的历史意义和现实意义。钱学森曾经参与提出"走社改"总体设计方案，遗憾的是历史并没有选择这个方案。1979 年钱学森还将"国民经济总体设计"送往国务院，却也石沉大海。但是多年后人们才发现，钱学森当时的方案是非常有用的，引领社会变革需要总体设计部的支撑。1990 年，钱学森从国家的宏观决策科学化、民主化的角度，又提出了社会主义文明建设总体设计部体系的建议。

技术创新需要运用综合集成方法体系。技术创新是影响人类发展的重要因素之一，提高技术创新能力，采取普通的做法是没有用的，技术创新是一项复杂的系统工程，需要以制度创新为前提，以良好的政策、市场、法律等宏观环境为背景，运用综合集成的思想和方法，建立合理有效的技术创新体系。综合集成方法包括定性综合集成、定性定量相结合综合集成和从定性到定量综合集成三个过程。"从定性到定量综合集成方法"被许多专家学者认为是钱学森晚年最具亮点的创新之一。运用综合集成方法，从定性综合集成提出经验性判断，到人机结合的定性定量相结合综合集成得到定量描述，再到从定性到定量综合集成获得科学结论，从而引领技术创新之路顺利前行。

实现中国梦需要华夏儿女共谋智慧之路。我们要把钱学森思想、钱学森精神、钱学森智慧运用到生活与实践中，努力做学问，把"发挥别人无法替代的关键性作用"这一钱学森精神的核心，根植到祖国未来的理想信念中，为实现伟大复兴中国梦奉献自己的力量。钱学森属于中国，也属于世界。他为人类社会发展做出的贡献被世界所肯定，即便到了世界舞台也绝不逊于任何人。钱学森一生所展现出的科学报国精神将永远激励着我们每一个人，激励着我们胸怀祖国强盛、民族复兴和人类进步的理想，激励着我们为中华民族伟大复兴和人类社会发展贡献自己的力量。

钱学森是近代中国优秀知识分子的杰出代表，他从立志报国到为世界反法西斯胜利做出贡献，始终捍卫着人类和平，他始终把爱党、爱祖国、爱人民当作人生的最高追求。他始终把自己的命运与国家的命运联系在一起，积极探索科技的进步，深入研究科学技术对我国的影响和推动作用，为我国的发展做出了重要贡献。他的一生是奋斗不息的一生，是充满荣耀的一生，是值得骄傲的一生，是受人尊敬的一生。钱学森曾经说过，他作为一名中国的科技工作者，活着的目的就是为人民服务。

钱学森以其出色的才华与杰出贡献被国人称道，受世人称赞，是我们学习的榜样、做人的楷模。钱学森的导师冯·卡门称赞钱学森富有想象力，具有天赋的数学才智。聂荣臻曾说："作为世界知名的科学家，学森同志更注重谦虚谨慎，严于律己，总是艰苦奋斗地工作，艰苦朴素地生活，从不计较个人得失。"钱学森的学生、两院院士、国务委员宋健赞道："钱学森是我们的民族英雄。"中国工程院院长路甬祥认为："钱学森院士作为'两弹一星功勋奖章'获得者和唯一的'国家杰出贡献科学家'，既是一位杰出的科学家，也是一位伟大的爱国主义者，始终将个人的前途与祖国的命运联系在一起。"中国科学院原党组书记、副院长张劲夫曾说："从钱学森在美国和他回国以后的经历中，不难看出，钱学森同志的政治品质和治学品质同样高尚。事实证明钱学森同志是我党难得的政治上成熟的战略科学家，中国人民忠诚的儿子。我冒昧地将他的品德和精神概括为‘钱学森精神’，殷切地期望广大青年科技工作者以钱学森同志为榜样，向钱学森同志学习。如果在我们年轻一代中，能涌现出许多位‘钱学森’，那对推动我国今后科技事业的发展，对贯彻落实科教兴国的战略将是意义深远的。”中国自然辩证法和科学技术哲学的重要推动者、中国人民大学荣誉一级教授黄顺基曾题词：“学习钱学森爱国奉献追求卓越的精神；研究钱学森思想智慧胸无俗尘的气节；践行钱学森严谨求实勤奋创新的学风；畅想钱学森尊严体面育人楷模的旋律。”钱学森的学生范良藻曾说：“钱学森先生的治学之道就是会看方向、出点子，为国为民，想人之不敢想，言人之不敢言，为人之不敢为，超前意识，浑然一体。”

钱学森把他的一生都奉献给了人类发展，他高尚的道德品质、卓绝的人格魅力和执着的科学追求为世人所称颂，他是名副其实的大师、帅才和泰斗，是中华民族的骄傲，也是世界的光荣！他是世人要学习和标榜的目标，是世人做人、做事、做学问的楷模。

后 记

人民科学家钱学森是忠诚的共产主义战士，堪称当代爱国知识分子的杰出典范，始终站在世界科技前沿，是一位勇于开拓、善于创新的杰出科学家。他高度关注人才队伍建设，造就了一大批堪当历史重任的一流科学家和工程技术专家，他不仅以自己严谨的科学精神为人类进步做出了卓越的贡献，更以率真的人生态度诠释了一个科学家的高尚品质。钱学森所思、所想、所言、所行，充分体现了他追求一等学问、砥砺一等品格的人生境界，留给后人的思想财富和精神财富永远值得我们不断地学习和研究。

《寻梦》一书试图从多维度展现钱学森先生一生杰出的贡献、伟大的科学成就、宽广的学术思想、高尚的精神风范，为读者呈现一个真实的钱学森。本书由中国航天系统科学与工程研究院薛惠锋院长负责总体策划并亲自指导，中国航天系统科学与工程研究院决策顾问委员会主任委员、上海交通大学钱学森图书馆馆长钱永刚教授为本书编写提供了许多资料与指导意见，中国航天系统科学与工程研究院、中国航天社会系统工程实验室和有关人员承担了具体编写工作。中国航天系统科学与工程研究院钱学森博硕士研究生团队姬雪儿博士、唐铭硕士、程臻硕士、李晴硕士等人，以及西北工业大学资源与环境信息化工程研究所的各位同学审查了书稿，并提出了许多修改意见。

在此，谨向所有参与和支持本书写作、修订和出版的各单位、部门和个人致以最诚挚的谢意！特别感谢中国财政经济出版社为出版此书所付出的辛勤劳动。